致学生

这本书可以帮助你做两件事：(1) 改进你的写作；(2) 学习政治科学。第一篇向你简要介绍政治学之丰富历史，并对今天政治学家们研究政府和政治的某些方式作出一些描述。

第二篇回答所有写作者均关注的基本问题，探讨写作的理由，描述写作过程本身，并考察通常会引起写作者诸多混乱的那些语法、文风和标点上的因素。整个第二篇以及本书其他部分最重要的关注点是作者、论题和读者三方之间的相互关系。我们讨论这种关系的目的是让你在澄清写作目标时树立起自信。

写作并不是超出大部分人控制能力的魔幻的过程，而是作者可以通过实践来改进的一系列相互关联的技巧，而这种实践的最终结果就是力量。本书第五章和第六章不是把写作看成只为了获得一个成绩的空洞的练习，而是看作政治学家用以实现其目标的强大的学习手段和首要的媒介。第七章解释了恰当地构建你自己的写作格式的重要性，并向你提供封面、目录等的格式模本。第八章解释如何引用文献，以及符合规范地利用所引用的资料。

第三篇各章从总体上帮助你完成和研究政治学的写作计划。第三、第四和第五篇提出了一些可帮助你运用第二篇所提供的材料进行实战的结构性写作任务。我们将这些任务建基于政治学家们实际工作的诸类型之上，这些政治学家既是学术专家，也是为地方和全国的政治社群作出贡献的公民。

格里高里·斯科特

斯蒂芬·加里森

国外经典政治学教材

主编 王浦劬

The Political Science Student Writer's Manual

(Sixth Edition)

政治学学习手册

（第六版）

[美] 格里高里·斯科特（Gregory M. Scott）
斯蒂芬·加里森（Stephen M. Garrison） 著

顾肃 张圆 译

中国人民大学出版社

·北京·

致教师

本书帮助你解决政治学教师通常要面对的三个问题：

- 学生们日益需要写出一篇好论文的具体指导。
- 政治学家总是需要讲授政治学而不是英语。
- 学生们还未充分理解如何（以及为何要）避免剽窃。

学生们经常需要写出一篇好论文的具体指导。你有多少次在政治学课上给学生布置写论文的作业，却发觉你是在教他们写作的基本知识（不光指其内容而且指其形式和语法）？本书有可能作为你在任何课堂基本教科书的辅助教材，或者作为独立的课本，让你布置本书第三、第四和第五篇所描述的论文类型之一，并且了解实际上学生们需要知道的每件事情，从语法到信息来源、引文方式，都涵盖在这本书里了。

第二篇帮助你花更多时间用于讲授政治学，而较少用于讲授英语。它包括：（1）良好写作的简明指南；（2）最难学的英语语法规则的总结；（3）合适的政治学学位论文格式；（4）有关如何按照美国政治学会（APSA）公布的具体要求引用文献的详细规定和例子。

而且，本书可为你制止剽窃提供最好的保障，其理由有二。其一，第八章第二节对什么是剽窃以及如何避免剽窃作出了详细的、实用的解释。其二，本书第三、第四和第五篇所布置的论文作业提供了十分具体的指导，从而让学生们更难简单地采用甚至是直接照搬互联网未经核实的材料，正如你所知道的那样，学生们越来越容易从互联网上下载相关的材料，然后（不恰当地）修改一下，用于其自身的目的。

除此以外，此次第六版是迄今对《政治学学习手册》作出的最具实质性的修改。在本书大量的改变中，你可以发现下述内容：

全新的第一篇，包括：

第一章　创造性地研究政治

第二章　四千年政治思考

第三章　研究政治的当前进路

第四章　政治学的定量方法

全新的第十七章：

第十七章　比较政府

新修订和阐述的第十五章、第十六章：

第十五章　初级政策分析：意见书

第十六章　美国政府和国际关系分析论文

作出实质性修改的第十章、第十一章：

第十章　图书馆信息资源

第十一章　网络资源

我们要感谢下述评阅人作出的有益评论和建议：威斯康星大学 Oshkosh 校区的 Druscilla L. Scribner；中央学院（Central College）的 Jim Zaffiro。

我们希望你发现此次第六版对你讲授政治学有所裨益。我们对你所作的努力致以良好的祝愿，并欢迎你的评论。

格里高里·斯科特
斯蒂芬·加里森

目　录

第一篇　欢迎学习政治学

第二篇 政治学体例指南

第三篇 在政治学范围内实施研究

第四篇　政治学中的批判性思考和实践

第五篇　政治学常见论文

第一篇

欢迎学习政治学

第一章

创造性地研究政治

1.1 政治与政治学

你对于政治学已经知道些什么？你可能知道它是一个学科， 1
在大学里学习的，或者你正在开始学。你也许不知道的是，政治学以无数的方式直接和间接地影响着你的日常生活。你选择自己想上的学校的自由，你对于自己购买的罐装金枪鱼质量的信心，你每周用支票付出的金钱数额，你生活的所有这些方面以及其他更多的东西，都由总统、国会议员、大法官和数百名其他政府官员来决定。这些人中的许多人直接从政治学中获得有关政治和政府的知识。例如，美国的开国元勋们曾是历史上最伟大的一些政治分析家（我们将在后面讨论）的求贤若渴的学生，并且构建了一部建立在他们从学习中获得的知识基础上的宪法。此外，不仅在司法系统的领导层中，而且在全国和各州的立法机构中，律师代表的比例比其他任何职业都要高。这些律师在大学本科学的比其他专业都要多的专业是什么？答案是政治学。甚至那些不以政治学为专业的学生，在高中和大学也学过有关政治和政府的课程。

无论是在大学课堂上讲解的、在意见书中阐述的，还是在专业会议上所实践的政治学，都是对启蒙的追求。它是世界范围的社群中寻求理解和答案的学者、教师、实践者、研究者和咨询师的精神、工作和成果。这是充满活力的学术运动，带着深深的分歧从其他学科获益，带着争议、灵感、机会和挑战，并由一个共同的目标即理解政治的欲求维系在一起。今天的政治学家吸取了四千年对政治富有思想的观察之杰出遗产，他们邀请你跟他们一起参与人类的一个最刺激的智慧冒险。

政治动力学

2 在你自己的经验中，有关生活的政治方面告诉你什么呢？当看到政治时，我们似乎了解它，但经常发觉难以界定它。有些事情显得是很政治的，而其他则全然不是。是什么特性使得某些事情是政治的，而其他则不是呢？考察下列事项：

- 布什总统的国情咨文
- 参议员、州长密特·罗尼致马萨诸塞州公民的一封信
- 共和党 2008 年论坛
- Doonesbury① 政治漫画
- 约翰·麦凯恩的竞选演说
- 《纽约时报》社论

上面的这些事项显然是政治的。我们容易理解，它们的目的是表达或提出一个人或一群人的观点或利益。现在考察下述事项：

- 匿名向美国肺病协会捐款
- 给孩子读睡前故事
- 向红十字会献血
- 给一张旧桌子重修桌面
- 在雨中跳舞
- 煮意大利面

虽然上面列出的事项中也许有可能带有政治因素，但我们通常不认为它们是政治的。这些活动并不涉及人们试图实现其政治利益。在生活中有许多方面是非政治的。看下面的事项：

- 一位老师努力让你去学习
- 你试图说服一位老师给你一个较好的成绩
- 与你的兄弟或姐妹争辩谁来开车，诉求于你的父母
- 布道
- 鸡尾酒会上的一次谈话
- 扶轮国际社一次会议上的讲话

使得上述每个情境至少潜在地带政治性的东西是什么呢？它们共有的特性是什

① Doonesbury 是 20 世纪 70 年代美国报纸上连载的漫画，以主人公的名字命名，内容以学生运动、越战、妇女解放等时事政治为主。Doonesbury 是美国俚语，意思是“不怕出丑的人”，现成为政治漫画的代名词。——译者注

么？要回答这些问题，就有必要理解政治的基本性质。

政治的定义

许多人以较多不同的方式界定政治。根据一些人们普遍接受的定义，政治是

● 关于谁在何时、如何得到什么的学问（Harold Lasswell，*Politics：Who Gets What，When，How*，1936）

● 价值的权威配置（*David Easton*，*The Political System*，1953）

●在一个特定的规则单元内将不同利益调和起来的活动，其方式是依据其对…… 3
整个社群重要性的比例赋予其一定的权力（Bernard Crick，*In Defense of Politics*，1962）

● 控制和协调人们实现其社会目标的努力的过程（Karl Deutsch，*The Nerves of Government：Models：of Political Communication and Control*，1963）

● 制定政府政策的过程（Austin Ranney，*Governing：An Introduction to Political Science*，1990）

● 预期麻烦，在每个地方发现它，不正确地诊断它，并采用错误救助方法的艺术（Groucho Marx）

尽管这些定义中存在差别，但一些特性是它们所共有的：

● 政治是**关系的**，也就是说，它必须涉及人们之间或人群间的相互关系。

● 政治涉及**利益**和**权力**。政治活动的标志是某人追求其自身利益、增强其自身权力或减少他人影响力的努力。

● 政治是**动态的**。这意味着政治不是一个事件或时间中一个地点的快照，也不是一叠快照。政治是一个总是在运动，一直在变化，持续地表达、转化和适应它在其中运作的民众、趋势和各种事件的过程或活动。

“政治”一词的直接含义通常是负面的。我们往往认为政治人物是操纵者，他们为人们做事，为的是从人们当中得到某些回报。但事实是，政治对于我们的生活是绝对必需的。试想一下，作为人，我们发现自己处在这样一个世界，我们在其中拥有许多生理和情感的需求和欲望，但缺少足够的资源去满足这一切。在这种情形下，我们有三个基本选项，即能够：

1. 为了迎合他人的需求而否定我们自己的需求。

2. 用强力攫取我们所需求的。

3. 努力与他人沟通我们的需求，通过非暴力的过程，通常经由致力于促进参与和公平的程序来解决需求上的冲突。

第一个选项是**利他主义**。当利他地行动时，我们就通过放弃追求自身的利益、转而偏向他人的利益而放弃了政治。我们在某种程度上是利他的，但是，一直利他就超出了我们的正常欲求和能力。例如，特蕾萨修女一生常在对她自己健康构成威胁的条件下照顾病人和垂死的人，这样度过了她的大部分时间，但是，我们大部分人都不愿意（至少是在任何一段够长的时间内）仿效她这位榜样。

第二个选项是**强制**，即以强力满足我们的需求。如同第一个行为过程一样，这个
4 选项最终也废弃了政治。从表面意义上看，强力是政治行为的精髓，因为其意图是促进一个人的自我利益。另一方面，强制的行为破坏了关系，并且用身体的强迫来牺牲正常的政治管道——沟通、谈判、控制和妥协。

上面描述的第三个行为过程是我们通常用**政治**这个术语所意指的东西：一种调停的方法，它能满足我们的需求，同时又不至于导致像战争或忽视自我这样不可取的结果。也许可以最好地把政治理解为互动的性质，它直接从我们非强制地满足自己需求的努力中产生。以这种方式来看，政治占据了这样一个谱线的中心，其两极是强制和利他主义。

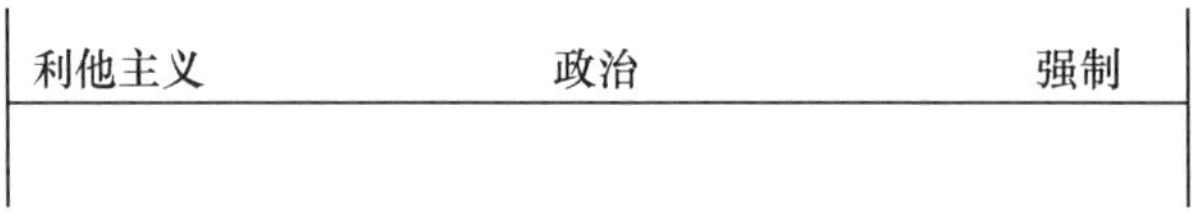

恒久的悖谬

两个基本的情感需求突出地显现在政治当中，因为它们是人在社会中互动的基本方面：对于**群体性**（或联合）的需要，以及对于**个体性**的需要。我们从母体出生，带着一种自身独立、从他者分离的意识，即便并非理智地理解的意识。研究表明，婴儿在出生以后的日子里如果得不到人们的互动，会有可能死于情感缺乏。随着岁月的流逝，我们努力以各种方式克服这种疏离感，包括与我们的母亲和家庭密切联系、结交朋友、结婚。我们也寻求更大社群的接纳。我们加入教会、妇女联谊会、保龄球协会或基瓦尼俱乐部、政党，或是当我们共享一种民族自豪感或向一位清晰地说出我们观点的候选人捐献时，都体验着群体性。

当以所有这些方式或其中的某些方式与他人寻求群体性时，我们同时也表现出一种相反的冲动：个体性。感受独特性，要求作为一个与他人不同的特殊的人得到认可，是像对统一和社群的欲求一样深的人之需求。我们献身于自己事业的许多能量是由对我们个人才能和贡献的认可所驱动的。

从对这两种相反的驱动力（群体性和个体性）自发反应当中产生的行为，有时候显得古怪和相互矛盾，这一点在青春期最值得关注。十几岁时青少年急于顺从他们同伴所设定的准则。穿合适品牌的衣服、恰当样式的鞋子，交合适群体的朋友，对于初中和高中的学生来说成了至关重要的事情。同时，青少年通过违背成人世界制定的规则或标准，以许多大大小小的方式显示他们相对于父母的独立性，来持续地表现他们的个体性。

毫不夸张地说，开国元勋们在起草美国宪法时就是要建立起这样一个政府体系，
5 它同时为个体性和群体性提供最大的机会。事实上，政治的整个历史大多是社区和国家如何解决对群体性的普遍需求与个体性之间的固有冲突的故事。下面是几个例子：

- 古代雅典人至少部分地以对其城邦的强烈忠诚、维系的团结为基础，建立了一个帝国和历史上第一个民主体制。当被要求标识自己时，他们毫不犹豫地回答“我们

是雅典人”。诡异的是，这种对城邦的忠诚感使得雅典人在其公民大会上强烈地表达他们个人独特的观点。

- 在谋求让世界团结在罗马帝国（群体性）之下的同时，宣布公民们拥有在法律面前平等对待的内在的自然权利（个体性）。
- 美国的爱国者们在一个文献中采纳了把各州结合起来的宪政体制，这个文献确立了一个新社会中的多数原则（群体性），同时坚持了权利法案（个体性）。
- 在判决的几乎每一个案件中，美国最高法院都要求考虑与社会作为一个整体的利益（群体性）相权衡下的公民个人利益（个体性）。

政府以许多方式处理对群体性的需求与对个体性的需求之间的冲突，力图同时满足这两者。国会每年竭力争取工商业获得不受政府干预而运作的权利，以及公众对确保产品质量和安全的需求。总统在战争和国家紧急状态时，必须在军队服役人员的个体生命与国家免受恐怖主义攻击或破坏国家利益的行为之间作出权衡。政治大部分是人们如何解决诸如此类的冲突的故事。当政治家试图在个人与社群之间维持平衡时，他们就在努力给社会带来秩序。这样一来，也许现在是最合适的时机来说，

政治就是维护社会关系的秩序。

政治经常是利益和价值观的混乱碰撞，以获得接受或统治权。换言之，政治中的人们竭力构建一个强烈导向他们所寻求的目标的秩序。政治行动对准所有层级上的秩序，包括微观的（如家庭成员这样的小群体）、中层的（像社区协会这样较大的群体），以及宏观层级上的（州、省和国家）。这意味着政治是我们满足对联合和个体性的情感需求和生理需求的一种方式。

在确立了政治的定义以后，就比较容易界定**政府**了，这是政治当中最显而易见、从而最被密集研究的领域。政府是制定、解释和执行规则的讲坛和权威机构，政治通过这些规则在社会中运作。政府是确立规则和创造机制的法律、制度和过程，通过这种机制，人际关系在公共领域得以维持。政府制定关于婚姻限制、家庭中的恰当行
为、商业关系、地理环境的利用、国防和其他事务的法律。在其最基本的意义上，这 6
是一套确立政治在社会中运作的秩序的规则和制度。

政府维系政治秩序。

政治学的关注焦点

重要的是了解**政治**和**政治学**不完全是一回事。政治在生活的所有层次（家庭、社群和政府）上运作，而政治学作为一个学科则大多集中于复杂层次的政治互动，特别是政府和与政府相关的活动。经济学家将其注意力导向货币和金融，社会学家主要对社会生活的另外一些方面比如家庭生活和文化规范感兴趣，而政治学家则分析公共关系。政治学家最感兴趣的现象必定与人们在其社群中的活动以及他们影响政府的私人活动相关。

政治学的三种活动

探究关于政治知识的政治科学，通过**三种基本的活动**来开展：

- **调查**：发现事实
- **解释**：辨别事实中的模式
- **应用**：将这些模式付诸运用

调查意味着发现事实。例如，调查俄亥俄州选民的态度，或许可以设计一项将识别俄亥俄州初选中人们特性的调查。

解释是指辨别事实中的模式，以及引起、控制或影响这些模式的过程。例如，解释对俄亥俄州选民态度的调查结果，或许可以引导我们得出如下结论："俄亥俄州初选中的选票随着选民对于经济议题的知识之增长而增加。"

应用意味着将通过调查和解释获得的知识付诸运用。通过应用本例中的信息，我们或许可以确定一个用来培训俄亥俄州选民经济议题知识的项目，并开始一项确认这个项目对于选举行为影响的研究。

政治科学用来从事这三项活动的方法将在本书第四章"政治学的定量方法"中详加讨论。但是直到近期，所有这三种活动才被接受为政治学的组成要素。在若干世纪里，人们一直都在辩论它们中的哪一些应当恰当地包含在该学科之内，正如我们将在后面的章节中看到的那样，这个辩论至今还没有完全结束。下面的表格显示了政治学家运用它们的一些方式。

7

	调查	解释	应用
定义 →	发现事实。	辨别事实中的模式，以及引起、控制或影响这些模式的过程。	将通过调查和解释获得的知识付诸运用。
事例 1 政治参与 →	设计一项识别俄亥俄州初选中人们特性的调查。	分析该调查的结果，得出如下结论：俄亥俄州初选中的选票随着选民对于经济议题的知识之增长而增加。	设计一个用来培训俄亥俄州选民经济议题知识的项目，以及一项确认这个项目对于选举行为影响的研究。
事例 2 公共行政 →	一项确定国防部的人事程序和行政问题的研究。	考察人事程序和行政问题之间的关系，包括某些人事政策正在导致行政问题。	改变人事政策，同时进行研究，考察这种改变是否能解决行政问题。
事例 3 国际关系 →	一项确认日本与美国之间经济互动的数量、价值和类型的研究。	评估日本和美国经济相互依赖的相对益处，其结论是日本比美国得到更多的好处。	建议改变日本与美国之间的贸易协议，然后评价改变贸易协议所引起的变化。

1.2　作为创造性活动的政治学

在《创造的勇气》一书中，心理学家若罗·梅（Rollo May，1975，71-72）描述了科学与创造性的关系：

> 科学家特别是心理学家告诉我们，一门科学的创造性与人在自由、纯粹的意义上进行创造的自由密切相关。在现代物理学中十分清楚的一点是，后来我们能从中获取技术收益的那些发现，通常在作出时首先是由于物理学家让他自己的想
> 象飞翔，只是为了追求发现的乐趣而进行发现……我这里提出的观点是……创造 8
> 性不只对于艺术、诗歌和音乐来说是重要的，从长远看，对于科学来说也是根本性的。

创造性是政治科学的核心，正像它对所有科学都是如此一样。创造性是该学科所有三项主要活动中基本的共同要素和首要的驱动力。调查是努力获得新知识，并且以新的方式来获取知识。解释是努力使所获得的知识变得有价值，从中获得意义。应用是努力将新的理解运用于解决我们生活的问题和发现机会。

这个关于政治学中创造性之重要性的观念是如此地重要、如此地复杂，以至于有必要做一些进一步的阐述。如果继续把政治学看作一种创造的、动态的过程，一种积极地帮助人们理解其世界的运作方式的过程，那么，我们就能在政治学家的世界与艺术家的世界之间作一个类比。当艺术家描绘一棵树时，描绘过程创造了关于此树的解释的形象，是该艺术家所感受的树的表征。与此类似，政治科学创造了政治学家所观察到的政治现象的解释的形象。艺术家和政治学家的目标是相同的：让我们**看到**，帮助我们**理解**。

在谈到法国伟大的印象派画家保罗·塞尚时，梅（1975，77-78）对创造性表征的过程作了明确的解释：

> 塞尚看到一棵树。他以其他人从未有过的方式看它。正如他毫无疑问会说的那样，他体验到“被这棵树征服”。这棵树弯曲构架之伟大、慈母般的舒展、把牢土地的精妙的平衡，——这棵树所有这一切和许多其他的特性尽收入他的感觉，并且他的整个神经结构都感受到了。这些是他体验的视觉部分。这个视觉印象包含了对此景的某些方面的忽略，更多地强调其他方面，以及对整体有把握的安排；但是，它要比所有这些总结的内容更多。首要的是，这个形象现在已经不是一般的树而是树精；塞尚所看到的具体的树被构建成了树的本质。无论他的视觉形象如何独创和不可重复，它仍然是由他与这棵特定的树相遇所触发的所有树的一个形象。
>
> 一个人即塞尚与一个客观实体即这棵树的此次相遇所产生的这幅画作，在原则上说是新颖的、独特的和原创的。某物诞生了，存在了，它此前不曾存在——这是我们能够得到的关于创造性的最好定义。此后，每一个以一种强烈的意识观

看此画、让它跟自己对话的人，将以独特的强大动感、这棵树与周围景观的密切关系以及建筑学上的美来看这棵树。这些在我们与树的关系当中此前实际上并不存在，直到塞尚体验并描绘了它们时才出现。我可以不夸张地说，在我看到并沉湎于塞尚的树的绘画之前，我从未真正**看到**过一棵树。

政治学在我们理解政治上所起的作用，正如塞尚有关树的表征对于我们感知树所
9 起到的作用一样。成千上万的读者可以去验证，下面这些全部由深刻的、敏锐观察的政治学家所撰写的著作将有助于使你仿佛是首次**看到**最基本的政治概念背后的意义。你也许还没有读过其中的任何一本，但是，如果你持续探讨政治学，将会读到它们。

一旦你读到……	你将理解……	而你此前从未接触……
柏拉图的洞穴比喻	民主	
马基雅维利的《君主论》	政治策略	
大卫·伊斯顿的《政治体系结构》	政治现象的相互关联	
理查德·弗莱特曼的《自由哲学与政治》	自由	
詹姆斯·伯恩斯的《领导论》	政治领导	
加布里哀尔·阿尔蒙德的《公民文化》	政治社会化	

当你学习政治学并且学得相当好时，你就参与到创造性中去了。

本书不能告诉你如何变得富有创造性。你必须自己努力尝试，并且坚持下去，直到成功。但是，可以给你提供一些有关创造性人物的特质和特征的信息，你也许觉得它会有所帮助。心理学家深入地研究了创造性，约翰·代赛（John Dacey）总结了他们研究中的许多发现。代赛发现科学文献中与创造性强烈地联系在一起的八个个性特质如下：

- 容忍模糊
- 刺激自由
- 功能上的自由
- 灵活性
- 冒险
- 对无序的偏好
- 满意度减退
- 雌雄同体

根据这些文献，**容忍模糊**是创造性人物最重要的特质。模糊的情形是，不存在有关如何回应的明确指示，对行为没有规则或指针。例如，想象一下你人到中年，刚刚
10 离婚，将要进行20年来的第一次外出约会。再设想一下，你正要访问日本的一家宗教神社，你不知道该宗教的仪式和习惯，但你不想冒犯任何人。能够容忍模糊的人不会拒绝进入他们不知道规则的情境。他们不会试图逃避，而是有好奇心，并且努力寻求他们自己处理此情境的方式。

刺激自由与下面的规则相关。按照代赛的看法，“当一个情境中公开宣布的规则干涉了具备刺激自由的人们的创造性观念时，这些人很可能会改变这些规则，以适应

他们的需要。更重要的是，当情境模糊不确定的时候，他们并不设想存在这些规则”（1989，22）。创造性的人们以自己的方式处理其直觉上感到有意义的事情，而不是力图遵循规则。例如，托马斯·杰弗逊在安排购买路易斯安那州时，就违反了以前的外交谅解。

功能上的自由包括学习如何让事情以新的方式运作。我们观察到的模式是不可改变的，我们变得“在功能上固化了”，这是功能上自由的对立面。功能上自由的人能够为事物找到新的用途。对功能上自由的人来说，园艺工具可以成为雕塑，军人可以执行人道主义的使命。

灵活性是可以看清整个情形而不只是其局部的那种能力。不具灵活性的人抓住问题的一个方面，带着它尽可能走得够远，而忽视了许多其他的可能性。因此，这是将你的关注焦点转向某个情形的新的方面的能力。例如，你是仅关注他们的言语，还是也关注他们的身体语言、他们的衣着、他们的仪态、他们的语调和其他事情？

冒险是创造性的人们所共有的一种特质，他们比不具创造性的人更经常地倾向于承担中等程度的风险。较少创造性的人更倾向于只承担最小程度的风险，或者承担那些失败的几率很高的风险。正如代赛所指出的那样，中等程度的承担风险与容忍模糊高度相关（1989，30）。例如，寻求政治职位的人愿意承担时间和精力上的风险，并不去了解将最终决定选举结果的许多因素。

创造性的人们具有**对无序的偏好**，这看起来有点奇怪，但在事实上，无序为创造秩序提供了机遇，这是创造性的人们乐意接受的挑战。关系中的复杂性、设计中的不对称，有利于创造性的人去把握那些相异的因而迷人的事物。

具有**满意度减退**能使某些人多年平静而仔细地工作于某件他们认为是重要的事情，同时得不到任何奖赏。代赛注意到，托马斯·爱迪生在发明合适的电灯泡灯丝之前，坚持做了2 004次实验。

雌雄同体是代赛给出的个人特质的最后一项。它是指创造性的人，无论男女，其特质都通常被认为是男性特质和女性特质的结合。例如，他们在态度、喜好和厌恶上可以是果断的（男性特质）和敏感的（女性特质）。在态度上倾向于极端男性特质的 *11*
男人和倾向于极端女性特质的女人，不大可能像那些具有两性特质的人一样具有创造性。思考创造性人物的特征，可以帮助你在从事政治研究和其他生活事务时变得更具创造性。

创造的路径：像爱因斯坦那样思考

爱因斯坦（1879—1955）在其生涯早期的某个时间，对茶叶着了迷。有几天时间，他一个小时接一个小时地观察茶叶如何沉入茶杯底部。爱因斯坦搅动茶水，看茶叶一次次地沉落，沉迷于他所观察到的运动的简单性。而且，当他坐火车到工作地点时，他会数小时坐着不动，将其思想集中于窗外闪过的一根根电线杆。通过凝视茶叶沉落茶杯底部和观察电线杆在火车窗外呼呼经过，爱因斯坦开始以一种全新的方式来看待运动和时间，这种方式最终彻底改变了有关时间、运动和物质的科学概念。爱因斯坦并不是唯一的一位在艰苦地观察看起来习以为常和显而易见的现象之后做出重要发现的伟大科学家或思想家。例如，20 世纪最伟大的心理学家之一的让·皮亚杰(1896—1980)，在无数个星期看着孩子们在操场玩耍并观察他们的行为之后，写出了发育心理学领域一些最重要的著作。

伟大的发现经常有着微小而平凡的开端。一系列仔细的、看起来无关宏旨的观察，却有可能导向政治生活的新视野。爱因斯坦和皮亚杰的许多灵感均出自：

- 对最基本现象密集的、长期的、反复的观察
- 系统地考察和分析他们所观察到的现象
- 对所观察到的结果进行创造性的思考

政治学未来伟大的发现也许恰恰以这种方式做出来。政治科学的历史就像任何科学的历史一样，通常被写成关于伟大的进步、伟大的发现的故事。许多人认为，伟大的科学发现是由天才们做出的，这些天才把握事情复杂性的能力，远超出平常智商的人的能力，这个说法当中自然包含了某些真理性。但是，某些伟大发现的做出，不仅是通过努力整合总结各种复杂的类型，而且也通过清楚地观察平凡的、简单的、显而易见的东西。事实上，我们都能够在很重要的方面像爱因斯坦一样思考。作为政治学专业的学生，你也许发觉你最有意义的发现来自对简单事物密集的、长期的观察，来自对你所面临的政治现象仔细的发现、整理和考察。**相当诡异的是，像爱因斯坦那样思考，就是着迷于生活最基本的方面，密切地、系统地考察它们，创造性地思考它们。**

写作本书是为了帮助你“像爱因斯坦那样思考”。它提供了你为了成为政治学者
12 在开始时所必需的入门材料。本书各章提出了一系列看起来让人着迷的研究课题。它对研究方法的讨论向你介绍研究政治世界的基本手段，促使你在做出有关政治的发现时贡献出一个最重要的要素：创造性。

创造性，为理解还是为变革？

开始学习政治学时，你必须意识到，关于政治学应当付诸的用途存在两个思想派别。某些政治学家宣称，政治学只应当以严格客观的方式描述和解释现实。其他政治学家则认为，这样的客观性既不可能，也不可取。政治科学最大的潜在益处是它在变革社会上的潜力。本书第六章将详细解说形成这些观点的争议。但在当前，让我们来考察一下后一种观点：政治学作为创造性的表达在变革社会方面的潜力。梅（1975，71-73）以诗歌的形式描绘出政治的洞见在变革政治体系上的潜力：

> 精神的创造性的确、也必定威胁到我们全国的、有序社会的结构和前提以及生活方式……正如诗人是对顺从的威胁一样，他对于政治独裁者也是永久的威胁。他总处在摧毁政治权力集合线的边缘。我们在苏维埃俄国看到了对此强大的、痛苦的表现。这主要表现在斯大林统治时对艺术家和作家的检举和清除上，斯大林在面对创造性的无意识对其政治制度构成的威胁时显得十分焦虑。的确，有些学生认为……［苏维埃］俄国的情形表现出理性与我们所称的“自由创造

性”之间正在进行斗争。

创造性的释放所带来的变化也许是混乱的但却是和平的，如苏联的解体那样；或者是暴烈的，比如法国和俄国的革命。新政治理念中表达的创造性可以建设性地改变历史的进程。信念的力量是强大的。政治学的历史是如何研究政治的历史。由于某些政治学研究者如卡尔·马克思发现了影响广泛的智识运动，政治学的历史也部分地是改变了世界的信念之历史。信念让奴隶制合法化，也解放了奴隶；信念鼓动虐杀犹太人，也鼓舞印度的解放；信念强化了神圣罗马帝国，也激发了民权运动。

政治科学不仅发现有关政治的事实，而且也是创造性地运用这些事实的过程。詹姆斯·麦迪逊研究政治学，并且将他从罗马政治家西塞罗（前106—前43）、英国哲学家洛克（1632—1704）和法国政治与法律史学家孟德斯鸠（1689—1755）那里学到的经验教训创造性地运用于构建一个延续了200多年的宪法。马丁·路德·金（1929—1968）研究甘地（1869—1948）在印度的解放运动，并将所学得的经验教训 13
创造性地运用于领导美国的民权运动。

我们处在一个信念与行动辩证运动的世界。这意味着界定政治的人们改变了世界的进程，而世界的变化又重新界定了政治。请看下面的例子：

- 公元前506年，克里斯提尼相信公民个人的行动可以改变政治，怀着这种信念，他建立了世界上第一个民主体制。
- 1787年，詹姆斯·麦迪逊、托马斯·杰弗逊和其他人接受了孟德斯鸠关于政府的立法、行政和司法权力应当置于不同的部门由不同的人掌握的思想，建立了世界上最老的持续不断的民主体制之一。
- 1848年，卡尔·马克思认为，阶级斗争是政治生活中最重要的动力，他的哲学成了一场世界范围的共产主义运动的驱动力量。

准确地描述政治学某些方面的创造性的观念也能彻底改变生活。

创造的态度

你也许相信政治学的恰当作用只是发现事实，而解释事实涉及超出科学范围的价值观的应用。另一方面，你也许认为政治学的目的就是变革社会。你正在读的本书的作者对于支持这两种观点之一并不感兴趣，而是提议今天在政治学学科内部作为一个整体同时接受这两个观点（并且进行辩论）。无论你如何解释政治学的作用和工作，都要以激情来对待它！前美国政治学会主席洛维（Theodore Lowi，1993，394）十分富有眼光和智慧地说出了下面一段话：

> 在现代政治学所忽略的过错中，最大的是对激情的忽略。美国政治学会对于其成员没有资格限制，但如果我有权设置这样的标准，那将如下所述：一个人必须热爱政治，一个人必须热爱一个好的宪法，一个人必须在探讨这两者的关系时心怀乐趣，以及一个人必须为了维持这两者的积极关系而准备在某些国内政策甚至对外政策的纷争中败阵。我并不为意识形态的激情讲话，尽管我并不判它输

了。我要求的是发现一种模式的愉悦，一个理由充分的论证的灵感，提出一个有关使民主制度运作的好猜想的满足，以及在改进人的行为合理性的前景上得到的良好感觉……这不是充当哲学国王的机会。这是在服务于公共利益的同时满足我们自己智识需求的机会。我们不需要担忧如何向权力讲出真理，向我们自己讲述真理就足够了。

14 当你开始政治学的历险时，一定要接受洛维教授的挑战。20 世纪下半叶的男人和女人们把政治研究从历史学和经济学羽毛未丰的分支转变成学术和公共生活领域里重要和影响力强大的学科，这些人正在逐渐“凋谢”。新一代人将在 21 世纪的上半叶研究政治学，他们将持续地献身于传统的任务，但将以创新的方式从事研究、取得新成果。

为了参与下一代奉献于政治学的任务，你将需要什么样的态度呢？你将需要一种怀着真诚而积极的愿望从课堂开始的态度。你将需要一种以尊严、坚韧、诚实和对准确性的激情在图书馆、在实际政治的纷乱中从事研究的态度。而且，你若想要对政治的研究作出有意义的贡献（你们中的某些人将会如此），那就需要发展并应用你创造性思维的能力。有鉴于此，本导论余下的部分不谈政治，而是简要地讨论创造性思维，并提出将有助于你开始更加创造性地思考并将你的创造性运用于政治的一些练习。

把握政治学的未来

本书将向你介绍过去争议的历史以及当前对政治学的挑战。虽然政治学作为研究政治的学问，至今已经有四千年之久，但对下述问题的回答仍然在研究和辩论之中——也许将来还会一直如此：

- 我们作为人的强项和局限性是什么？
- 哪些因素决定政治行为？
- 我们如何能维护多样性和群体性？
- 国家在历史上实际/应当承担什么角色？
- 对于贫穷和财富创造，应当做些什么？
- 平等与不平等的含义是什么？
- 暴力和极端主义的原因是什么？
- 对于暴力/极端主义能够做些什么？
- 什么是政府效率？
- 什么是政府效能？
- 有关政治的性质，我们学到了什么？
- 作为政治的存在者，我们是谁？我们的能力和局限性是什么？
- 我们能依靠什么信息来源？
- 我们能接受哪些共同价值？
- 我们如何能制定较好的政府政策？

- 我们如何能做出较好的政府政策制定过程？

作为政治学者，我们接受探寻这些问题和任何其他问题答案的任务。作为创造性的政治学者，我们知道回答关于政治的问题时并不存在禁区。作为负责任的政治学者，我们在作研究时受到下述因素的约束：正直、伦理、尊重、开放、真诚、自信，15
以及重视我们自己的局限性，也尊重他人的视角。

1925 年，美国政治学会主席查尔斯·梅里亚姆（Charles Merriam，1993，129-146）在谈到政治学的重要性时说出了下面的话，这些话在今天的意义并不亚于它们在几十年前说出的时候：

> 在人类进程的下一个阶段，迫切需要社会科学和政治学。作为我们时代政治科学的监护人，落在我们身上的责任是尽一切努力将各个阶段政府的研究提升到最高的完善程度，尽一切努力获得有关各种政治权力的有效知识，将每一种科学和审慎的资源置于我们的掌握之中。

第二章

四千年政治思考

2.1 持续创造性地追寻真理的政治学

16 无论还有其他什么定义，政治学都是创造性地表达我们理解我们在社群中如何相互关联的努力，这些社群比家庭大，换言之，它们是部落、县、州、国家和国际组织。对政治学历史的考察揭示了人们如何回答他们在自己社群和在世界的其他社会里相互关联时不断产生的问题的许多内容。

如果我们把政治学界定为慎思地考量政治，那么，正如《旧约》和其他古代文献所记载的，政治学至少早在公元前 2000 年即已经出现了。许多文献详细描述了政治学的历史，并且不时地出现对历史时期的分类。每一种分类均以其独特的方式解说政治史。例如，20 世纪 20 年代杰出的政治学家查尔斯·梅里亚姆（Charles Merriam，1993，137）将政治学分成四个时代，其依据的是学者们在每个时期所运用的主导的研究方法：

1. 到 1850 年为止的先验和演绎方法
2. 1850—1900 年的历史的和比较的方法
3. 1900 年至今的观察、调查、衡量的倾向
4. 心理学研究政治的开端

我们介绍梅里亚姆的分类，为的是与大卫·伊斯顿（David

Easton）所提出的方法形成对照。后者也许是近期最著名的分类系统，伊斯顿的分析（1993，292）将政治学的历史分为四个阶段：

- **形式的**，它强调对法律和宪法的研究
- **传统的**，它集中关注非形式的政治过程、政党、压力团体
- **行为的**，它描述并收集关于政治过程的信息
- **后行为的**，作为对行为主义的反应，它还没有确立一个核心关注点 *17*

伊斯顿所做的分类是富有洞见的，用于阐明过去两个世纪里美国政治学发展中的倾向。但是，它们并未涵盖政治学长期而复杂的历史。特别是，它们未充分地反映该学科的三个特征。第一，当代政治学是数世纪发展的产物，而这些发展不能充分地反映在一个只是比较近期研究问题的框架里。因此，需要一个在时间发展范围内广包的分类法。第二，该学科今天要解决的是其数千年前要解决的同样重要的问题（也许是以不同的方式），在观念范围上广包的分类法将会是更多描述作为一个整体的该学科。第三，尽管美国政治学今天产出了最大份额的发表成果，但世界上的政治学家们以许多方式为该学科作出了贡献。因此，需要一套新的分类，它不仅在时间发展和观念范围上是广包的，而且在地理范围内也是广包的。这新的一套类别将有助于我们更清晰地看到该学科的整个历史，这看起来使得我们更创造性地思考该学科并指出其有意义的时刻。

为了着手建构这套新的、更广包的类别，让我们回顾一下该学科的历史。我们发现，对政治详细而系统地研究在七个伟大的时代得以推进，每个时代由两个特征来界定：（1）研究政治的人们的目标；（2）他们为实现其目标所运用的方法。下表呈现了对这七个时代的总结：

时代	时间跨度	时代名称	政治观察者的目标	政治观察者的主导方法
1	至公元前 2000 年	神话	整合	否定政治
2	前 2000 年—前 400 年	政治	个体性	参与政治
3	前 400 年—400 年	哲学	好政府	政治逻辑和观察
4	400 年—1500 年	神学	神权政府	关于政治的神启和理性
5	1500 年—1900 年	历史	共识政府	对政治经验的合理分析
6	1900 年—1970 年	科学	事实	观察政治行为
7	1970 年至今	折中主义	学科认同	创造性综合方法与数据

这七个时代被赋予了下述名称：神话、政治、哲学、神学、历史、科学和折中主义。置于一个时间线的谱系中，这七个时代呈现如下： *18*

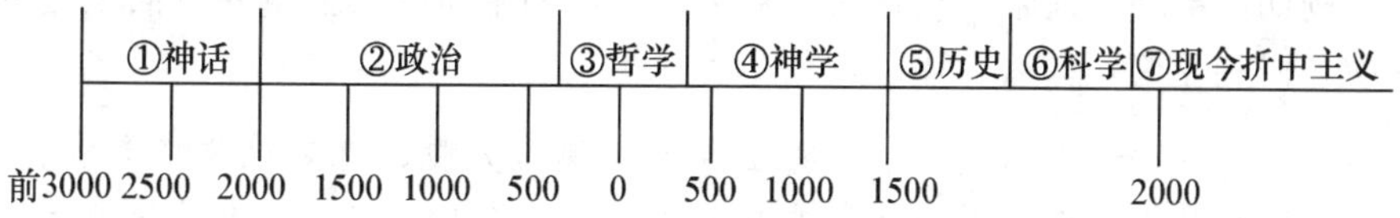

2.2　神话时代（至公元前2000年）

心理学家和人类学家为下述命题发现了证据，即曾经有过前政治的时期，那时不存在至少是今天所说的有意识的政治。在历史的这个早期，人的意识并未感到社会互动就是我们今天所感觉到的那种政治。我们称这个时期为神话时代，因为人们依照神话、叙事来生活，其中的诸神总是表达宇宙的创造性力量。我们这里是在古典的意义而不是当代的意义上使用“神话”这个词的。今天，神话是虚构的故事，是不真实的东西。但在古典意义上，神话正与此相反：它是完全的或终极的真理。在此意义上，神话是表达我们对一个终极真理的感觉的故事，而这一终极真理超出了我们能够充分理解的有限能力。

伊利亚德（Mircea Eliade）在经典的人类学研究《永恒轮回或宇宙和历史的神话》（1971）中解释到，原始人对于他们周围世界的意识与我们今天大不相同。在此意识中，生命看起来是按照日—夜—日和春—夏—秋—冬的循环“永恒地轮转”的，而不是从一点到另一点的进步。古代的宗教实践、活的类型和艺术揭示了否认或拒绝我们今天看他们的政治生活基本面的意识类型：

- 人作为自主的个人之存在
- 时间观和历史观
- 善与恶之间区别的意识

按照伊利亚德的观点，“古代和传统社会的人与现代社会的人（带有强烈的犹太—基督教印记）之间的主要区别在于这样的事实，即前者不可分割地与宇宙和宇宙节律联系在一起，而后者则坚持自己只与历史相关联”（Eliades，1971，iii）。例如，当原始人清晨从他们的洞穴中走出来时，他们体验到自己是周围展现出来的宇宙之未
19 分化的部分。他们与岩石、树木、河流、太阳和星辰一起，是生与死的持续流动之不可分割的部分。在伊利亚德看来，我们的原始人不会想到自己是与生命的运动和过程相区别的个体的人。他们没有时间或历史的概念，因为生命显得是一个无止境的循环系列，因而夜晚变成白天，再回到夜晚；春、夏、秋、冬，再回到春、夏、秋、冬；一切生命都在流动，并且以不中断的节奏循环着。

正如伊利亚德所解释的，今天对我们是“真实的”东西，对原始人并无意义，对他们而言，有两个存在平台：（1）高级的、超验的、“神圣的”存在领域，诸神在其中处于创造世界的永恒过程中；（2）低级的领域，“亵渎的”世界，由尚未被仪式圣化的日常生存行动所组成。只有第一个即高级的领域才构成了原始人所说的真正真实的东西。例如，舞蹈、筵席是将狩猎、降生、死亡和生命的其他重要方面圣化的宗教礼仪活动。伊利亚德解释道（1971，3-27）：

> 显然，在古代人的头脑中，实在自身表现为力量、有效性和持久性。因此，杰出的实在是神圣者；因为只有神圣者才是处于绝对的样式，有效地行动，创造事物并且使之持久……如果观察古代人的一般行为，那我们会被以下事实震惊：

> 恰当地说，外部世界的客体和人的行为都不具有任何自主的内在价值。客体获得一种价值，而在这样做时便成为真实的，因为它们仿照一种或另一种样式参与超越它们的实在之中了……我们可以说古代世界并不知道“亵渎的”活动：每个行动都有明确的意义——狩猎、捕鱼、农业；游戏、冲突、性行为——以某种方式参与到神圣者中……唯一亵渎的活动是那些没有神话意义的，即缺少范例模式的活动。

因此，对原始人来说，真实的世界是神圣的世界，他们通过举行仪式而从心理和精神上进入这个世界。每次举行仪式时，他们就重温了神最初创造世界时的行为之一。因此，原始人在举行日常仪式时，便继续从事参与宇宙的最初创造行动。伊利亚德指出：“在其有意识的行为的特殊性中，‘原始’人即古代人不承认此前未被他者处置过和生活过的行为，这个他者是另一个存在者，但他并不是一个人。他所做的，是此前被做过的。他的生命是他者首创的姿态的无休止重复”（Eliades 1971，4）。

由于他们真正的实在在于重温诸神的最初行动，原始人并不像我们今天那样感知时间的流逝。“重复宇宙演化的行动，这种构建由以发生的具体的时间被投射成为神话的时间，在当时，这就是世界的基础出现了”（Eliades 1971，20）。在此原始意识中，人们把太阳、月亮、人造物和动物视为神性。宇宙的创造是他们宗教关注的核心。唯一有意义的行为，就是那些让宇宙得以产生的最初的创造行为。诸神对宇宙的
创造是一个无开端无结局的持续过程。原始人能够参与通过重演诸神的创造行动的宗 20
教仪式来进行创造的过程。

由于对于原始人来说，实在即在于与宇宙连成一体，又由于唯一有意义的行动就是重复诸神在宇宙发生学上的创造行动，因而就不存在善与恶的观念，不存在道德的理念。树木、动物、诸神的行动或者其他人，既不是善的也不是恶的。他（它）们只是存在。在这方面，原始人就像是今天新诞生的婴儿。婴儿在其生命开始的头几个月，并无好或坏的观念。他们看、听、想、反应和摸索，但是，在向他们传授这些观念之前，他们并不具备事情是好或坏的观念。

当一种政治意识首次开始呈现在原始人面前时，这被认为是对他们生存的威胁。要在政治上行动，即肯定权力或试图主张权力，就得是个个体，独立于上帝和统一的社群生活的温情之外，并且在渎神的生存领域运作，这是为人所不熟知的，也是令人惊恐的。因此，原始人以两种基本的方式否定政治。第一种方式是继续通过宗教来寻求整合。僧侣阶层壮大了起来，他们带领人们举行庆贺神的创造行动的宗教仪式，许多仪式一直延续到今天。例如，基督徒在圣诞节庆贺耶稣诞生，在复活节庆祝耶稣复活，就是这些仪式的当代类似物。

否定政治的第二种方式曾经是并且仍然是组织上的等级制。等级制是一种将组织安排成严格的领导层构架的方式，以便其中有明确的命令链条，每个参与者在其中有一个明确的位置。在等级制中，工人向其主管报告，主管向经理报告，经理向执行官报告，执行官向首席执行官报告。政治涉及做出决定，在与他人的竞争中帮助做出影响社群生活的决定；就等级制中的每个人遵从他或她之上的人的命令而言，政治被消解了。当然，没有一个等级制组织能够完全消除政治，但是，等级制降低了政治行动

的自由流动，在极端的情况（比如战时的军事行动）下，政治也许大部分从日常生活中消失了。

即使是与今天的合作生活相比，古代的组织也是高度等级制的。皇帝和国王以神的旨意统治其臣民，拥有生杀予夺之权。日常政治的最大部分被消除了。

2.3 政治时代（前2000年—前400年）

我们称此时代为政治时代，不是因为它比其他时代更具政治性，而是因为在这个时代中，人们有了一种关于自然、权力、价值，以及如我们今天所知道的生活各个层面（家庭、社群、国家和世界）的政治危险性的意识。

21 在此前的时期即神话时代，人们否定随自由而开放的政治而来的个人责任，并试图借助宗教仪式和有组织的等级制来根除社会中的政治，这些宗教仪式将政治与其原始意识联系在一起。神秘意识结束于世界各个地方的不同时期，但我们清晰记录的早期典型来自以色列和希腊。

一种如我们所理解的政治意识，首先随着人们形成有关个人对善恶的责任的道德意识而出现。这种萌芽意识的一个最早的符号表达由古代希伯来人的《创世纪》记载下来。伊甸园是一个没有善恶的世界。亚当和夏娃与上帝相安无事，动物世界也不知道什么是竞争和斗争。然后，与上帝平安相处的世界被打破。亚当和夏娃偷吃了禁果，即**善恶知识**的树上的果实。具有象征意义的是，善恶知识是人类的核心困局。我们如果没有善恶知识，就不能为我们的行为承担责任。由于亚当和夏娃获得了善恶知识，他们就为其行为的道德性负责。他们的道德之眼就打开了。当他们把善与恶区别开来却不能总是做好事时，他们的内心斗争就开始了。他们的子女也是一样。该隐和亚伯完全拥有人的意识，为赢得权力和上帝的承认而斗争，这就有了政治。亚当、夏娃、该隐和亚伯的故事象征性地说明从非政治意识到政治意识的转变是如何发生的。

《旧约》讲述有关祖先（亚伯拉罕、以撒、雅各和约瑟）的故事，充满了政治的阴谋。例如，在雅各最喜欢的儿子约瑟的故事里，他被嫉妒他的兄弟们出售为奴，投入监狱，只是通过为法老解释梦境，最终才成为埃及帝国的行政官。几代过后，约瑟带到埃及的希伯来人的后代变得如此有权势，以至于埃及人出于恐惧而奴役了他们，强迫他们建造金字塔。听到这些人向往自由的呐喊，上帝召唤摩西带领他们出埃及，走向希望之地。

政治科学家麦克尔·沃尔泽（Michael Walzer）在其著作《出埃及与革命》（1985）中，探讨了出埃及的圣经故事的政治含义。在沃尔泽（1985，12-13）看来，《出埃及记》也许是所有时代中最著名的、经常被重复的政治解放的故事，标志着循环时间的神话意识之终结和现代线性或历史的时间概念的开始。

> 作为一个带有强烈的直线性、强烈的向前运动的政治故事，《出埃及记》永久地规定了犹太人的时间观念，并最终为非犹太的诸观念提供了一个榜样。我们能够把它视为所有永远重现的神话观念——从而也是对关于政治变化的循环理念

（我们的“革命”一词即从此导出）的重要的替代项。永恒重现的观念将社会世界与自然世界相关联，并且让政治生活成为一个循环——出生、成熟、死亡、重 22
生的简单终结。同样的故事一次次地重演；男人和女人，以及类似的男人和女人的适时行为让他们失去单身状态；在一个按照等级向上延伸到自然和自然诸神的神话领域的对应关系的系统中，一个代表了另一个。一般而言的圣经故事，更具体的《出埃及记》，以最决定性的方式终结了这种宇宙论的讲故事方式。在《出埃及记》中，历史事件只发生了一次，这些事件从向后和向前看的相互关联中，而不是从神话的等级对应关系中，获得其意义。

在《出埃及记》中，希伯来人的上帝命令希伯来人拒绝原始意识的神话和仪式，并且关注一个帮助他们创造单一的、不可重复事件的上帝，这些事件已经成为一个向前推进的时间里故事中的章节，在这个时间里，同样的创造性事件不会一次次地重复。希伯来人的上帝还要求人们为他们的行为承担道德责任，并且认识到，他们的人性是在一个正在发生的、有始有终的历史中作为道德的行动者实现的。希伯来人现在要接受的挑战是创造他们自己的历史，共同帮助决定他们的命运，希伯来人被上帝召唤来接受政治的挑战：在有意识地接受他们在新土地上建设一个反映上帝意志的社会中个人和集体的责任时，符合道德地相互对待。在《永恒轮回的神话》一书中，伊利亚德（Eliade，1971，104）同意沃尔泽的观点，就《出埃及记》的上帝说道，

这个犹太人的上帝不再是东方的神、原型姿态的创造者，而是一个人格，他不停地干预历史，通过事件来显现他的意志……也许可以正确地说，希伯来人首先发现历史的意义是上帝的神性显现，而且正如我们应当预期的，基督教接受了这个观念，并将之扩展放大。

因此，在以色列，政治意识是通过一种宗教传统形成的，在此传统中，个人和社群作为一个整体为做出道德的选择而向上帝负责。在希腊，生活的一种政治方式的意识在荷马史诗的时代实现了。大约写成于公元前1000年，《奥德赛》和《伊利亚德》讲述了战争中伟大的希腊英雄们的传说。在此后的几个世纪里，希腊人把这些史诗对英雄主义的描写视为表达了生活的重要品质，它们一起构成了一种希腊的历史圣经，一种据以生活的新神话。在《奥德赛》中，奥德赛经历了一系列的冒险，他在其中遇到多头怪物、独眼巨人和其他超自然的生命。在背景中的往往是“命运”，这构成了故事的重要方面，但完全超乎人的控制之外。荷马时代的希腊人以同样的方式看待生活。超自然的力量、诸神、自然之力被认为以重要的方式规定了人的生活。荷马故事的道德信息是，神的引导对于生活的成功是必要的。

荷马式的生活视角的意义是深远的。就外部力量控制我们的生活而言，政治是不 23
相关的，因为我们的所有政治努力也许会徒劳无益。然而，荷马的人物并不完全受命运所支配，政治意识的开端特别显现出一种兴起中的新等级观。有关《荷马史诗》中所描述的希腊军队中等级制的优点和民主的程度问题，正在进行一场学界的辩论。后来公元前5世纪哲学家苏格拉底所阐述的一个方面的论证认为，《荷马史诗》中的军队生活是威权主义的。在《伊利亚德》第二卷中，奥德赛在其统治受到下属的挑战时

说，“显然并非我们所有古人都能成为这里的王。对许多人来说，统治权并不是好事。只需要有一位统治者，一位国王，由狡猾的国王克洛诺斯的儿子来授予他权杖，以及监督其人民之权”（Illiad 2：204－206）。但是，有人提出反对这种观点的解释，认为希腊的军队表现出明确的民主特征，此人就是美国记者斯通（I. F. Stone），他在《苏格拉底的审判》（1988，34－35）中写道：

> 当奥德赛最终让全体军队的每个人都坐下来时，只有特耳西特斯（Thersites）不愿意保持安静。虽然荷马不公平地把特耳西特斯描述为语无伦次的人，但他在这里不但大胆地说话，而且讲得简洁明了，点明实质。奥德赛粗暴地作了回应。在整个列队的军人面前，他殴打特耳西特斯到流血，以此来羞辱他，并且威胁说，如果特耳西特斯再敢“在你口中滥用国王的名义”，奥德赛就把他在全体军人面前剥光衣服，遣送他“到激流中的船上号哭”。

当然，在回应斯通时也许会指出，被国王殴打流血，确实不是一个重要的民主制度的标志。但斯通对此的回应（1988，21）是指出希腊军队组织的其他特征：

> 阿珈门农不是苏格拉底信徒们所理想化的王。相反，特洛伊之前的希腊主人已经表现出城邦、现代议会和总统体制所共有的特征之萌芽。阿珈门农是指挥官，接受一个由资深的贵族土地所有者和武士组成的参议会的咨询。在此参议会之下有一个武士大会。因此，伊利亚德向我们显示的不是绝对王权，而是由行政、参议院和“平民”议会这三个部门组成的政府。

尽管关于希腊在公元前1000年前后的生活之民主特征的辩论也许永远不可能最终解决，但几乎毋庸置疑的是，此后500年的一系列条件和趋向导致雅典在公元前508年后的世纪里建立了民主制度。其中的第一个趋向是，在此之前受克里特和其他帝国统治的希腊，此后长时期内不受外部帝国的干预。一系列城市国家（城邦）兴起了，每一个城邦形成了强烈的独立意识。典型的希腊城邦拥有自由市场经济，政府机
24 构很少干预贸易，并且拥有一支主要以公民组成的民兵为基础的军队。成为公民阶级主干的雅典农民，富裕到足够拥有他们自己的盾牌和长枪。这些民兵是著名的希腊重装备步兵，在战争中英勇战斗，然后立即回到他们的农庄和家庭。在城邦的整体中发展出了一种自给自足的意识，这些重装备步兵试图在政府作出决定时从寡头（富裕、贵族的）家族那里赢得更大的声音。

科学发现也煽起了对希腊民主的兴起的热情。几位有影响的哲学—科学家从伊奥尼亚（现在属于土耳其和地中海的其他地区）来到希腊，米利都的泰勒斯成了第一位著名的科学哲学家。他准确地预测了公元前585年5月25日的一次日食，向希腊世界介绍了荷马没有恰当描述现实这一观念。对泰勒斯（前640—前546）来说，这些是自然现象而不是神的活动，此前人们用神的活动来解释世界上发生的事件。精确的测量和计算在泰勒斯看来是重要的，他计算了世界的周长，探究了存在的重要组成部分。泰勒斯说宇宙的基础是水，它是液体，并变化为多种形式。

公元前6世纪至前5世纪的一些科学家也提出了泰勒斯曾提出过的许多问题，并得出了不同的答案。阿纳克西曼德（前611—前547）说，物理世界的火与人的灵魂

中的生命之火乃出自同样的实体，火所代表的能量是存在的基本元素。阿纳克西米尼提出，气作为云是可见的，也可以是不可见的，它是基本的实体。德谟克利特在提出原子理论时，宣称原子是不可分的，具有运动、广延、质量，并且是无限小的微粒，为科学提供了一个重要的概念。

所有这些研究的结果是，世界开始显得越来越不像神的行动的产物，越来越像自然元素互动的结果。这种感觉具有神学和政治的意义。例如，以第一位怀疑论者著称的色诺芬尼，得出了我们赋予神以人性的结论。换言之，我们在自己的头脑中创造出类似于人的神。色诺芬尼宣称，只有一个神，这个神实质上不像人。普罗塔哥拉（前500—前430）否定了一个关于世界的神中心论的观点，宣布“人是万物的尺度”。

也许在今天看来这些发现无足轻重，但在作出这些发现的当时，其政治意义是革命性的。如果“人是万物的尺度”，如果人们至少控制了社会的环境（假如不是物理的环境）的话，那么，他们也许具有一种政治功效的意识。功效是这样一种信念，即一个人的行动确实改变了事态。在美国和其他地方对选举的研究表明，具有较高政治功效意识的群体，即认为自己的活动和投票起了作用的群体，要比那些认为自己的政治功效有限的人在政治上积极得多，对政治制度的影响也大得多。雅典的重装备步兵们开始相信，他们能够在那些影响他们的政府决定中发挥重要的、有效的作用。如果是他们而不是神才是万物的尺度，那他们作为个人就是重要的。因此，在公元前508
年—前507年，当雅典贵族克里斯提尼让重装备步兵们在政府中担任强大角色以换得 25
他们的支持时，他们便轻易地接受了。

从公元前508到公元前507年，克里斯提尼实施了一系列的改革，它们完成了已在进行中的某些发展事项。其中之一是赋予民众大会重要的权力。任何雅典公民都能参加大会，这种会议经常聚集6 000多名公民。雅典的诗人和剧作家们享有类似于现代政治漫画家享有的言论自由，总是向冷嘲热讽开放的典型的希腊民主派，被阿里斯托芬（1969，9-10）在其剧本《阿开尼安人》中漫画般地讽刺了一番。在下面的剧情进展中，一个等待民众大会召开的公民对领导层抱怨说，

> 这是高叫着黎明的定期举行的大会会场，这里是普尼克斯山（举行大会的广场）——完全空无一人！每个人都下到阿哥拉［市场］去了，喋喋不休地说着，离开了亲密的大师，无人准备把他们圈在公民职责之内。不，先生！行政理事会没有来！推推搡搡（你知道是什么样子）挤成一团去抢第一条板凳；但是，他们不提出一个该死的和平，以及如何实现它。啊，雅典，雅典啊！所以我来到这大会会场——一如既往地第一个到——并且坐下来。但是，当你独自一人时会做什么？嗯，我叹息，我打呵欠，我伸懒腰，有时候我还放屁。我试图思考要做的事情。我写作，我拔自己的头发，我放平我的书。我凝视前面的平地，渴望和平。我厌恶这吝啬的、贪婪的城市。我向往我自己大度的乡村，我慷慨的村庄。再见了那一切！所以我来到这里……以神的名义，我准备发嘘声、打断、诘问每一位竟敢就和平以外的任何话题发表意见的演讲者。嗯，瞧！这里是行政理事会——已经中午了。我没告诉过你吗？就是我正在谈的；他们中的每个最后一人推挤着坐到前台。

克利斯提尼的改革是广泛而深远的。除了所有公民参加的民众大会，还成立了一个500人的大会作为永久的立法团体，它可以辩论并阐述政策。克利斯提尼在统观组成雅典的那些有可能分裂的部落群体时，建立了一个由十个新部落组成的系统，它们不是由旧的地理边界所界定，而是形成了新的政治单元，其中每个单元都包含来自农村和城市的元素，由此而成就了重要的政治改革。通过这种重组，克利斯提尼得以打破传统的政治对抗，并形成新的单元意识，雅典城邦的公民身份在此单元中是最重要的因素。在雅典的程序中，500人大会的成员不是通过选举产生的，而是抽签，从每个部落抽出50人，任期一年，这样每个公民都有机会在其一生的某个时候承担领导职责。还选出十名执政官（archons）和十名将军（strategos）。除此之外，普通法院（heliaea）成了司法系统的核心构件。它由6 000名陪审员组成，从中选出51～1 501个陪审团。

克里斯提尼的侄子伯里克利（前495—前429）在公元前5世纪中期扩大了民主改革，并将雅典导向其财富和权力的高峰。古典时代雅典所提出的有趣程序之一是贝
26 壳放逐法，意指驱逐出境。贝壳放逐法源自“陶片”一词，指的是陶器的碎片，可以把要放逐的人的名字写在上面。当举行贝壳放逐时，公民们集合起来，把他们要放逐的人的名字写在陶片上。如果投出至少6 000只陶片，其中出现最多次数的名字的那个人就要被逐出雅典10年时间。被放逐的人可以保留其财产，但不能回到雅典或参与其政治。今天，这一程序听起来几乎是野蛮的，但在当时，贝壳放逐法是从古代世界政治权力更迭的通常方法即暴力革命向前迈出的坚实一步。在贝壳放逐法之下，一个领导人可以被投票决定逐出城，这样反对团体就能推举其领导人而不致遭遇前领导造成的麻烦，而前领导人也可保住他的性命。因此，贝壳放逐法是非暴力政权更迭的一项发明。

从某些方面看，鉴于像公民轮流担任公职这样的事实，雅典是历史上存在的最民主的政府。但从其他方面看，这个民主体制具有相当大的局限性。公民资格仅限于父母皆为公民的男性。不仅妇女，而且大量的外邦人居民和奴隶被排除在任何有效的政治参与之外。事实上，公民仅构成雅典人的20%。

2.4 哲学时代（前400年—400年）

在公元前5世纪，雅典中享受民主的言论自由的是苏格拉底（前480—前399）——一位敢言的哲学牛蝇，他以及他的学生柏拉图（前427—前347）对哲学史的影响很难被高估。苏格拉底是民主最大的哲学上的敌人（由于在柏拉图写的诸多对话中，苏格拉底是讲话人，难以判断谁的观点被记录了下来，所以我们将把这两位哲学家视为同一位作者）。苏格拉底（柏拉图）认为，民主违反了所有理性原则。他把希腊的民主派比作洞穴中的人，被拴在墙上，只允许看到由政治家操纵的木偶投射到对面墙上的影子。他觉得，民主的自由只是一个幻觉。希腊民主派相信，他们在其大会上能够公开地辩论他们时代的大事，他们作为公民有能力在向公众宣布的不同观点

的竞争的基础上作出明智的决定。苏格拉底嘲笑这种观念，辩称公民们只是迷惑自己，受大叙事者的欺骗，以为他们在做着决定，而事实上他们只是被操控成按照掌权者要他们思考的方式来思考。

苏格拉底提出，生活的意义是人有能力寻求并发现真理。柏拉图在《理想国》中记载，苏格拉底喜欢说“未经审视过的生活是不值得过的”。可以不经过民主的讨论、而是经过一种所谓苏格拉底辩证法的方法来发现真理。辩证法是一个提出问题并检验 27
答案的过程。例如，某人会向苏格拉底提出一个问题，诸如“一个国家的最大的恶难道不是出自会使它分裂并破坏它统一的事情，没有什么比任何会将它整合并结成一体的事情更善的了吗”，然后，苏格拉底会通过一种演绎逻辑的程序来检验这一陈述，这种逻辑是以陈述与普遍原则的一致性来衡量的。如果一个陈述看起来是真的，苏格拉底也许会惊呼：“这是真的！”然后，当其他说话人添加随后的陈述时，一种哲学就提出了。该对话的参与者以类似于发生在数学中的推理的过程去否定显得谬误的陈述。苏格拉底的几何学知识和对其的亲切感，以及数学推理的类似形式，在他的评论中显而易见。

苏格拉底断言，存在一个超出日常生活物理上可感知方面的更高的领域，可以从中发现“理念”，即物质客体的完美代表。换言之，在理念世界里，有椅子、树木、动物和人的理念。人的理念是完美的人，比现实世界的人更实在。这几乎就是说，理念是神头脑中的观念，然后神创造世上的男人、女人、树木和动物，这些都是理念的不完全的模仿。在柏拉图看来，哲学的任务是提高智慧，而智慧的目的是运用理性来认识理念。只有社会中那些最聪明的、受到适当教育的人才能认识理念，理念是所有事物的完美显现。由于每一件存在的事物都有一个理念，政府也有其理念。又由于只有少数特选出来的人才能认识到政府的理念，从而最懂得如何进行统治，这些天才人物就应当成为哲学王。柏拉图最著名的对话《理想国》包含了苏格拉底对正义和最好的政府形式的辩证探究，这种政府形式将从正义社会产生。

对苏格拉底和柏拉图来说，最好的政府是反映人性的自然能力和倾向的政府。人由身体、心智和精神（一种灵性或气质的本性）组成。被身体主导的人首先寻求感官的满足。被心智主导的人追寻理性的高度，这些少数人显然应当统治其他人。被其灵魂统治的人寻求军事征服。按照《理想国》的说法，苏格拉底认为，每个人在社会中都有一个要扮演的恰当角色，只有因其智慧和领导才能而有资格的人，才能进行统治。当社会由合适的人统治时，就是正义。

在每个人都知道自己的位置而一人或少数几人作出关于所有人的决定的世界里，政治不复存在了，这正是柏拉图想说的。柏拉图否定他所处的那个时代希腊的民主政治，试图恢复神话的条件，即原始人的精神构架，以便建立一个较为现代的社会。怀着绝对等级制和对理念的信念，柏拉图完成了一项惊人的壮举：他把原始心理强大的基本需求（这在今天仍然是下意识心态的反映）翻译成现代世界能够接受的合理的精神构架。为了这一成就，柏拉图以强烈的兴趣为他逝世后的几乎 2 500 年作了准备。
正如伊利亚德在《永恒轮回的神话》中所指出的，“可以把柏拉图看作原始心灵的杰 28
出哲学家”，也就是成功地将哲学的流行和功效赋予古代人的生活方式和行为的思想家（Eliade，1971，34）。

亚里士多德是柏拉图的学生，但是，这位年轻的哲学家与他的导师的观点间的分歧也许大于其相同点，这让多少世纪的学生们为之着迷。在一次有关亚里士多德的讲演中，伯纳德学院的政治学教授道尔顿（Dennis Dalton）指出文艺复兴的画家拉菲尔在其名画《雅典学园》中如何绝妙地抓住了柏拉图与亚里士多德之间的争论。

在这幅画的中心，柏拉图食指伸向天空，显示真理和智慧要在理念世界里发现。亚里士多德则正相反，把他的手从手腕直接向外摊开，表示真理不是在天上的理念世界，而是在对此岸世界的物理实在的观察中发现的，并且来自适度的生活。对亚里士多德来说，柏拉图犯了走极端的错误。在试图模仿理想的理念世界时，柏拉图的哲学导向认可在当时显得不能容忍的概念，如军人阶级的公共财产，甚至还有妇女的政治平等权。

柏拉图将其人间推理的概念建立在数学基础之上，而本人是医生、也是医生之子的亚里士多德（前384—前322）则将其哲学建立在自然科学和对自然的观察基础之上。他提出把活的有机体分为门、类、种的分类系统，此分类法至今仍然在生物学中应用，正如我们可以在其《政治学》（1290b）的下述引文中看到的，他运用了同样的方法来考察政府。

> 如果我们的目的是不同种类动物的分类，那我们应该从列举对每个动物都是必要的其各个部分或器官开始。比如，这些包括某些感觉器官：它们还包括获取和消化食物的器官……它们进而包括运动器官……国家也是一样，如我们反复指出的，国家不是由一个而是由多个部分组成。其中之一是涉及食物生产的那群人……第二部分……是各种艺术和工艺的职业……第三部分是可称为商业阶级的：它包括所有从事购买和销售的人……第四部分是农奴阶级，由农业劳动者组成；第五个因素是防卫力量。

亚里士多德不是寻求演绎推理的力量来发现理想的政府形式，而是转向归纳推理，从观察开始。记录下希腊历史上和现时的约350个政府的特征，亚里士多德力图发现现有的政府形式是如何运作的，以及它们的结构如何与其优点和缺点相关联。亚里士多德运用他在探究生物有机体时使用的方法，把政府划分为两类，每类都有三种表现形式。亚里士多德观察到，存在：（1）好政府，按照社会中所有阶级的人的利益
29 来统治的政府；（2）坏政府，仅仅根据统治阶级的利益来统治的政府。而且，好政府和坏政府都可能由一人、少数人或多数人即社会的贫穷大众组成。一人统治的好政府是他所称的君主制，少数人统治的好政府是贵族制，多数人统治的好政府是他所称的共和政体或宪政政府。一人统治的坏政府是僭主制，少数人统治的坏政府是寡头制，多数人统治的坏政府是民主制。亚里士多德为何把民主制视为坏的政府形式？他认为民主制是由贫穷大众执掌的政府，他们只从自己的利益出发进行统治。然而，由多数人统治并且照顾到全体人民利益的共和政体是罕见的，但可以成为最好的政府形式。正如他在《政治学》中所说的："现在我们必须考虑什么是对**大多数**国家和人民来说最好的宪法和最好的生活方式……从我们的论证来看，显而易见的是，第一，最

好的政治社会的形式是由中产阶级掌握权力的社会”（Aristotle 1295a）。对亚里士多德来说，中产阶级由既无太多也无太少财产的人们所构成。他们精于中庸之道，是最适合治理社会整体的人。

亚里士多德继续仔细地划分他所观察到的现象，考察了许多适于政治理论的议题，包括革命的原因：

> 促使人们倾向于变革的心态原则和普遍原因是我们刚说过的那个原因。有一些人煽动暴乱，因为他们的头脑里充满了追求平等的激情，此乃源于他们这样的想法，即他们虽然与占有优势地位的人是平等的，却手持最差的合约。还有其他一些人也煽动暴乱，因为他们心中充满了不平等的激情（比如优越感），这出自他们觉得自己并未占据对他人的优势（而只是同等的数量甚或是较小的量），尽管他们实际上比他人占有的比平等更多一些（要么这些激情可能有某些道理；要么毫无道理可言）。因此，处于劣势者为了平等而成了革命者，平等者为了占据优势也要革命（Aristotle 1302a）。

虽然我们至此将讨论仍限于西方的思想家，但重要的是指出，在整个政治思想史上，许多类似的东西也发生在东方国家。一个有趣的例子是孟子（前 372—前 289），他在儒家哲学领导地位中仅次于孔子。孟子关注于确立国家是天意的产物这一原则，该原则也成了中世纪西方政治思想的基石。当被问及谁把皇权授予帝王时，孟子回答：“上天将此授予他”（Bary 1966，110）。类似于亚里士多德关于国家起源的推论，孟子断言：“人们习惯于谈论江山社稷。事实上，江山的基础在社稷，社稷的基础在家庭，家庭的基础在个人”（Bary 1966，110）。孟子主张仁政，当他说“民为贵，社稷次之，君为轻”（Bary 1966，110）的时候，他早于耶稣强调了为众人服务的理念。

哲学时代始于柏拉图清除民主政治（如果说不是政治生活的所有特性的话）的努 30
力。诡异的是，政治在这整个时代都兴盛繁荣，可以看到像罗马共和国时期西塞罗这样雄辩的理论家，然后再度在罗马帝国时期受到了抨击。

2.5　神学时代（400 年—1500 年）

在政治学发展的第四个时代，西方文明在其各个方面都反映了罗马天主教会在社会、哲学、道德，以及政治上的主导地位。这一时期的标志是一些重大的神学斗争，教会的领导者们在斗争中竭力与其信仰的精神性，也与实际政治世界的严酷现实相妥协。

从中世纪一开始，天主教会就坚决地否认耶稣基督教义之非政治的、反政治的意义和教训，支持一种蕴涵在《旧约》和使徒保罗的《新约》作品中的哲学，该哲学包含了政治权力。由于天主教神学主导了中世纪欧洲的政治研究，因而有必要理解该教会的政治视角。为了做到这一点，我们必须首先考察呈现在四部福音中的耶稣的教义，以及早期教会理解这些教义的方式。

根据《路加福音》的记载，耶稣在其传教的早期宣布，他的首要使命是宣示上帝的王国（或天国）：

> 耶稣来到拿撒勒，就是他长大的地方。在安息日，照他平常的规矩进了会堂，站起来要念圣经。有人把先知以赛亚的书交给他，他就打开，找到一处写有下面的文字：
>
> “主的灵在我身上，因为他用膏膏我，叫我传福音给贫穷的人；
> 差遣我报告：
> 被掳的得释放，
> 瞎眼的得看见，
> 叫那受压制的得自由，
> 报告神悦纳人的禧年。”
>
> 于是把书卷起来，交还执事，就坐下。会堂里的人都定睛看他。耶稣对他们说：“今天这经应验在你们耳中了。”（《路加福音》4：16-22）

记载于福音书中的耶稣的大部分教导，是以寓言形式出现的，内容有关上帝王国
31 的性质。在其行动中，在其寓言中，在其教导中，耶稣坚定地宣布上帝王国不是此岸世界，不是政治的王国。在身处荒野40天结束时，耶稣决然地拒绝了统治此岸世界政治王国的“政治诱惑”：

> 魔鬼又领他上了高山，霎时间把天下的万国都指给他看，对他说：“这一切权柄、荣华我都要给你，因为这原是交付我的，我愿意给谁就给谁。你若在我面前下拜，这都要归你。”耶稣说：“经上记着说：‘当拜主你的神，单要侍奉他。’”（《路加福音》4：5-8）

此后，耶稣有意识地拒绝了任何有关他尝试寻求政治权力的建议。如果天国不是政治的，那它是什么呢？按照耶稣的寓言，当一个人像好的撒马利亚人那样行动时，当一个人将其财产给予穷人时，当一个人免除债务时，当一个人要求坐宴会桌上最低的座位时，当一个人为另一人洗脚时，当一个人寻求为他人谦恭服务而不是荣誉时，他就加入到天国了。因此，上帝王国是政治王国所不是的任何事情。天国不是权力的争夺，而是没有争权夺利。天国不是争夺特权和对一个人利益的保护，它实际上是一种精神状态，处于其中的人对于政治权力及其特权无动于衷。当法利赛人靠近基督，试图设陷阱让他支持向罗马帝国交税（犹太人厌恶此事），或者反抗罗马的权威，从而成为一个政治人物时，耶稣回答说“让恺撒的归恺撒”，表示印有恺撒头像的钱币对于天国没有什么特别的意义，天国既不把财富也不把贫穷当作优点，而是关心金钱的力量所不能代表的事情。当一个人把属于上帝的归上帝时，他就放弃了自己的政治野心，因为属于上帝的正是以一个人的心、灵魂和头脑去爱他。当一个人奉献给上帝时，就很少有什么空间用于积累政治权力了。

对福音书的这种解释把耶稣描述成与政治绝缘的人物，因为他否认政治的恒久重要性，这种解释主导了基督教时代前四个世纪的早期教会。这些世纪里的大部分基督徒不愿意发起反叛，因为他们不力图谋取政治权力。然而，在许多情况下，他们拒绝

执行罗马国家的法令，他们认为罗马国家与上帝的王国相对立。他们拒绝崇拜恺撒或者承认他们自己的神以外的任何神。由于这样缺少对罗马国家的忠诚，他们经常遭受迫害。基督徒并不是有意识地反叛，因为反叛是一种政治行动，而且他们通常服从罗马政权，假如该政权所要求于他们的并不与其崇拜上帝相冲突的话。《圣经》中关于遵守国家法律的律令可见于《罗马书》13：第1～7节："在上有权柄的，人人当顺服
他，因为没有权柄不是出于神的。凡掌权的都是神所命的"（《罗马书》13：1）。保罗 32
显然并不认为这个命令意味着绝对的服从，其理由有二。第一，他以一个警句来结束这一节："凡人所当得的，就给他。当得粮的，给他纳粮。当得税的，给他上税。当惧怕的，惧怕他。当恭敬的，恭敬他"（《罗马书》13：7）。这一陈述的意涵是，对国家的忠诚限于所应得的，国家如果与上帝的意志相冲突，它就不该得到忠诚。

但是，当保罗坚持认为耶稣的信徒们履行了某些公民职责时，他强烈地暗示皇帝并不应当得到崇拜，崇拜是留给上帝的。百夫长如果要求基督徒停止信仰或传播福音书，那也不应得到遵从。事实上，保罗、彼得和其他使徒在监狱中待了很长时间，他们经常因为不服从而被投入监狱，并在狱中写了他们的一些最著名的信；据说除了约翰以外，所有的使徒都被杀害于那些为政府权威工作的人之手。殉道者之死最著名的故事之一是波利卡普被焚于火刑柱，他是一位来自士麦那的年长的、勇敢的君子：

> 当地方官坚持着，并说："宣誓吧，我就让你走；斥责救世主"，波利卡普说，"在86年里，我一直是他的奴仆，他对我没有做错什么；我怎么能够辱骂拯救了我的主呢……"
>
> 当他（地方官）继续坚持，并说："以恺撒的好运发誓"。
>
> "如果你设想我将如你所说的那样以恺撒的好运发誓，并且假装我不知道自己是谁，那让我直截了当地告诉你，我是一名基督徒。你要是想学习基督教的教义，那就定下一个日子听我讲。"
>
> 地方官说："说服众人。"
>
> 波利卡普说："我曾想你是值得论理的人；因为我们被教导要对上帝所任命的政府和权威给予恰当的尊重，假如这并不伤害我们的话；但对于其他的人，我不认为他们值得我在其面前为自己辩护"（Goodspeed 1950，250−251）。

因此，上帝的王国如其早期的大多数信徒所认为的，它并不是政治的王国，这个新宗教因而是非政治的，或公开地反政治的。基督教前三个世纪里杰出的神学家德尔图良这样来总结他对于上帝王国的非政治性质的信仰，他询问道："雅典与耶路撒冷到底有什么关系？"这个问题把政治象征的雅典与圣城耶路撒冷作了对比。

但是，这里有一个悖论。社会中存在一种反政治的宗教，这具有严重的政治含义。社会担忧，人们的第一忠诚奉献给上帝，拒绝拿起刀剑，而是遵循基督关于非暴力的告诫，这些人有可能是不可靠的公民，特别是在紧急状态或战争的时候，此时他们的公民同伴需要他们的忠诚和帮助。

公元325年，发生了一件未曾预料的事件。罗马皇帝康斯坦丁皈依了基督教。此前，基督徒受到官方迫害，现在他们发现自己正在享受罗马皇帝的官方认可。他们开

始相信，既然皇帝正式成了基督徒，长期期盼的耶稣基督的回归将在他们眼前展现。
33 然而，他们的热情是短暂的。公元410年，阿拉列克和哥特人征服了罗马，此前不愿意出于任何政治理由而战斗的罗马基督徒，被谴责要为此灾难负责。据说他们不是好公民，因为他们首先效忠于他们的上帝，其次才效忠于国家（如果还有的话）。

天主教会的存活本身看起来也危在旦夕。有着和平主义和不关心政治的传统的教会，并无明显的基础来应对这种威胁。值此关键时刻，北非希波镇的一位主教撰写了一本著作，它将放弃耶稣反政治的教导，并且永远地将教会革命化和政治化。在罗马帝国陷落后不久，奥古斯丁的《上帝之城》出版了，他在书中把人的经验分为两个城市，即上帝之城和现世之城。按照奥古斯丁的看法，两个城市是由两种爱形成的：“爱自己，即便是轻视上帝；对上帝的爱构成天国，即便是轻视自己。”上帝之城是践行耶稣美德的精神国度，只有上帝通过他的恩典选出的基督徒，才是这个国度里的公民。只有基督徒能够知道爱上帝的快乐。其他每个人，由于只有上帝才知道的原因而被排除在上帝的王国之外，只是现世的公民，政治的残酷冲突在现世里发生。奥古斯丁神学的关键点在于，基督徒虽然是上帝之城的公民，也是现世王国的公民。他们是被上帝安置于现世来与之互动的。作为现世的公民，他们是政府的良善和忠诚的臣民，他们享受政府的保护。这样，他们就必须在正当的时候，为保卫其现世的王国而战斗。因此，奥古斯丁提出了一个关于正义战争的学说。他否定基督对其信徒们作出的拒绝暴力冲突的告诫，断言基督徒在一些特定的条件下可以正当地发起战争，这些条件包括自我防卫、纠正错误和确立和平。

天主教会热情地接受了奥古斯丁的学说，因为教会通过它而为行使政治权力赢得了正当理由。但在许多人看来，教会为这个权力付出了高昂的代价，它赢得了现世王国即政治的王国，却失去了上帝的王国。虽然在整个教会历史上都有这样一些人，他们践行了基督非政治的信仰，但教会当权者们还是遵循了奥古斯丁的学说，追求政治权力。

在此后的公元1000年，教会扩大了其财力和政治权力。在土地作为首要财富来源的时代，教会是欧洲最大的土地所有者。公元1000年是重要的，因为许多基督徒相信，《启示录》几处引文暗示耶稣将在公元1000年复活。当他没有复活，当封建的战争和瘟疫给他们的绝望雪上加霜时，许多人开始怀疑他们的信仰和教会。宣称公元千年的到来标志着基督复活的“千年至福”运动在欧洲展开了，这些运动采取了许多种形式，但都有着同样的主题。例如，运动经常会这样开始，即某人从旷野的沉思中
34 显现，宣布是带着上帝使命的复活了基督或施洗者约翰或是另一个先知。千年至福的先知们从一个城市游行到另一个城市，当他们祈祷即将到来的世界转变时，赢得了一批批的追随者。其中的一些先知及其追随者成了自笞者，他们会在公众面前浑身是血，向上帝忏悔自己的罪孽，高喊着乞求上帝的宽恕。另一些人将其愤怒外化，出于对教会财富和权力的愤恨，杀死他们认为是撒旦代理人的乡村牧师。千年至福者们还抢劫并焚烧了犹太人居住区，在途中杀死了许多人。千年至福先知们宣称自己得到上帝的直接启示，以此来为其行为辩护。

虽有这些事态发展的警示，教会仍然不能否认启示作为道德的一个来源。为了抵

制千年至福者们造成的损害，教会的教父们宣称，理性也是上帝的声音，暴徒的暴力超出了理性的范围。托马斯·阿奎那，一位帮助欧洲开始创建伟大的大学的学者，提出了让教会能将理性整合进其启示学说的正当理由。他在其《神学大全》中论辩道，理性能力是上帝馈赠给人的礼物，让人用以理解上帝的目的。启示，无论是以《圣经》的形式还是以上帝所指定的在教会中的发言人所口头宣布的方式，是完全可以与理性相容的。阿奎那由此维护了教会所宣称的启示，同时也允许教会发展出一种有助于巩固其权力的理性化的哲学。

阿奎那的哲学方法具有很大的重要性。他是经院哲学运动的杰出人物，该运动在13世纪为基督教找到了伊斯兰学者早已知道的亚里士多德的文稿。阿奎那把亚里士多德的科学—辩证的推理方法与基督的天国启示结合在了一起。亚里士多德认为，人是天生地政治性的，发展其政治才能是社会行为的本质。把亚里士多德的政治学与《新约》相结合，阿奎那在教会神学中整合进了让基督徒成为高度政治性的、同时又遵守政府权威的理由。他在《神学大全》下面的段落中，提出了他为君主制辩护的理由。他的推论听起来很像亚里士多德的理论，他的政治目标即全体一致与和平，乃至接受耶稣这位“和平王子”的影响。

> 任何统治者的目的应当对准确保他着手统治的人们的福利……那么，构成一个社会的民众之福利和安全在于维护团结，这被称为和平。如果去掉这一点，社会生活的益处就失去了，而且分歧的民众就成了其自身的负担。因此，民众的统治者主要关心的就是维护和平的团结……这就显示，按本性说一个人能够比数人更效地带来团结——正像热最有效的事业就是按本性来说是高温的东西。因此，一个人的统治比许多人的统治更有益……这从经验来看也是显而易见的。非由一人统治的省或市毁于分裂，或者飘摇于动乱（Aquinas）。

阿奎那推论道，由于教会代表了更高的领域（精神性），教会就应当能够至少是 35
强烈地就重要的现实政治问题为世俗领导者提供咨询，假如不是实际地解决问题的话。

2.6 历史时代（1500年—1900年）

> 无政治学的历史徒劳无功；
> 无历史的政治学浅薄无根。
>
> ——约翰·希利爵士（Sir John Robert Seeley，1896）

1858年，在担任美国一所大学的第一任政治学系主任时，弗兰西斯·利伯尔（Francis Lieber）曾就历史对于政治学的重要性说过如下的话：

> 政治学在人最重要的现世阶段对待他；国家是必须保护或核查人的所有行为，并反过来反映这些行为的机构。因此，关于该分支的一门完整的课程应当以很大的篇幅来描述文明的历史，包括人间的所有波动，那就是自然的事情。还需

> 要我赘言，学生在经历了所有这些领域并考察了所有这些学科之后，将会为这个国家指派他的严肃目的以及作为自治的伟大国家中的一名合伙人做出较好的准备？如果不是，那就把这些学科从你的目录中划掉。

我们把政治学的第五个时代称为历史时代，是因为理解这整个时期的首要方法是从历史中吸取教训，然后努力将它们运用于政治。而且，这一时期政治学最严肃的学者们的目标不是为了其本身的缘故而研究政治，而是为了一个目的才研究政治：运用历史的教训来建成较好的政府。这一时期许多最重要的著作在路径上是哲学的，并集中于司法议题，但这些讨论几乎总是由历史的教训来检验。对于这一时期最重要的思想家来说，所寻求的政府类型是共识政府，也就是在此政府之下，被统治的人民赞同授予权威的权力之程度、界限和特征。

该时代始于经常被誉为现代性前驱者的人即马基雅维利（1469—1527）。“现代性”是这样一个时期，其标志是教会对思想的统治和规定为中世纪的制度之终结，以及世俗或非宗教的思想和制度凸显的时期之开始。马基雅维利的著作《君主论》（1513）是现代政治现实主义的一部经典。马基雅维利是意大利佛罗伦萨的一位资深政府官员，他在美迪奇家庭掌权前失去了政府官职，写作《君主论》是为献给洛伦佐·德·美迪奇，希望得到这位统治者的喜欢并重新得到此前的官职。《君主论》否
36 定只谈论政府**应当**是什么的阿奎那的著作和经院哲学运动，而是讨论政府实际上是什么，马基雅维利劝告洛伦佐以算计的机敏进行统治，显得是真诚和公平等美德的拥护者，但在必要时绝不放弃欺骗和残酷。马基雅维利提供了许多历史的教训以支持他的劝告，比如下面的一个关于马基雅维利所羡慕的意大利人米兰公爵（Duke of Milan，1979，99-100）的例子：

> 公爵得到罗马涅地区，发觉它曾被一批并无权力的贵族统治，这些贵族更急于掠夺而不是治理其臣民，给予他们的是分裂而不是团结的理由，因而这整个省份到处都是盗贼、争斗，以及各种各样的傲慢，发现这一切之后，公爵认定，如果他要使该地区和平并遵守统治者的法律，就有必要给予它以好的治理。因此，他派遣一个残酷无情和能干的人雷米罗·德·奥尔科（Remirro de Orco）去统治该地区，并授予他全权。此人在短时间内使得该省和平和团结起来，在这样做时，他也赢得了很大的声誉。此后，公爵认为不再有必要给予这种过度的权力，他担忧这也许会被轻视；他在该省的中部地区建立了一个民事法庭，任命一名十分杰出的庭长，而每个城市都有自己的法律顾问。又由于他认识到，过去的严厉措施招致了某些怨恨，为了净化人们的心灵，让他们完全站在他一边，他要表明，假如出现了任何形式的残酷性，那也不是源于他，而是源于他的大臣的残忍本性。当他下手的机会到来时，在切塞纳的某天早晨，他让奥尔科在广场上身首异处，身旁放着一堆木头和血腥的剑。这种场景的凶残让那些人感到满意，同时也感到震惊。

在英国17世纪40年代的内战时期，又出现了另一位杰出的学者。托马斯·霍布斯写作了《利维坦》，作为对政府起源和恰当的统治道路的系统考察。写作于暴力冲

突之中，生命在其中显得“孤独、可怜、污秽、残酷而短暂”，霍布斯提出，维护社会秩序是政府的首要角色。与设想政府由上帝任命和建立的神学家们不同，霍布斯认为，政府不是出自上帝，而是来自人。人们在其开化前的自然条件（霍布斯称之为自然状态）中，通常处于相互冲突的状态。他们结合在一起，建立政府，以保护其自身免受暴力损害。霍布斯提出，公民们应当与利维坦订立他所谓的社会契约，这个利维坦是一名强大的统治者，他提供安全保护，以换得他们效忠的保证以及授予其统治之权。对霍布斯（如同马基雅维利）来说，是人的历史，而不是上帝的行动，为理解政治提供了框架。

在霍布斯的《利维坦》出版半个世纪之后，约翰·洛克进一步发展了霍布斯的社会契约观念。对洛克来说，政府的建立乃出自它所统治的人民之同意，以便保障“生命、自由和财产”。写作于非暴力的英国1688年革命时期，洛克比霍布斯更加相信， 37
人民能够获得范围广泛的权利，特别是允许他们经济上获得繁荣的权利。洛克论辩道，社会契约如果被统治者推翻，那就不再有效，统治者一旦失去其人民的信任，人民就有革命的权利——这一观念对托马斯·杰弗逊和美国《独立宣言》的签署者们产生了重大影响。洛克的政治学研究的路径，像他之前的霍布斯一样，是从历史吸取教训，构建一个以人民的同意为基础的政府哲学。

共产主义的创始人卡尔·马克思在本书第四章将有更详细的讨论。但这里重要的是指出，马克思宣称他是第一个（尽管有马基雅维利、霍布斯和洛克）将其对政治的分析不是建立在演绎哲学，而是建立在对历史上实际发生的状况观察的基础之上。马克思报告他认识到了历史的主要趋势，即由阶级冲突推动的辩证的变革运动，在阶级冲突中，无产阶级（工人阶级）最终将推翻资产阶级（中产阶级），就像资产阶级几个世纪之前曾推翻封建贵族那样。马克思对政治科学最持久的贡献是他强调阶级冲突是政治事件的根本原因。

对许多理论家的考察，将包含在本书下面章节的众多合适的标题之下，这些理论家如埃德蒙·柏克、约翰·斯图亚特·密尔和弗里德里希·尼采，他们为我们理解政治作出了重要的贡献。但是，在着手讨论他们之前，我们将转而讨论美国大学在导向承认政治学作为一门学科的年代里的政治教学情况，以完成对政治学研究进展历史的概览。

根据安娜·哈多（Anna Haddow）的《美国大学里的政治科学：1636—1900》（1969）这部绝妙地研究该学科早期历史的著作所述，早在1642年，哈佛课堂上已经讨论了“伦理”和“政治”。在整个殖民地时期，政治是历史课堂上讨论的一个题目，最早的课本之一是格劳秀斯出版于1625年的《战争与和平法》，格劳秀斯宣称，“书中解释了自然和各国的法律和主张，以及与公共政府或私人生活的行为相关的主要观点”。法国政治理论家卢梭的著作是威廉与玛丽学院1798年课堂的指定读物，此后不久，课堂上就读到了洛克和霍布斯的书，而且正如哈多所指出的，“威廉与玛丽学院宣布实际上确认美国每一个法律教授职位的成就，这是杰弗逊州长和麦迪逊总统于1779年实施的改革的一个结果”（Haddow 1969，87）。哈佛1770年至1791年的硕士论文包含了如下的题目（Haddow 1969，107）：

- 联邦制是居于其他人间制度之上最合适的抵制王室暴君的制度吗？
- 民主的政府形式在维护人民自由方面比任何其他形式作出的贡献都多吗？
- 38 年轻人在共和国比在任何其他政府形式中更有必要学习政治学吗？
- 公共美德是不是共和国自由的最佳保障？
- 人民对立法权无监督的政府是专制政府吗？

1857 年 5 月哥伦比亚大学的弗兰西斯·利伯尔成为美国大学中第一位历史和政治学系主任。1876 年，约翰斯·霍普金斯大学成为了第一所建立政治学系的大学。1880 年，一所政治学研究生院开始在哥伦比亚大学招收学生，当芝加哥大学于 1892 年成立时，政治学系是其最初创校时的 23 个院系之一。最后，1903 年，美国政治学会在美国历史学会于杜兰大学召开的年会上宣布成立。从最早的观念开始，政治学在美国大学中的作用不仅是增进政治的知识，而且也训练学生成为好公民，并解决政治所承担的许多困难的问题。正如弗兰西斯·利伯尔于 1858 年所说：

> 确保自由（这个历史上的困难议题）的方式之一是认真培养年轻人走政治真理和正义之路，反思一下在我们这个大城市的时代，人在历史上第一次必须解决与人口众多的城市相适应的允许高度的普遍和个人自由的问题，此事的必要性因此而增大（Lieber 1881，26－27）。
>
> 哈多（1969，249－251）指出，19 世纪最受欢迎的政治学教科书包括：
>
> 托克维尔的《论美国的民主》（1935）（Alexis de Tocqueville's *Democracy in America*）
>
> 沃尔塞的《政治学》（1878）（Theodore Dwight Woolsey's *Political Science*）
>
> 威尔逊的《论国家》（1889）（Woodrow Wilson's *The State*）
>
> 伯格斯的《政治学与比较宪法》（1890）（John W. Burgess' *Political Science and Comparative Constitutional Law*）
>
> 威尔逊的《国会政府》（1885）（Woodrow Wilson's *Congressional Government*）
>
> 詹姆斯·布莱斯的《美利坚合众国》（1912）（Jame Bryce's *The American Commonwealth*）
>
> 古德诺的《政治与行政》（1900）（Frank J. Goodnow's *Politics and Administration*）

这一时期出现了首批重要的政治学期刊。哥伦比亚大学在 1886 年出版了《政治学季刊》（*Political Science Quarterly*）；宾夕法尼亚大学于 1890 年开始出版《美国政治与社会科学学院季刊》（*Annals of the American Academy of Political and Social Science*），1906 年开始出版《美国政治学评论》（*American Political Science Review*）。进入 20 世纪后，几所院系开始授予博士学位，今天授予博士学位的院系数目达到 117 个。

2.7　科学时代（1900年—1970年）

到世纪之交，我国许多杰出政治学家的目标是将政治学确立为社会科学当中独立 39
的、科学上可接受的学科。通过对政治行为归纳的、精确的观察，他们引出了该学科的第六个时代：科学时代。他们的第一项任务是获得政治和政治运动的一个新视角。他们的第二项任务是从其父辈学科历史学的方法的束缚中解脱出来，在其他学科中间寻求一个新位置，他们从这些学科中借鉴了许多东西：哲学、法律和经济学。

取得政治的一个新视角，就必须在看事物时既不同于欧洲的政治学家，也不同于美国的政治家。对美国政治和政治学家的一些最有趣的评论出自欧洲人之手。例如，今天政治学的学生通常在其本科学习的某个时候熟知托克维尔的《论美国的民主》(1835)。在美国政治思想的课程中，经常向学生们介绍詹姆斯·布莱斯的《美利坚合众国》(1912)。循着托克维尔和布莱斯确立的传统，英国政治分析家伯纳德·克里克(Bernard Crick）在其著作《美国政治学》(1960）中指出，政治学在20世纪开始时的进展，部分是对作为该时代特征的进步党人的土地、劳工和教育改革运动的回应。克里克注意到，这些美国政治运动所构成的进展如何从根本上不同于欧洲意识形态和学说上的斗争。欧洲的运动寻求在强大的专政的共产主义统治下创造集体的国族认同，而美国的进步党人则将其精力对准个人主义的理想。克里克（1960，188）说，即使如此，美国政治学家在对这些改革作出反应时，开始以不同于这些的领导者看待它们的方式来看待政治过程："进步党的改革者们也许仍然试图牢牢抓住直接民主的激进个人主义，但新政治学家们开始把政治看作众多压力团体对边际特权的竞争，这些团体大多数是地区的和经济的，而基本上不是意识形态的和学说上的。"

由于美国政治学家们着手以不同于欧洲人和改革运动的领导者的方式来看待事情，美国政治学开始形成一种独一无二的特征。正如法尔和塞德尔曼在他们写的该学科透彻的历史书中所指出的，世纪之交的政治学家们的确与改革者们共享了这样一种愿望，即让他们获得的知识成为"社会变革的工具"(Far and Seidelman 1993，107-112)。

在20世纪的头十年，政治学家们将许多精力花在比较公民和文化机构的历史上，这是一种被称为形式主义的研究政治的方法。他们认为自己集中关注历史学家和经济
学家所研究的同样的普遍现象，但出自不同的视角，威洛比（W. W. Willoughby）在 40
1903年对此做了描述。他指出，该学科在当时包含了三方面的研究任务：(1）政治理论或哲学；(2）公法；(3）政府与行政的形式或职能（Willoughby，1993，60)。所有这三个研究领域都以历史学家的研究方法为基础，事实上，美国政治学会源于美国历史学会，历史学会的许多成员都讲授政治史和政治学课程。美国政治学会的建立发生在美国历史学会和美国经济学会于1903年12月30日联合召开的一次会议上。在此次会议上，哥伦比亚大学的行政法教授弗兰克·古德诺（Frank J. Goodnow）当选为美国政治学会主席。首任副主席是伍德罗·威尔逊（Woodrow Wilson，后来成

为美国总统）、保罗·芮恩施（Paul S. Reinsch）和西米恩·鲍德温（Simeon E. Baldwin）。

但到了 1908 年，开始酝酿反对形式主义之风。“反对形式主义”的领导人之一阿瑟·本特列（Arthur Bentley）提出，该学科的恰当焦点是在政治过程，即竞争权力和利益集团的影响力。从美国政治学会成立到第一次世界大战结束，该学科出现了两项引人注目的进展。

第一次世界大战时期的第一个趋势是战争本身的直接结果，最著名的是开始了由伍德罗·威尔逊支持的世界和平运动，成为人所共知的政治理想主义的运动。一战比此前历史上的任何一次战争都加可怕、更加致命。潜水艇第一次在大海深处看不见的地方游弋，击沉客船、货船和战舰。坦克首次出现在战场上，火炮的威力有效而致命得多。机关枪技术远超出作战双方一般指挥官的情报所及，这些军官把他们的士兵一波又一波地送上战壕的顶端，面对机关枪的火力，却并无有效的目的。像威尔逊这样的政治理想主义者认为，战争的技术进步得如此之快，以致不久就会出现能够毁灭整个人类的武器。他们的预言是正确的，因为只是在签署结束一战的《凡尔赛和约》27 年之后，第一批原子弹在广岛和长崎炸响，有效地标志了第二次世界大战的结束。

理想主义者推论道，如果战争不久会如此地具有毁灭性，以致将消灭整个人类，那就必须找到战争的替代项。国联是威尔逊的答案。威尔逊希望，一个由西方民主国家领导的各国领导人的社团能够走到一起，和平地解决争端，强行制止战争。当然，威尔逊的希望并未实现。他未能获得参议院批准美国参与一战，所建立的国联也远不如若有美国强烈支持时那样有效。到 20 世纪 30 年代后期，德国、意大利和西班牙都建立了纳粹或法西斯政权，苏联共产主义政府得以巩固，发起了一场针对其公民的恐怖运动。这些事件对政治学学科的影响之一，是在美国政治学家的头脑中产生了对迄
41 今有关民主制度恒久性的颠扑不破的观念的怀疑。在这些失望的重压之下，政治理想主义衰退了，到 20 世纪 50 年代中期，主张在国际事务中强烈的军事和积极干预的美国现实主义运动，赢得了在国际政治思想中的主导地位。

一战以后第二个引人注目的进展是探求政治学研究的科学方法之基础。被围绕战争的诸多事件遮蔽，政治学家们默默无闻发展起来的策略于 20 世纪 20 年代在一系列活动中开出了花朵。

关于政治的科学研究的三次全国会议于 20 世纪 20 年代早期召开。对政治态度的研究开始揭示出，当接触到政治时，普通公民既不是很理性，也不是信息充分。政治态度成了研究的首要关注点，当政治学开始对实际政治产生有趣的信息时，政治学家们便开始在政府中扮演更积极的角色。例如，20 世纪 20 年代最杰出的政治学家查尔斯·梅里亚姆担任罗斯福总统的顾问。作为著名的行为主义运动的早期领导者，梅里亚姆在芝加哥大学担任教授期间，教出的学生有许多人成为了 20 世纪杰出的政治学家。

在发表于《美国政治学评论》的题为《政治方法的近期进展》（APSR 1923，17：274-295）的文章中，梅里亚姆指出当时政治学中的若干倾向：

- 从先验哲学或演绎推理向实用主义的转变

- 犯罪学中科学研究的出现
- 从历史研究向政治体制发展的延续
- 政治体制的比较描述
- 对政府实际过程日增的观察和描述
- 日益增多地采用调查作为数据采集的工具
- 对心理学运用于政治的新的兴趣

对许多政治学家来说，1920—1950 年是力图确定政治**科学**是关于什么的学术，形成有关政治学的概念和一套方法（比如在其他学科特别是经济学中成熟了的方法）的共识。这项任务要求想象力、精力和某些思想勇气——遗憾的是，这些素质看起来在 20 世纪中期的我国大学里是缺乏的。在《美国政治学的偏见》（1940）一书中，本杰明·利平科特（Benjamin E. Lippincott）描述了保守的大学教师们不愿意提出新理念的问题，这些教师感到缺少财务上的独立带来的脆弱性。利平科特还抱怨说，经济学研究中获得的知识引入政治学研究的实在太少了。如利平科特所解释的（1993），该学科的第三个问题是，极端坚持经验主义导致了理论的死亡：

> 考察一下我们的科学方法的观念，几乎不令人吃惊的是，政治学将其范围大多限于法律、组织和政府机制的研究。大部分政治学家都是这种或那种程度上的 42
> 经验主义的阐释者，经验主义导致集中于这些方面。经验主义崇拜两种学说：第一，你如果收集了所有相关的事实并对其分类，它们就可以自己说话（即法则或原则将会以某种方式自动产生）；第二，预先设定的关于事实的理论或观念不仅是不必要的，而且肯定是危险的……敌视理论意味着政治学家将会描述我们的司法和政治制度安排，而不是解释它们……事实是，经验主义者是客观性幻觉的受害者，这肯定阻碍他成为彻底的科学家……以比较通俗的话来说，政治学家犯了两宗罪：反对理性和想象力之罪，以及反对勇气之罪。反对理性和想象力之罪可以解释他未能超出经验论去探寻更具创造性的科学方法，可以解释他未能拓展其研究的范围，也可以解释他未能超越其中产阶级的预设观念。反对勇气之罪可以解释他在自己的兴趣范围内何以容易接受独裁的政府体制，尽管这样的政府与他学科最好的思想是对立的。

诸如此类的批评导致政治学中一场被称为行为主义的新运动的诞生。从 1950 年到 1970 年，政治学被行为主义者与传统主义者之间的辩论主导。领头的传统主义者主张此前几代人所采用的历史的、哲学的和制度的路径，我们将在本书第七章予以详细讨论，因而这里不拟讨论。

领头的行为主义者大卫·伊斯顿在其《美国政治学：过去与现在》（1991）中指出，**行为主义**（behavioralism）不应与**惟行为论**（behaviorism）相混淆①："政治学从来就不是惟行为论的，即使在其行为主义的高峰期。惟行为论指的是心理学中有关人的行为的一种理论，源自 J. B. 华生（Watson）的著作"（Easton 1991，278）。

---

① 政治学中的行为主义源于心理学中的行为主义（behaviorism），学界通常将这两个单词均翻译为"行为主义"，但由于伊斯顿强调两者间的重要区别，这里根据语义将后者译为惟行为论，以示区别。——译者注

在描述自己在其中扮演重要角色的行为主义运动时，伊斯顿指出了行为主义的几个将它与政治学史中的早期进展区别开来的特征。按照伊斯顿的说法（1991，278-29），行为主义相信，“人行为中可发现的一致性”能够“通过经验检验得到肯定”，包括“任何可能时候的量化”，它是“价值无涉或价值中立的”并且“强调纯粹理论以抵制应用研究”。

1961年，杰出的行为主义者、耶鲁大学政治学家罗伯特·达尔（Robert Dahl）在一篇题为《政治学中的行为路径：从墓碑铭文到成功的抗议》的文章中，指出了政治学中行为主义革命的成功，并概要总结了其兴起的一些原因。在这些原因当中，有查尔斯·梅里亚姆的努力，20世纪30年代欧洲学者的涌入，二战期间担任政府职位的学者们的实践经验，社会科学研究理事会作为研究工具的社会调查，以及慈善基金会的努力（Dahl 1961）。

2.8 折中主义时代（1970年至今）

43 “一个本身还相当新的世界的新政治学”

——托克维尔《论美国的民主》(1835)

在20世纪60年代，政治学进入了一个伊斯顿所称的后行为主义时代（Easton 1991，61）：

> 我所称的后行为主义革命（通常用于这下一个时期的名称）始于20世纪60年代，今天仍然与我们相伴。它代表了对行为主义结果的深刻不满，但并未导致政治学摒弃科学的方法。后行为主义运动在其最宽泛的意义上代表了现代世界对迅速而不加控制的工业化、种族和性别歧视、世界范围的贫困和核战争的警醒。

尽管伊斯顿将政治学发展过程中的这个当前时代称为后行为主义时代，但赋予这个时代一个新名称的时候到了。政治学现在正处在力图界定其自身认同、理解其在世界中的位置和角色的过程中。“后行为主义”的标签除了说它在编年史上处于行为主义时代之后以外，并不能描述当前时代的特征。一个恰当描述该学科当前发展阶段的更加具体的术语，能够帮助政治学家更好地理解他们在贡献于人类对知识更广泛的探寻时面临的挑战和机遇。

在被称为政治学的范围内正在探究的广泛课题和正在运用的方法，任何一个正在研究这些内容的人很快就会看到，最准确地描述该学科当前状况的一个词是**折中**。这意指政治学现在不是只有一种方法和焦点，而是正触及每一个知识分支，借鉴各种理念，以新的方式综合诸概念，并且正在创建这样一个研究领域，它在种类上是迷人的，在创造的广度上是奇妙的。本书下面的部分只描述该学科正在从事的研究之少量的、并且大致上有代表性的样本，在这些部分，你将读到政治学中原创的许多理念，但更多的是在经济学、历史学、心理学、教育学、商学、生物学、社会学、文学、物理学、哲学、法学和其他学科中首先表述的理念。

某些政治学家在采纳折中这个词时犹豫不决，因为担忧这也许意味着在政治学家部分缺少内在的一致性和原创性。但是，必须克服这种犹豫不决的态度，其理由有二。第一，描述该学科的实际状况要比避免采用乍看起来可能显得是个不宜的标签的做法更加诚实。第二，也是更重要的，折中主义是发展一门学科的强有力的方法。天文学家告诉我们，在数以千计的世纪里，宇宙星系以规则的循环方式膨胀和收缩。这些星系缩小成令人难以置信的密度的质量，然后在无数个新的星夜中爆炸。历史学的 44
研究表明，学科也以合理地可预测的循环方式扩张和收缩。当既成的方法和路径（被称为“范式”）被接受后，各学科所从事研究的类型便缩小。当范式崩溃时，大量新观念相互竞争，以建立新的公认的方法。例如，当历史形式主义是 20 世纪初主导的政治研究模式时，它在 20 世纪 20 年代却遭到了科学的挑战。行为主义者在 20 世纪 50 年代崛起，但到 20 世纪 90 年代涌现出了一系列内容丰富的研究路径和兴趣点。

我们现在正处在范式之间的时期，也就是说，并不存在一个主导的公认方法或路径，但有许多方法在相互竞争，以争取得到关注。这个转型时期也许显得是一种混乱状态，但它实际上以创造性的潜能富有活力。事实上，在政治学研究的历史上，还没有一个时期比当前更富挑战性或更令人激动。

今天的政治学包含了许多专门分支。在美国，该学科由美国政治学会所组织，该学会包含许多地区和州的协会，这些协会举办年会，在会上宣读论文并就范围广泛的题目展开讨论。下面是“分会”的一个清单，即在该学会内组织起来研究一个特定题目的团体，比如美国总统制或宗教与政治。考察一下这个分会的清单，你可以对政治学学科内研究题目的多样性有一个概观。

广义地说，美国政治学研究分为四个主要领域：

- 政治理论和方法论
- 美国政府、政治行为、公共政策与行政
- 比较政治与区域研究
- 国际关系

美国政治学会第 103 届年会在伊利诺伊州的芝加哥举行，时间为 2007 年的 8 月 31 日至 9 月 2 日，集中于“政治学及其超越”的主题，其目的是“拥抱将政治学家与其他学科的研究者、教师和学者联系起来的非凡潜力”。这次会议设了数十个分会场，由 6 500 多名会员、展示者和嘉宾在会上讨论了数百篇论文。

年会上分论坛的安排是按照 37 个正式项目组进行的，现将其主要部门列在下面，以让你对当前政治学的范围和广度有一个总体的了解：

美国政治学会有组织的分会

1. 联邦主义和政府间关系
2. 法律与法庭
3. 立法研究
4. 公共政策
5. 政治组织与政党
6. 公共行政

7. 冲突过程
8. 代表和选举制度
9. 总统制研究
45 10. 政治方法论
11. 宗教与政治
13. 城市政治
15. 科学、技术与环境政治
16. 妇女与政治研究
17. 政治理论基础
18. 信息技术与政治
19. 国际安全与军备控制
20. 比较政治
21. 欧洲政治与社会
22. 州政治与政策
23. 政治沟通
24. 政治与历史
25. 政治经济学
26. 新政治科学
27. 政治心理学
28. 政治学教育
29. 政治、文学与电影
30. 对外政策
31. 选举、公共民意和选举行为
32. 种族、民族与政治
33. 国际关系历史与政治
34. 比较民主化
35. 人权
37. 量化方法

除了上面列出的有组织的分会以外，下面的“相关团体”也参加了第103届年会，讨论了它们自己喜欢的政治议题：

非洲政治会议团体
跨世代：关于妇女和性别的学者群
老年政治与政策团体
美国企业研究院
美国公共哲学研究院
亚洲太平洋美国组
政治学与生命科学协会
民族研究协会

中国政治研究协会
以色列研究协会
朝鲜政治研究北美协会
英国政治团体
竞选财务研究团体
加拿大政治研究团体
联邦主义研究中心
宪法研究中心
政治学中的基督徒
政治社会学委员会 46
军事运作与策略分析委员会
卫生政治委员会
良善社会政治经济学委员会
社群网络
比较城市政治
关于德国政治的会议团体
关于意大利政治与社会的会议团体
关于台湾研究的会议团体
关于中东的会议团体
关于理论、政策与社会的会议团体
生态与转型的政治
埃里克·沃格林社（Eric Voegelin Society）
政治研究的欧洲联盟
法国政治团体
中国政治学家全球论坛
伊伯利亚研究团体
原住民研究网络
宪法研究院
国际政治学会研究委员会＃12（生物学与政治）
国际政治学会研究委员会＃36（权力）
日本政治研究团体
劳工项目
拉丁美洲研究协会
政治学中的拉美人团体
法律与政治过程研究团体
同性恋、双性恋与变性人团体
政治领导力麦克柯奈尔中心
公共事务米勒中心

国家人文研究院
政策研究组织
中世纪政治思想研究会
英国政治研究协会
美国宪政主义项目
联邦主义杂志
希腊政治思想社
罗马尼亚研究会
天主教社会科学家协会
加图研究院
丘吉尔中心
克莱蒙政治家与政治哲学研究院
关于国家主权的沃尔特·白哲特（Walter Bagehot）研究院
国际安全中的妇女
政治学的妇女团体

第三章

研究政治的当前进路

3.1 政治科学的基本问题与挑战

我们把现在所处的时代称为折中主义的时代，是因为除了政治学是探索有关政治的知识这一理念以外，在方法或课题的问题上，很少能达成职业范围的共识。那些自称是政治学家的人仍然在两个关键的、基本的问题上**存在分歧**： 47

- 有关政治学的关键信息（真理）是什么？
- 我们如何着手发现它？

这些问题是哲学家们所说的有关**认识论**（研究能够知道什么）和**形而上学**（研究知识如何能够累积）的问题。在整个政治学历史上一直都有围绕这两个问题的争论，而且这种争论在今天也继续存在。此问题并不是只有政治学才会有的。黑尔（Jonathan Hale）就指出当前建筑学缺少一致性，许多职业和学科也都在考察其最基本的信念以及发现真理的路径。

为了理解发展一种政治科学解释学时所涉及问题之复杂性，考察科学中获得知识的基本方法，即归纳—演绎辩证法的优势和弱点是有益的。

政治学像所有科学一样，也是辩证的。这意味着其中存在探寻知识的特性之间持续的演化中的互动。意义在一系列洞见中流

48 动，从大脑的一部分传到另一部分，从一个洞见传到另一个洞见，从一个实验传到另一个实验，从一个人传到另一个人，从一个学科传到另一个学科。为了让你了解这个辩证的过程如何应用于该学科的所有方面，我们将首先从经典著作，然后从今天科学研究的逻辑和行为来展示辩证的过程。

对于作为发现真理的方法的辩证法最著名的古典表述可见于柏拉图的对话集，该对话集写作于公元前 4 世纪，我们在前面章节中已经有所讨论。在对话中，柏拉图的导师苏格拉底通过问答的过程来寻求理解。一位演讲者（比如苏格拉底）问一个问题："什么是正义?"另一人（比如色拉叙马霍斯）回答："有权势者的利益。"第一人再回答第二人的回应，试图发现第二人逻辑中的一些问题。如果第二人的陈述是有说服力的，两人便转向讨论的下一个陈述或阶段，力图将共识构建在他们已经认同的东西之上，以便求得更多的理解。辩证法是论辩进行中对两人所持有的真理的认知所发生的演化和变化的过程。各种陈述来回交锋，从反对意见到对反对意见的反对意见再到肯定，最终产生了对所讨论问题的结论。

苏格拉底的辩证法，像大多数传统哲学一样，在性质上是**演绎的**。这意味着它始于一个**普遍**原则，然后运用逻辑从大前提推导出**具体的**结论。例如，苏格拉底说出理性是比勇气或身体的力量更高级的能力这一普遍原则，从此原则他**演绎**出，具有最高度发达的智慧的人应当统治勇敢和强壮的人。

但是，科学中任何研究的第一步通常是**归纳的**。这意味着科学研究具体的现象，然后从所观察到的东西中归纳出普遍原理。例如，亚里士多德对政府的研究就是归纳的。他研究了大约 350 个希腊城邦，然后对政府进行分类，并从分类中得出结论。因此，亚里士多德从对具体政府的观察中**归纳出**好政府和坏政府的特征。

在所有的科学中，归纳和演绎以辩证的关系交相作用，以产生知识。假设政治学家试图找出地方选举中选民态度冷淡的原因。他们调查了这个国家数百个**具体的**登记选民在**具体的**地方选举中的参与情况。所观察到的类型使他们归纳出某个普遍的结论，比如"当税收增加是议题时选民更可能参与地方选举的投票"。在得出这一普遍原理后，他们也许会考察此后的某个特定的地方选举，比如达拉斯市市长的选举，并演绎出这样的陈述，即如果税收增加不列在选票上，此次选举的选民参选率就会比较低。然后，他们就能通过确认税收增加是否列在选票上以及选民参选率是高还是低来验证其演绎推理。

在政治学三项主要的活动——调查、解释和应用中，辩证的类型显而易见。调查结果是数据；数据得到解释；解释导致进一步的调查和应用；应用导向进一步的解释和应用。

49 虽然所有类型的政治学家都运用归纳—演绎辩证法作为增进我们政治学知识的正常程序，但科学哲学家发现了这个程序本身固有的一些重大问题。托马斯·库恩（Thomas Kuhn）和卡尔·波普尔（Karl Popper）的贡献就是两个好的例子。

哲学家波普尔提出的两个观点在该学科内激起了相当多的争议。第一，波普尔论辩道，作为归纳过程基础的逻辑结构是有缺陷的。归纳的实施是建立在这样的信念之上的，即普遍原理可以通过考察个别现象和发现这些现象中的模式来获得。例如，假

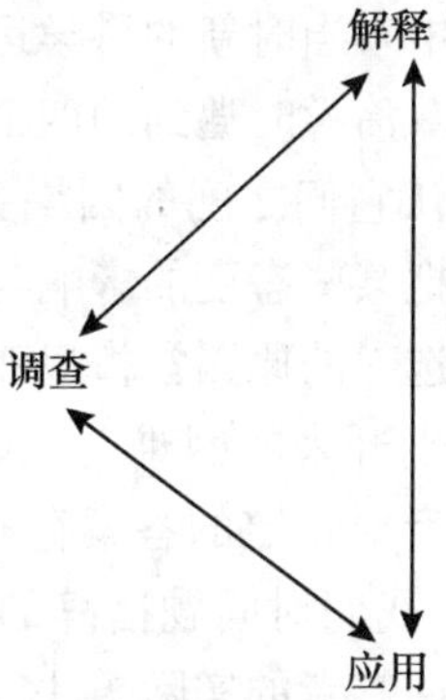

设我观察到一头牛在吃草，然后我又看到几头牛在吃草。我发现越来越多的牛并发现它们都吃草，由此我归纳出普遍原理："牛吃草"。然后我有信心地预测，我能因而演绎出在遇到新的一头牛时，它将也会吃草。波普尔指出，我的结论是有缺陷的。即使我发现的每头牛都吃草，也有可能存在于某处的一头牛不吃草。事实上，无论我发现多少头牛吃草，仍然有可能发现一头不吃草的牛。因此，归纳发现的原理对于演绎来说并不是可靠的。每天被物理学家和社会科学家遵循着的整个程序，在理论上是不可靠的。

波普尔指出了政治学通常进行研究的方式中的第二个问题：观察不是价值无涉的。某些政治学宣称他们只观察事实［可以由经验的（感觉的）观察支持的关于现象的陈述］，而不是声明价值观（关于一个现象的可取性或用途的陈述）。换言之，事实关涉**存在**的是什么，价值关涉**应当是**什么。波普尔喜欢嘲笑这样一些科学家，他们相信自己可以通过在大学课堂上命令学生"观察!"来获得价值无涉的科学。这些学生将会怯生生地环顾四周、相互对视，疑惑于要他们观察什么。波普尔的观点是，我们在观察时总是作出关于观察什么和如何观察它的选择，而这些选择不可避免地涉及价值选择。因此，科学绝不是价值无涉的。

库恩指出了传统的和行为主义的政治学的主要设定之一存在的另一个问题。科学家们长期以来相信，科学进步来自收集事实和检验理论。当与现有理论相矛盾的新事实出现时，便设计出新理论并进行检验。然而库恩指出，虽然日常科学的许多进步的 50
确是以这种方式取得的，但真正伟大的科学突破不是来自发现差错和作出逐步增量的进步，而是来自天才的创造性理念，这些天才以全新的方式来看待基本的关系。一个好的例子就是托勒密和哥白尼的理论。托勒密相信，太阳和行星围绕地球转。在多少个世纪里，天文学家们一直相信这个理论，尽管他们的许多观察并非都是肯定它的。他们不是提出新理论，而是为托勒密的理论继续增加防止误解的说明。正是当哥白尼做出了巨大的跳跃来面对一个全新的理论，即地球和行星都是围绕太阳转动的观念时，科学才真正得以进步。库恩的观点是，与许多人的信念相反，只是给知识大厦添加事实，并不必然导致科学的进步。库恩认为，增加事实只是促进了"常规科学"，其中做出了有助于我们理解的重要发现。因此，波普尔和库恩的观点有助于表明科学方法的辩证过程的优势和缺陷。

在着手考察今天政治学研究中的一些突出的方法之前，指出政治学仍然在与某些已持续一个世纪之久的认识论的困难作斗争，是值得的。在 1925 年的一篇题为《政治学方法的近期进展》的文章中，当时新的科学运动的一位领导者查尔斯·梅里亚姆勾勒了在试图以科学方法研究政治学时遇到的四个最重要的问题。第一个问题是“筛选出政治现象，足以准确地确认它们之间的因果关系的困难”。例如，在多大程度上态度影响选举模式？是否能够把某些态度的影响与其他态度、与环境中的其他因素区别开来，以确定选某个特定候选人的原因？梅里亚姆列举的第二个问题是“将观察者的个性与他所处的社会情境区别开来的困难”。例如，我们如何才能设计出好的调查问题，以使得它们并不让回答者对特定的答案存有偏见？再如，假如我们问：“你是否认为政府浪费了太多的钱？”我们对问题措辞的方式也许导致回答者得出肯定的答案，这有可能并未准确地表达回答者的实际想法。

第三个问题是“获得准确度量政治现象的机制的困难”。例如，民意测验的可靠性如何？我们能相信人们告诉我们的是其实际将要做的吗？我们如何能获得对政治的其他影响因素（例如经济学、种族和家庭关系）的良好的、客观的度量？最后，梅里亚姆的第四个问题是“缺少在自然科学中被称为受控实验的东西”。我们能够在实验室里检验老鼠，针对一系列不同的刺激让环境保持不变，而在人的政治领域，许多因素同时在变化。在这些复杂的条件下从事实验是比较困难的。

到 1996 年，梅里亚姆提到的问题的某些方面得到了解决。但是，梅里亚姆所关
51 注的某些问题依然存在。该学科在解决这些问题方面的进展和仍然面临的挑战，是本章的话题，并将在本书的余下部分作进一步的讨论。

3.2 阿尔蒙德划分的政治学流派和派别

当代政治学形成了关于各种信念、路径、方法和哲学的复杂网络。为了理解它们之间的相似与差别，我们必须寻找某些将其置于清楚表述的类别中的方法。对政治学中多种势力比较有趣和广泛使用的分类法之一，是斯坦福大学教授加布里埃尔·阿尔蒙德（Gabriel Almond）于 1988 年写的《分类表：政治学中的流派和派别》，此分类法将该学科划分为四个类别：两个意识形态的（左派与右派）和两个方法论的（坚硬的和柔软的）。虽然阿尔蒙德的分类法已经有 20 年之久，但它所表述的分类思想在该学科的今天看来仍然相当正确，对于为新加入政治学领域的学生们了解作为一个整体的该学科广泛种类的路径和方法提供一个宽广的视角，是特别有益的。

阿尔蒙德将该学科划分为四个意识形态—方法论组：“软左派”、“软右派”、“硬左派”、“硬右派”。

	左派	右派
柔软的	软左派	软右派
坚硬的	硬左派	硬右派

“柔软的”方法是描述的和哲学的。这些方法描述政治运动，从历史和哲学上分

析政治体制的属性。对吉米·卡特总统任职期的传记式研究可以说是“软”研究的一个例子。“坚硬的”方法是定量的。这些方法收集可以用数学和统计方法分析的数据。坚硬的方法直接研究可观察的行为，如选举和政治竞选。它们采用类似于经济学和心理学的方法。

阿尔蒙德有关“柔软的”和“坚硬的”方法论分类与行为主义和传统主义的长期分野相类似。行为主义者是“坚硬的”政治学家，因为他们力图产生可量化（坚硬）的数据。传统主义者运用的方法被称为“柔软的”，因为他们的发现是定性的、而不是以数学上可表达的方式来描述政治。阿尔蒙德用“右”这个词来指称集中于权力和 52
合理思维的路径，用“左”这个词来描述关注社会、经济或政治的平等的视角。学生们应当意识到，阿尔蒙德四类别中的每一个都包含许多群体，本章只是提供了其中每个类别中的一些样本。

软右派

传统的政治分析

第一批政治学研究项目在内容上是传统主义的。它们受到德国模式的严重影响，该模式强调历史、经济学和法律，集中于描述政府机构并评估其对政治过程的影响。传统路径的目的是通过理解政府运作的方式来改进其工作。因此，传统研究描述政府机制及其宪法和结构，然后提供对机制服务于“公共利益”以及影响自由、平等、衡平、正义和社会秩序的方式的各方面观察。政治学中常见的因素有：

- 历史
- 传记、领导方式、管理或个性
- 机构
- 宪法、法律和立法
- 议题
- 哲学、理论、方法和自由、正义、平等等概念

传统的路径最早的例子以政治史的形式出现，例如修昔底德的《伯罗奔尼撒战争史》描述了公元前5世纪雅典人与斯巴达人之间的战争（Thucydides I. 23）。修昔底德详细地列举了战争中的各个事件，包括在重要辩论中和庆典上的演讲，并得出结论：“使得战争不可避免的是雅典力量的增长和这一点在斯巴达方面造成的恐惧。”

罗伊·马克瑞迪斯（Roy Macridis）力图使比较政治学的研究更加真实地具有比较性，他在1955年的著作《比较政治学研究》中发表了对传统的比较政治学路径的有效批评。马克瑞迪斯发现，截至当时在比较政治学领域里实施的传统的路径，实质上是非比较的、描述的、狭隘的、静态的和专题论文式的。

马克瑞迪斯指出，被以为是比较的传统研究方法只宣称是比较的，即便可能呈现几个国家的宪法、制度和政治实践，但它们未能构建比较的标准并将这些标准应用于所研究的国家。因此，这些研究实质上只是描述的，通常集中于要么是特定制度的历史发展，要么是一个国家权力结构的法律框架，包括其宪法和法律。当马克瑞迪斯宣 53

称传统的研究是狭隘的时候，他意指它们大多集中于西欧，而对于世界的其他地区的政治则研究得较少。自 1955 年以来，已经有了对世界各个部分国家的“区域研究”，但是某些评论者宣称，西欧在比较政府的研究中仍然被过度代表了。

马克瑞迪斯说传统的研究“实质上是静态的”，他意指传统的研究在其方法论上不再是创新的，它们继续从同样有限的方法论上一遍遍地考察制度：

> 一般而言，传统的路径忽视了可说明成长和变化的动态因素。它集中于我们称为政治解剖学的东西。在抛弃了 19 世纪的一些原创著作的进化论前提之后，研究政治制度的学生们显然失去了阐述其他理论的所有兴趣，根据这些理论可以比较地研究变化。（Macridis 1955，11）

马克瑞迪斯对比较政府领域里传统研究法的最后批评是：“对外国系统最重要的研究，除了基本的文本以外，已经采取了专题论文的形式，即集中于一个系统的政治制度的研究，或者是集中于一个系统的特定制度的讨论。”对马克瑞迪斯和其他从事行为主义运动的人来说，简单地描述其他国家的制度还不够。提出明确地比较一系列国家或所有国家的标准，是十分必要的。像阿尔蒙德和伊斯顿这样的政治学家（本书前面的章节中作了讨论），以新的方法论路径比如系统分析和结构—功能主义，来回应马克瑞迪斯的号召，这将在本章的后面部分予以讨论。在进行讨论之前，我们将考察另外两个人，他们以运用传统的方法而在政治学学科内非常出名，并且在回应马克瑞迪斯时挑战了行为主义运动强调的价值无涉论，这两个人就是利奥·施特劳斯（Leo Strauss）和埃里克·沃格林（Eric Voegelin）。

利奥·施特劳斯和埃里克·沃格林

站在政治学的“软右派”之上或者也许是超越了该派中其他人物的，是利奥·施特劳斯。从他在芝加哥大学任职以后，在 20 世纪中期数十年的时间里，他形成了一个该学科中独一无二的思想流派。该流派对待政治学是如此的不同，以至于“施特劳斯派”与其他政治学家在他们能够同意什么的问题上几乎没有共同点。在《自然权利与历史》一书中，施特劳斯宣称现代主义、相对主义和怀疑论毒化了西方文化。在他看来，现代主义是现代思想中一种放弃真理追求的倾向。现代科学声称所有的观察只在与特定的地点和时间的关系中才有效（相对主义），否定了适用于所有时间和所有地点的固定的、永恒的真理之存在（怀疑论）。但在施特劳斯看来，现代思想是错误的。事实上，可以通过澄清古典文本，特别是柏拉图和亚里士多德的文本来发现道德
54 真理。仔细考察之后，这些文本揭示了一种客观的道德秩序，通过运用理性，我们可以从中认清自然权利的存在，该权利确保每个人的尊严。施特劳斯方法的实质是力图依据这些文本作者自身而不是依据我们今天的态度来理解古人的文本。在《什么是政治哲学》（Strauss 1959，68）中，施特劳斯宣布：

> 看起来可以理解某种学说的方式无限多并不排斥这样的事实，即该学说的首创者只以一种方式来理解它，只要他不是思维混乱的。对过去某个学说无限多种类的同样合法的解释乃源于有意或无意地试图比作者本人更好地理解他的做法。但是，只存在一种如他理解自身那样的理解他的方式。

施特劳斯认为，政治学的现代路径错误地否定了自然权利的存在，在他看来，自然权利为社会中的关系创造了基础。自然权利是这样一个概念，它从宇宙的自然秩序推导出人的内在尊严及人们在法律面前普遍平等的原则。现代世界否认自然权利，从而导向了虚无主义，或将所有价值遗弃。施特劳斯认为，当政治学放弃对客观真理的追求时，就失去了它作为一门学科的价值。他谴责对政治的“科学的”研究，宣称“一般而言，人们疑惑新政治学是否带来了任何具有政治重要性的东西，这些东西是具有深刻历史知识的、聪慧的政治实践者，或者是聪明的、良好教育的记者所不知道的，至少是在此前不太知道的，更不要说旧的政治学在其最佳期所论述的了”。

埃里克·沃格林的《新政治学》（1952）也有助于复兴对经典作家的研究。沃格林认为，代表是政治学的核心议题。他这里说的代表不只是指众议院议员代表他或她的选民的方式，而更重要的是社会成员的价值观和利益在政治过程和制度中被代表的方式。沃格林把像纳粹主义这些现代的运动称为“诺斯替教的”，它们错误地试图人为地解决政治中长期存在的问题，力图在世界上建立起错误地代表人们生活在一起的能力的那些社会模式。诺斯替主义是对生活中的困难所作出的简单而错误的回答。诺斯替运动始于某人宣布自己对于生活中的政治问题持有答案时，该答案否定了要求人们仰仗上帝的仁慈这种信仰方式。诺斯替运动力图“将末世固化”，末世是历史中意义的最终实现。在基督教中，它记载于《启示录》，描述了基督复活，让世界免除邪恶，建立起一个永久的和平王国。将末世固化，就是力图在此时此地的现世带给人们最终的救赎，使之摆脱生活中的诸多问题（无论怎样设想这些问题）。希特勒的第三 55
帝国观念也可以被看作一种末世固化的例子，在该帝国，雅利安种族征服或消除了被认为是低等的所有其他种族。诺斯替观念的问题在于，如同在希特勒的例子中那样，它会导致悲惨的结局，包括数以百万计无辜人民的死亡。诡异的是，诺斯替主义的结果是它所力图实现的目标本身的毁灭，因为充满如此多精神符号的诺斯替主义扼杀了精神生活的生命力：

> 精神的灭亡是进步所付出的代价。尼采在宣布上帝已死、是被谋杀的时候，就揭示了这种西方的天启中的奥秘。这种诺斯替的谋杀经常是那些为文明而牺牲上帝的人干的。所有人的精力越是炽热地投入到通过大千世界的行动而救赎的大事业中，从事这项事业的人就越远离精神生活。由于精神生活是人和社会秩序的来源，诺斯替文明的成功本身就是其衰亡的原因。(Voegelin 1952，131)

国家研究

施特劳斯和沃格林属于阿尔蒙德的“软右派”类别，因为他们的研究方法是传统的，他们考察历史和哲学的恒久问题，而且研究得出的结论也是保守的，也就是说，他们指向将长期持有的价值再唤醒。传统主义的方法在其他也可以归入“软右派”的思想流派中同样显而易见。比较研究中的一些专家认为，像系统分析和结构—功能分析这样的行为主义方法把政治社会简化为如此多的部分，以至于难以理解政治系统的统一，他们近期重新将国家作为分析的单元，这样做就在很大程度上复活了传统的路径。对国家的这些新颖的研究虽然在着手进行时采用了许多分析的概念，但通过集中关注国家作为政治和政府中的核心实体它们依然延续着传统主义路径的传统。他们断言，国家不只是一个政府，更是决定政治生活的一套连贯的制度。国家不仅是一个对社会中的其他力量作出反应的机构，而且是重要的主动性的创造的、充满活力的来源。这些理论家认为，研究在很大程度上自主的精英（拥有引导国家的政治或经济权力的团体，比如公司执行官或军队领导人）将导出对国内和国际政治事件的解释。在《让国家归于其位：国家制度与国家理论》一文中，兰卡斯特大学（英国）政治学家鲍伯·杰苏帕（Bob Jessup）指出了最经常被“国家中心的理论家们”考察的“关于国家或国家制度的六个关键因素”：

- 地缘—政治地位
- 军事
- 内部权力
56
- 外部权力
- 国家管理者
- 病理学

一个国家的地缘—政治地位是指一个国家由于其位置的相对重要性而在各国构成的等级制中所处的地位。一国的地缘—政治地位在历史上不时地发生着变化。例如，意大利的威尼斯在中世纪后期利用其处于地中海贸易中心的优势而积累了巨大的财富。但是，当欧洲的其他贸易大城市在中世纪结束时发展起来以后，威尼斯就失去了其地缘重要性。荷兰、西班牙、葡萄牙、法国、英国和美国相继成为强国，利用其位置的优势发展军事和商业帝国。地缘—政治的权力会从一个国家转到下一个国家。巴拿马对于世界贸易总是重要的，因为巴拿马运河缩短了从大西洋到太平洋的海洋航行距离，但它在20世纪末不如19世纪末时那么重要，因为现在可以获得更多非海运的货运形式。例如，美国决定干涉伊拉克对科威特的侵略，而不是塞尔维亚人对波斯尼亚人的攻击，大部分是下述事实的结果，即科威特的石油资源和在中东的战略地位使得美国对它比对波斯尼亚的兴趣大得多。

军队在大部分国家的日常事务中具有非常关键的作用。在美国，甚至在冷战结束以后，国防拨款仍然占据国家预算的重要部分。即使在欧洲战争中有长期中立传统的瑞士，也要求其男性公民在其整个成年生活中参与军事准备役的活动。军队的作用在中东国家特别重要，那里在20世纪频繁爆发战争。政治学家研究军队对国家的**直接**影响，例如担任政府文职的军队领导人发动军事政变的可能性，以及**间接的**影响，比如军旅生涯的社会威望或军事单位的成员侵犯人权的可能性。

国家**直接的内部权力**是有助于组织社会的行政、立法和司法权力。国家可以运用军队或警察等直接力量。在20世纪60年代的民权示威和反战抗议中，国民卫队被总统和州长们召集起来平息导致暴力的示威游行。国家也可以无声地动用现有的、却是重要的**间接**内部权力，比如人民遵守法律、纳税和在军队服役的义务。政治领导人会运用媒体来加强这些间接的权力来源。

国家的**外部权力**是在国际关系中行使的权力，比如使用或威胁使用军事力量、经济制裁，或给予对外援助的能力。自然、人力和经济资源赋予了美国自第二次世界大战以来运用其军事、外交和经济外部权力的独一无二的能力，使美国成为20世纪下半叶世界上最强大的国家。

国家是由被理论家们称为**国家管理者**的精英领导的。并非所有的国家管理者都实际拥有政府职位。有的管理者也许是富有或广受欢迎的个人。在某些国家如科威特，世袭的贵族负责管理国家事务。在其他一些国家如伊朗，宗教领袖拥有非凡的影响力。在日本，大公司的执行官对于政府政策具有重要的影响。研究国家管理者的政治学家感兴趣于国家的决策过程、精英如何获得其影响力，以及他们如何相互关联以形成一个指导社会整体的权力结构。 57

国家系统**病理学**，涉及该系统不能良好运行的方面或因素，揭示关于社会中权力分配的许多内容。在任何国家，系统的某些因素都会比其他因素运作得好，各单元的相对效率也会随着时间而变化。例如在美国，除了上种族隔离学校的人以外，公民们对20世纪50年代的公立初中比对20世纪90年代的同类学校的印象要好。某些国家的系统充斥着腐败的气息，以致我们可能怀疑它们通过选举或革命来延续其政权变革的可能性。国家分析师试图找出导致稳定性和不稳定性增长的因素。

软左派

女性主义

在阿尔蒙德的类别构架中，女性主义也可以在软左派的视角中找到。在一篇题为《女性主义与政治学》的文章中，戴安娜·库尔（Diana Coole）描述了女性主义在现代性中的两次浪潮。第一次浪潮是肯定妇女政治权利的运动，该运动于17世纪第一次出现之后一直延续至今。第二次浪潮是代表了政治学中独特视角的知识分子的运动，它比第一次浪潮更激进，以寻求西方文化的转型。正如库尔所指出的，“因此，女性主义既是一种知识分子的视角，也是一场社会运动；其理论和实践是相互交织的”。女性主义从心理分析思想中为其理论赢得了许多支持。按照库尔（Coole 1990，30）的说法，应普遍授予妇女照看孩子的基本职责，因而妇女既以积极也以消极的方式深刻地影响了其子女：

> 与母亲相像、并且强烈地认同母亲的女孩，获得了一种有关她的性别认同的强意识，但由于分离开来的困难而得到了有关其自身自主和自我边界的弱意识。另一方面，男孩则总是被不同地对待，必须从其不在场的父亲那里取得一种性别认同的意识；他的阳性在他不是阴性的基础上得到预期。其结果是一种弱的和抽象的阳性意识，但却是更强的自我认同意识。从这些早期的差别，我们看到了随后有关不同的知识和存在类型的性别化的倾向。女性显出在同情的关系、合作和照料上的能力；她们感觉到世界如家，并强烈地与其环境相关。另一方面，男人则更强烈地受抽象思维模式所吸引，这反映了他们自己与世界分离的意识。他们 58
> 不信任主观性，喜欢理性的、客观的、非个性化的知识形式和群体。他们担忧与阴性联系在一起的东西，追求统治阴性的事业。

也许作为一种知识分子运动的女性主义的最重要贡献之一，是它断言对于什么是阳性、什么是阴性的理念会随着时间而变化。社会有可能变得更加阳性或更加阴性。妇女也许总是养育孩子，但这个事实对于她们在政治中的角色的意义纯粹是文化上的，而不是在心理上被确定了的。因此，阴性是社会地而不是生理地获得的。库尔指出，某些女性主义者批评价值中立的政治分析，因为它倾向于支持现状，即等同于男性主导。她指出，女性主义既不倾向经验论，也不倾向唯理论。与以权力为基础的男性思维相比，女性思维是更加富有同情心、投入和开放的。

女性主义者持有的观点范围广泛，从温和的立场到激进的视角不等，前者要求为妇女扩大机会选择的范围，后者如库尔所说（Coole，1990，27），“把父权制看作社会生活最普遍、深刻的特征”。

除了激进的女性主义观点激起的争议以外，女性主义者对于政治学研究也作出了深刻的和革命性的贡献。库尔（Coole，1990，32）将此转型贡献界定为这样的观念：“政治不能局限于国家过程的宏观层次；政治不是由逼近一个特定的制度、而是由一种关系来界定的，这就是权力和统治/服从在场的那种关系。”这种认知，即政治不是限于政府，而是存在于所有人际关系当中的认知，扩大了政治学的范围，将它从一门只是考察与政府相关的活动运作的学科，扩大到一门研究所有人的关系之政治性质的学科。

库尔进一步指出，女性主义作家们挑战的不仅是关于政治学的传统观点，而且包括科学方法论。她解释道，科学方法增进了阳性（理性的）态度，这不仅可以用来发现关于政治生活的事实，而且还主导了政治生活。政治学被权力和国家的理论主导，而国家和世界上权力的职位均被男性主导，就此而言，科学方法成了父权主义的工具。

女性主义者在政治学中尚不具备强大的影响势力，但在此学科中的许多人预测，这些女性主义者将持续地作出日益增长的贡献。正如库尔所指出的，近期更多经验性的与妇女相关的政治学研究，有助于强化女性主义者所拒绝的阳性方法。

政治心理学

心理学在政治学中潜在的应用，才刚刚开始被探讨。心理学学科的教父弗洛伊德
59 （Sigmund Freud）在世纪之交时，对其他政治思想流派作出了戏剧性的回应。弗洛伊德透彻地、深刻地提出，人的心理由自我（理性意识）、超我（良知或道德选择的能力）和本我（下意识的欲望）所构成。在弗洛伊德看来，本我而不是超我，才是控制的要素。作为人，我们可能视自己为理性的、道德的生物，但在实际上我们服从关于性、舒适和权力的潜意识欲望。

在希特勒恐怖政权诞生前夕写下的《文明及其不满》一书中，弗洛伊德对于人性能以任何基本的方式改革自身这一观点，表示并不认同。他比较了人的两种驱动力，一个是爱和社群的驱动力，一个是死亡和破坏的驱动力，并指出这些驱动力在个人身上永远处于冲突之中，它们在社会中反复地表现为犯罪、暴力和战争。自弗洛伊德里程碑式的著作问世以来，政治心理学的研究对于该学科作出了显著的贡献。我们在此简要地讨论其中一些最著名的著作，第15章还将展示近期的一些进展。

第二次世界大战刚结束，人们在纳粹德国制度下所犯的暴行被揭露出来，引发了人们发现大众暴力根源的强烈兴趣。阿多尔诺（Theodore Adorno）领导的一个研究团队的著名成果《威权主义人格》（1950）提出了一种叫做F指标的衡量方法，用来确定个人人格中的威权主义倾向。该指标衡量下述态度：

1. **墨守成规**。严格地坚持传统的、中产阶级的价值观。
2. **威权主义顺从**。对上级持顺从的、非批评的态度。
3. **威权主义进攻性**。有监视、谴责、否定和惩罚违反传统价值观的人们的倾向。
4. **反自省性**。主观性、想象力、空想性的对立面。
5. **迷信和刻板印象**。相信个人命运的神秘决定；以刻板的方式进行思考。
6. **权力和"强硬"**。被主导—服从、强—弱、领导者—追随者的维度征服；以权力数字来识别人；过度强调传统的自我属性；夸张地肯定力量和强硬态度。
7. **破坏性和犬儒主义**。对人普遍化的仇恨和污蔑。
8. **预感**。相信世界上野蛮的、危险的事情将继续存在下去；有无意识的情感冲动的外向预感。
9. **性**。夸张地关注性的"进行"（Adorno 1950，157）。

阿多尔诺的研究提出，在所有社会都能发现的威权主义的人格，容易受群众运动影响，有可能支持独裁体制。它为防止纳粹主义而指出了一个新的方向：找到一种方式来帮助威权主义人格在社会中感到自在，并且较少具有侵略性。

弗洛姆（Erich Fromm）的《逃避自由》探讨并扩大了阿多尔诺所提出的概念。60
对弗洛姆来说，人的两个基本特质结合起来产生了威权主义运动。第一个特质是受虐狂，有此倾向的人有"自卑、无力、个人无足轻重的感觉"（Fromm 1960，42）。第二个特质是施虐狂，弗洛姆发现这种特质出现在表现出第一种特质的同样类型的人格中。在弗洛姆看来，施虐狂倾向：

> 在强度上有差别，多少是自觉的，但从未消失。我们发现三种类型的施虐狂倾向，或多或少地密切交织在一起。其一是让他人依赖于自己并对他们拥有绝对的、不受限制的权力……其二包括剥削他们、利用他们、从他们身上窃取什么的……冲动……第三种施虐狂的倾向是希望制造更多的痛苦，或者是看着他们受苦。（1960，143-144）

从对威权主义的这些研究出发，政治心理学开始向许多方向发展。例如，罗伯特·杰维斯（Robert Jervis）写出了国际关系中决策心理学迷人的研究成果。他发现，领导人在对外政策上面对的最大问题之一是将所接收到的信息嵌入他们事先设想的理论的倾向。例如，越南战争中的政策制定者最初认定，对于越南北部的游击力量及时、有效的非核战的胜利是可能的，并且在证据已经显示事情并非如此的很长时间内，仍然相信这一点。

有效的总统领导力的质量是政治心理学反复研究的课题。例如，许多评论者讨论了理查德·尼克松偏执、吉米·卡特强烈地爱好从细节上理解政府的运作、罗纳德·里根集中关注意识形态概念而缺少对行政的兴趣。詹姆斯·巴伯（James David Barber，1972）按照总统们在追求其目标时是积极还是消极、正面还是负面来划分其人格类型。例如，像富兰克林·罗斯福这样的积极—正面的总统，认为总统应该在决策和引导国家的进程中承担重要的职责，他们应享受其工作。像加尔文·柯立芝（Calvin Coolidge）这样消极—负面的总统把总统职位看作应当对国会的行动作出回应的机构，他们对总统职位的日常职责并不怎么满意。近期的总统研究引入了心理学的概念，以力图在人格和管理作风的基础上来预测总统的行为。

批判的理论

批判的理论试图诊断社会的问题，以便帮助找到一种医治方法。卡尔·马克思被一些评论者赋予了第一位批判理论家的称号，因为他认识到劳动的异化是阶级冲突的基础，并且描述了如何去解决冲突。马克思的观点是乐观的。他相信社会中互动的发
61 展过程将导致无产阶级推翻资产阶级，这将会建立一个公正而公平的社会。批判理论家们把马克思看作赞成**社会合理化**理论的人，通过这种合理化的过程，社会利用自然来满足自己的需要，并把社会的权威结构和影响力建立在那个最有能力利用自然资源的人的基础上。较具影响力的 20 世纪社会学家马克斯·韦伯（Max Weber）也相信社会的合理化，但他比马克思要悲观。韦伯看到社会退化为日益复杂的官僚体系，而这个体系原本是为帮助人民满足其日益增长的需要而设置的。因此，在韦伯看来，社会合理化是这样一个过程，社会通过它在从中世纪发展成现代形式，而不是依赖于传统去形成其社会制度安排时，转向合理的原则，并运用这些原则来建立地位和权力的结构。

按照“法兰克福学派”（以德国法兰克福为中心的一批学者）的阿多尔诺、马尔库塞（Herbert Marcuse）和其他人的批判理论，政治学中的客观性是不适当的。所有政治学的学生，无论其是否承认，都不可避免地卷入了富人与穷人的斗争之中。没有意识形态担当的政治学是不可能的。理论与实践不能分离，科学与政治也是如此。而且，只有通过经济分析才能解释理论和实践，因为经济条件决定了社会关系。政治生活中经济学的优先地位，比其他任何因素都重要地界定了阿尔蒙德方法论谱系中的左派。对于“硬左派”以及“软左派”来说，富人与穷人间的阶级斗争是所有政治行动的终极基础。

一位因为进一步发展了社会合理化的概念而赢得重要关注的理论家是哈贝马斯（Jurgen Habermas)。哈贝马斯在《公共领域的结构转型》（1962）中论辩道，公共领域已经崩溃。罗伯特·霍卢伯（Robert Holub）在其评论哈贝马斯的题为《哈贝马斯：公共领域的批判者》一书中对此作了解释：

> 崩溃的发生乃是由于国家对私人事务的干预和社会渗入国家。因为公共领域的兴趣取决于私人领域与公共权力的明确区分，它们之间的相互渗透不可避免地毁灭了它。因此，公共领域在社会的智识生活中所扮演的角色便由以扭曲的伪装复制公共领域形象的其他机构来担当……当我们进入 20 世纪时，平等人之间的观念的自由交换被改造成不太民主的沟通形式，比如公共关系。政党政治和对大众传媒的操控导致了哈贝马斯所称的公共领域的“再封建化”，其中代表和作秀压倒了合理的辩论。(1991，6)

哈贝马斯着手研究资本主义社会是如何发展的，并力图找出其弱点和失败之处。他发现，由于其自身的社会合理化的过程，资本主义社会建立了威胁文化发展的经济和行政机构。他认为，在重要性上，集中关注有效地实现目标的工具合理性被商谈合理性取代，后者带给公共讨论的不仅是如何实现目标的问题，而且还包括所满足的目 62
标本身对于社会的价值问题。商谈合理性有益于相互理解，并导向建立稳定而和平的社会的共识。虽然哈贝马斯首先关注的不是判定现代社会的价值，而是探讨在这些社会中商谈合理性的演变，但他对现代资本主义持批判态度，将其不公正和不平等视为理论家们要帮助解决的问题。

硬右派

合理行动者理论和决策分析

公共政策的许多分析都是依据所谓合理行动者的理论进行的，其箴言可以在软左派、硬右派、软右派以及硬左派的著作中找到。之所以把它归在硬右派这一节中，乃因为正是在这里，在硬右派理论家手中，它得到了最高度的发展。合理行动者的理论假定人们通常会合理地行动，具体地说，这意味着他们将以使他们认为其利益最大化的方式来行动。

合理行动者分析的一个“当代的古典”例子可以在阿利森（Graham Allison）的《决定之本质：解释古巴导弹危机》（1971）中看到。古巴导弹危机标志着冷战的高峰。1962 年 10 月 14 日，美国发现苏联的战略核武器部署在古巴。美国的回应是从海上封锁古巴以挑战苏联船只的进入，为一场可能的核战争布置了场景。苏联的反应则是从古巴撤出导弹，消除了一场核对抗。

运用合理行动者模式的国际关系分析家会考察一个意外事件或一系列相互作用的历史，试图通过发现隐藏在这些事件中的合理类型来解释它们为何会发生。在《决定之本质》中，阿利森运用合理行动者模式和两个替代模式（组织过程和政府政策）来解释这场危机，然后比较这三个模式的优点和缺点。他把合理行动者模式运用于古巴导弹危机，指出了向美国人和苏联人开放的各个选项，概述了每一方看到的每个可能性的比较成本和收益，并在事件的类型中发现了每方在作决定时的推理过程。阿利森指出，这个方法看起来相当合乎情理。它断定大部分人在大部分时间里会以合理的方式行动，政府政策最经常的是对决策负责的官员做出的合理排序的决策之结果。但是，阿利森发现了该模式的一个问题。按照他的观点，合理行动者的理论家们：

- 考察了情境
- 指出了看起来是行动者在此情境中的合乎逻辑的选择
- 考察了行动者所作出的选择
- 发现了行动者作出该选择的道理

按照阿利森的说法，与此过程相关的问题是，合理行动者理论家一直在寻找对一 63
个事件的合理解释，直到他们找到为止。他们的分析并未考虑他们“合理的”解释是否与实际发生的事情有任何关系。因此，合理行动者理论家在事件之后对事件应用综合的解释，是一个看起来合理、但可能在事实上与正在研究的行动并无关系的答案。在《古巴导弹危机》（1971）中，阿利森举了一个例子，说明合理行动者理论家霍雷利克（Arnold Horelick）和卢什（Myron Rush）如何犯了这个错误，他们尝试回答这样的问题："苏联人为何把导弹部署到古巴？"

> 对苏联在古巴部署导弹最广泛引用的解释是兰德公司苏联问题专家霍雷利克和卢什作出的。他们的结论是"把战略导弹部署到古巴主要是苏联领导人克服……现有美国战略优势的很大距离的愿望所触动"。他们是这样得出这个结论的：以福尔摩斯的风格，他们放大了该行动的几个突出特征，并运用这些特征作为标准来检验关于苏联目标的不同假设。(1971，11)

然后，阿利森指出，芝加哥大学政治学家汉斯·摩根索（Hans Morgenthau）在其对第一次世界大战原因进行合理行动者分析时犯了同样的错误：

> 按照汉斯·摩根索的观点，"第一次世界大战的诸起因都指向对欧洲权力平衡打破的担忧。在大战前的时期，三国协约是对三国同盟的微妙反制。如果其中一个阵营能够在巴尔干国家取得决定性的优势，那就在权力平衡中取得了决定性的优势……"摩根索如何能够如此自信地解决这个问题：通过给数据施加一个"合理的纲要"。(1971，11)

为了确定是否存在用以解释古巴导弹危机的合理行动者理论的可行选项，阿利森界定并应用了其他两种路径。第一种路径是组织过程模式。组织过程分析师把政治事件看作大组织的产物，而不是个人决策者的选择。分析师们表明，通过一系列学习，官僚们掌握了一套会产生不同于一个人将会实际预期个人决策者的那些结果的程序。组织依照公认的程序逐步地实现变革。当应用于具体的情境时，这些程序也许会产生显得全然不合理的结果。关于古巴导弹危机的一个有趣的问题是："苏联人为何在此前追求缓和政策，而当他们的许多努力持续在缓和的方向上行动时，却在古巴部署了导弹？"阿利森认为，对于组织过程分析师来说，其解释是非常简单的。苏联的一部分官僚在追求缓和，而另一部分则试图扩大苏联在古巴的影响，以便增大苏联在权力平衡中的份额。阿利森觉得，对苏联行为的这种解释，如果不是更好的话，至多也是与合理行动者模式提出的解释一样好。

64 另一个路径选项是政府政策模式，在此模式中，"对外事务的事件被理解为……既不是选择，也不是输出，而是全国政府中的博弈参与者各种讨价还价博弈的结果"。例如，在国务院、国防部和商务部中，相互竞争着的利益群体试图影响决定，最后宣布的政策往往是这些竞争着的利益群体妥协的结果。

阿利森提供了一个绝妙的比喻来解释他所提出的三种模式的差别：

> 设想一局象棋博弈，观察者只能看到一个显示棋子移动的屏幕，但看不到棋子是如何被移动的。最初，大部分观察者会假设……是一个棋手在移动棋子……但是，可以设想这样一种运棋模式，它能让观察者……认为若干半独立的组织的松散联盟，其中的每一个组织都根据标准的运棋程序来移动它的那套棋子……而

且可以设想一种运棋模式，它也许意味着若干独立的棋手各自具有独特的目标，但共享对棋子的权力，作为集体谈判的结果，他们能够决定棋子的移动。比如，黑车的移动也许导致黑马被吃，而黑方并无相应的所得，只是黑车成了黑方宫殿的主要保卫者。(1971，7)

阿利森的研究成果促使政治学家精练他们的方法，并且取得了相当大的进展。在介绍了**硬右派**理论家的两个突出观念之一即合理行动者的理论之后，我们继续讨论另一个理论，它在20世纪八九十年代成为政治学中最突出的方法之一：公共选择理论。

公共选择理论

在“硬右派”的前线，有一组研究被冠以三个不同的名称：“形式理论”、“合理选择理论”和“公共选择理论”。公共选择理论采用了经济学中发展起来的技术。在公共选择的研究中，投票者被认为是政治市场中的参与者。作为政治学中公共选择学派的创始人，詹姆斯·布坎南（James Buchanan）解释道：

必须分析在市场上行动的人之行为与政治过程中行动的人之行为之间十分重要的联系。可以把“公共选择理论”解释成建构这样的联系。该方法只需要这样简单的设定，即同样的个人在这两种关系中都行动。(1972a，12)

阿尔伯特·维尔（Albert Weale）更详细地描述了公共选择理论：

合理选择理论把政治学看作特定的一套制度，它们形成了把个人选择集合成为集体的政策选择或输出的过程……在合理选择的方法中，并不存在这样的设定，即无论人们持有怎样的偏好，他们都要将实现其最喜欢的结果的机会最大化，或者至少是将在他们所处的环境中看起来最可能实现的结果的机会最大化。这种最大化的假设是关键性的……它不是问在实践中偏好如何汇聚到一起，或者从理想上说偏好应当如何汇集起来，而是问：在怎样的条件下偏好如何以富有特征的方式汇聚起来？公共选择理论家特别关注两个特征。第一个特征是稳定性……在此体制中，无人能够从个人选择的总和中改变结果……第二个特征是最优性，即每个人尽其最大可能地改善自身状况的原则，这个意思是指无人能在不使他人状况变坏的前提下使自身状况变好。(1990，196-197) 65

公共选择理论家断言，选民们像把钱花在市场上的人们一样，将以合理的方式行动。这意味着他们作为一个群体（一个整体），将做出可使收益最大化的选择，特别是短期的收益最大化。公共选择分析家断言，自由市场经济和政治制度在提供资源最有效配置方面是相似的。政治家、选民和院外游说分子以行政、立法和司法权的形式争取利益。

公共选择理论的目标是分析选民的合理选择（选票、竞选捐款等）。布坎南在研究英国卫生体制时正是提供了这种类型的分析。布坎南发现，英国卫生体制失败了，因为加诸该体制的需求比它准备满足的需求要多。布坎南认为，英国卫生体制中弥漫的问题根源于英国人民，他们同时通过政府和私营市场的行动来满足其医疗卫生需求。英国人通过其政府建立的国家卫生服务体系来规约卫生服务的提供，他们又设置了这些服务的范围和获得途径的限制。同时，作为个人，他们要求获得比国家卫生服务体系能够提供的还要多的医疗卫生服务（Buchanan，1972b，33）。布坎南解释道：

> 作为需求者的个人与作为供应者的个人，当然基本上是扮演着两种角色的同样的人，而这些事实本身就意味着不一致性。我的核心论点是，这种不一致性并不以任何方式反映个人决策者的非理性，而是完全从此状况的两面选择的制度设置中产生的。(1972b，28)

布坎南进而表明，如何让国家卫生服务体系以驱动对服务需求的直接低成本来提供服务。因此，国家卫生服务体系所作出的制度安排在个人中制造了一种人为的矛盾，这些个人在公共领域中行动，选出将要限制国家卫生服务体系资金的代表，同时也在私人领域中行动，要求比国家卫生服务体系能够提供的更多的服务。

博弈理论

66 博弈理论是在形式理论的领域内发展起来的理解政治的路径之一。一些人把政治看作博弈，他们正确地指出了博弈与政治之间的相似性。政治是有关规则、赢者、输者、策略和战略的竞争。它也许可以类比于扑克牌。你如何打手中的牌往往比手中握有什么牌更重要，赢牌取决于你对其他打牌者会怎样出牌的预测能力。但是，政治不像循环球戏，这是指玩循环球戏乃出于乐趣，并无严重的后果。政治也不像职业的足球赛，足球赛的目的只是娱乐和表明谁拥有更好的球队。

博弈理论家们试图通过构建"博弈"来表达政治行为固有的可能性，这些博弈是一些考虑到对政治行动者在特定情境中采取的行动选择的准确描述的情境。囚徒困境是模拟实际政治状况的博弈策略情境。作此类比使得政治学家更好地理解实际生活中政治行动的成本、收益和选择。下述对囚徒困境的描述出彼得·奥德舒克（Peter Ordeshook）所著《博弈理论与政治理论导论》（1986）。囚徒困境为两个囚徒中的每一个呈现出两种选择。一种选择比较冒险，假定对方缺少合作，具有较高的回报，而第二种选择较少风险，基于合作的意识，具有较低的回报。许多政治选择看起来是遵循了这种模式。按照奥德舒克的说法，囚徒困境指的是如下情形：

> 假设这两个囚徒实际犯了重罪，他们被地方检察官分隔关在不同的囚室中。他们在考虑自己的命运时，每人设想两种策略：（s1）拒绝地方检察官，绝不认罪；（s2）成为污点证人，承认一切罪行。但是，地方检察官看到了一个让囚徒认罪的机会，他坚持不让两名囚徒相互串通，并且实施下述激励策略：如果两个囚徒都不认罪，则无法判他们重罪，但他可以几项较小的罪名判其在州立的不太奢华的监狱设置中服刑 10 年，使其生活过得悲惨些；如果认罪，他就可以确定判定重罪，不过如果只是一个囚徒成为污点证人，则地方检察官许诺服刑 8 年后假释，同时判那个不太合作的罪犯人 20 年徒刑，并且没有假释的希望。当然，如果两人都认罪，地方检察官就会不受此前所作的有关确保认罪（认罪在此成了一个廉价的商品）的许诺约束，分别判两人 15 年徒刑。(1986，206-207)

下面的图表是奥德舒克所示的每个囚徒作出不同选择的可能结果。每格中的数字

代表每个参与者可以预计的每种选择组合下的相对收益和损失。例如，在右上方的格 67
中，囚徒 1 不认罪，而囚徒 2 认罪。囚徒 1 被判入狱 20 年，而囚徒 2 只被判 8 年。

		囚徒2	
		S1(不认罪)	S2(认罪)
囚徒1	S1	–10，–10	–20，–8
	S2	–8，–20	–15，–15

博弈理论让决策者把一个特定的情境中作出的不同决定的所有可能结果列举归类。他们因而对自己的各个选项有了明确的综合的概观，以使自己作出更好的信息充分的决定。

政治学家从经济学家那里借鉴了博弈理论，经济学家运用它来理解市场条件中的波动。政治学家则把博弈理论主要用于分析决策。政治中的大部分决定是依据有关不同的利益团体、政党或国家中的人们会如何反应的不太完全的知识做出的。假设一群恐怖分子劫持了一架客机，并且威胁如果不满足他们的某些要求，就炸毁飞机，连同飞机上的 100 名乘客。这些恐怖分子要求释放 50 名指定的“政治犯”，并且护送这些恐怖分子安全抵达一个将赦免他们的中立国家。一名政府代表被授予责任和权威与恐怖分子交涉。该情形在实际中有可能涉及许多选项，为了演示博弈理论是如何运用的，我们将其简化。政府将有两个基本的选择：（1）满足恐怖分子的要求；（2）拒绝满足他们的要求。恐怖分子也有两个选择：（1）杀死人质；（2）释放人质。这些选项如下表所示：

		恐怖分子的选项	
		杀死人质	释放人质
政府的选项	满足其要求	1 A –1	1 B 0
	拒绝满足其要求	0 C 0	0 D 1

表中方格里的数字指的是决策的结果。政府的收益和损失由各方格里左下角的数 68
字来代表，恐怖分子的收益和损失由各方格右上角的数字来代表。注意看标注 B 的方格。B 方格所描绘的情形是政府满足恐怖分子的要求，而恐怖分子释放了人质。如果这种情况发生，政府将实现一个目标，即释放人质，只不过是以满足恐怖分子的要求为代价，这有可能鼓励恐怖分子在未来继续采取此类行动。政府的收益和损失相互抵消，这个结果由 B 方格左下角的数字“0”来代表。在方格 B 的情形中，恐怖分子实现了他们的主要目标，即释放政治犯，而在释放人质时没有遭受损失，因此，恐怖分

子的成功在方格B中以数字“1”来代表。将所有的方格一起考察，有可能作出的选择和结果的整个样态就清楚了。

我们关于政府与恐怖分子之间争执的假想例子是相当简单的。不过，这也正是博弈理论可能对解决问题特别有帮助的原因。现在假设不是两个变量选项，而是争执的每一方都有7个变量选项，对恐怖分子来说，这可能包括释放部分人质等事项，博弈理论的矩阵现在就会有49个（7×7）而不是4个（2×2）方格。现在，比之前多得多的结果的组合成为可能。博弈理论能够帮助分析师系统地思考所有决策的可能组合，以及这些决定的可能成本和结果。

博弈理论家区分出了三种类型的游戏。**零和博弈**是其中总有一个赢家和一个输家的游戏。如同两个人扔硬币决定谁将拥有它，其结果不是正面就是反面，一人赢，一人输。一个人的损失（－1）和另一个人的所得（1）的总和是零。在**零差博弈**中，各方同时赢或同时输。例如亚当和温要写一个报告，要求第二天上交，该报告分A和B两部分。划分该报告时，两人同意亚当写A部分，温写B部分。亚当想安静无干扰，决定离开他的房间，到湖边的木屋去写，那里没有电话。当他到了木屋，发现记不起来他同意写的是哪一部分了。温在自己的家里也遇到了同样的困难，也记不得自己该写哪一部分了。他们如果写该报告的不同部分，那将赢得此博弈。但是，假如他们写了该报告的同样部分，那该报告会是未完成的，他们都将输掉这场博弈。

第三种类型的博弈是**低效率博弈**。假设克里斯烘烤蛋糕，摩利烘烤饼。克里斯有一个烤炉但没有搅拌器，摩利有搅拌器但没有烤炉。克里斯知道他能够用手来搅拌制作蛋糕的材料，但想借摩利的搅拌器只用半个小时，并在下午的所有其他时间使用烤炉。摩利在这个下午也需要使用烤炉，但将试图借克里斯的烤炉并尽她所能地占用它，同时作为交换把搅拌器提供给克里斯。如果克里斯整个下午一直用烤炉，他将失
69 去使用搅拌器的机会。但是，如果出借烤炉一段时间，他害怕将难以把它要回，因为他知道摩利是如何迫切地需要烘烤饼。如果此二人能够达成一个协议，他们将都达到利用烤炉和搅拌器的目的。实际的情形是低效率博弈，因为在两位参与者之间缺少协议将肯定产生低效率的结果，也就是说，其中任一人并未从该情形中相应地获益或损失什么，如果没有达成协议，两人将都以某种方式输了游戏。

系统分析

系统分析是大卫·伊斯顿的遗产，他把政治定义为“价值的权威配置”，把系统定义为“一套变量，无论它们之间的相互关联程度如何”（Easton 1966，143－154）。因此，政治系统是一套变量，它们一起权威地配置价值。这意味着任何一套能够作出关于价值的决定的变量（人民、机构和群体）都可称为政治系统。伊斯顿将此定义主要用来指称政府，因为在现时代，政府比其他机构都更是权威配置价值的机构。需要指出的是，事实并非总是如此。例如，在中世纪的大部分时间里，罗马天主教会才是权威配置价值的主要机构。事实上，亚里士多德在他的《政治学》中从讨论家庭开始讨论政治，家庭是微观的政治系统，自然要配置价值。系统分析的力量在于，它能够被用于理解各个层次上的政治系统。例如，政治系统可能包括社会俱乐部、地方教会、全国性的宗教流派、学区、市政会、地区计划委员会、国会或者北大西洋公约组

织（NATO）。

从事系统分析始于对政治系统的标准组成部分的理解，它包括：

- **人民**：群体或人口，他们在系统中相互作用
- **守门人**：那些决定决策日程的人
- **权威人士**：那些代表系统发言的人
- **输入**：包括：
  - **需求**：对行动和服务的需求
  - **支持**：有助于维护和加强系统的支持
- **输出**：或系统作出的决定
  - **社会内部**（系统内）**环境**
  - **社会外部**（系统外）**环境**
- **干扰**：引起系统内紧张的事情

一旦找出系统的各个要素，就可以构建一个**流动模型**，即一个例示该系统诸要素间关系的图表。除了上面列举出的基本要素，一个流动模型还包括下述内容：

- 参与者之间的主要**交易**（单向行动）。
- 与环境的其他内部和外部系统之间的**交换**（双向互动）。
- **反馈回路**：输出作为输入返回到系统的方式。 70
- **共变量**：系统中某些要素的变化是因应系统中其他因素中的变化而动的。
- 系统中的某些要素相互之间的**独立性**。

一个地方学区的政治系统的流动模型如下图所示。当然，该图只表示该系统分析将产生的信息的概要。

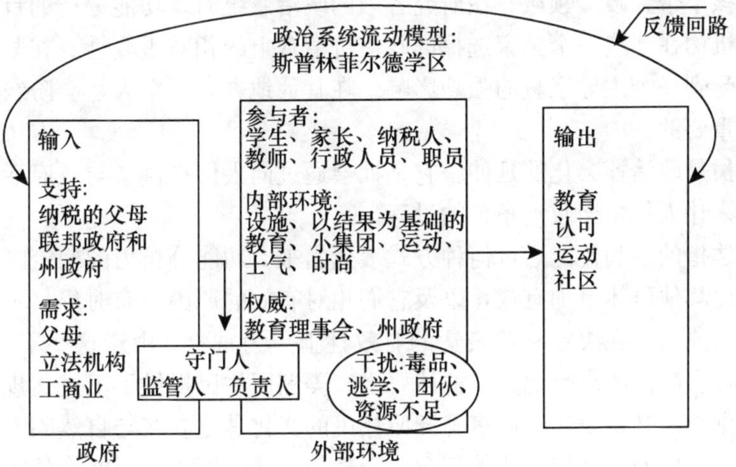

然后，系统分析着手考虑其他因素，例如：

- 系统中**张力**的层次和类型；系统处理张力的方式
- **关键的范围**，或者系统处理张力的能力限度
- 系统对变化的**开放性**
- 对新的需求、张力和条件的**适应性**

- 系统的**目标**或目的
- 系统在完成其目标上的**潜力**和**局限性**
- 系统在实现其目标上的**有效性**
- 系统在将输入转变成输出过程中的**效率**

系统分析在比较不同国家的政治系统时特别有用，因为虽然每一个系统都执行同样的功能，但每个政治系统处理这些功能的方式是不同的。

结构—功能主义

71 阿尔蒙德在《发展中地区的政治》（1960）一书中，把结构和功能分析引入比较政府的研究当中。任何一个国家的政治结构都包含政治和司法机构，比如行政、立法和司法部门；以及各种规则，比如作为这些机构运作基础的宪法和主要的法律。例如，美国的政治结构首先被描述于美国宪法当中，宪法确立了联邦制度，全国、州和地方政府在此基础上运作。全国政府的机构，包括总统，行政的院、部和局、国会，最高法院和其他联邦法院，依据基本的组织原则运作，这些也都在宪法中作了描述，包括牵制与平衡，如总统否决权和司法审查权。

正如阿尔蒙德所指出的，结构—功能分析的基本原理是，虽然政治结构因国家而异，但它们都执行同样的基本功能。阿尔蒙德提出了四个**输入功能**，即支持一个政治系统的东西以及三个**输出功能**，即政治系统所产生的东西。阿尔蒙德的四个输入功能是：政治社会化和募员、利益表达、利益集合、政治沟通。

政治社会化是人们学习其自身文化的政治价值观的方式。大部分政治社会化是通过中介机构如家庭、学校、教会和公司来完成的。例如，多年的选举研究表明，对一个人选择某政党的首要影响是他或她父母的政党。家庭教导的理念和观念被在它们影响下成长的孩子带到政治领域。在研究各国的政治系统时，功能分析的首要任务是确定各种中介机构在塑造一个国家选择的政治价值观上的相对重要性。在某些国家如伊朗，人们会受到一个主导宗教的强烈影响。在其他地方，一个人社会阶级的政治价值观会是更为重要的。

政治募员是政治社会化的延伸。它是社会通过向人们提供参与政府活动所需要的教育和经验来让人们担当政治角色的过程。

利益表达指的是利益能通过何种方式表达出来。功能分析力图确定哪些群体在表达其观点上比其他群体更加有效，以及它们相对有效的原因。有时候，不成文的表达规则比社会的成文法在决定利益表达的有效性上更为重要。由于这些不成文的规则，某些群体对社会政治的影响比其他群体要小。美洲原住民提供了不成文规则的一个例子，这些规则限制利益表达。许多美洲原住民的文化是建立在与自然同流而不是战斗
72 的概念上的。他们的宗教信仰让他们倾向于静静的尊崇而不是侵略性的对抗。他们的领袖意识到，由于他们的信仰，在政治上，他们要比其他群体具有较少的侵略性，因此，他们在政治议题上对自己价值观的表达有时就会不太有效。

利益集合是阿尔蒙德的第三个输入功能，即各种利益竞争、合作和妥协以分配资源并制定社会规则的过程。美国的模式是让利益在选举**之前**集合在政党中。在争取提名的过程中，总统候选人力图把尽可能多的群体中尽可能多的支持者吸引到他们的政

党中，以便形成一个足够大的利益的联合，获得胜选需要的 270 张选举人团票。但是，在英国和其他实行议会制的国家，则是在选举**之后**集合利益。在选出议员后，议员们再选出他们中的一人担任首相，当没有一个政党选出议员的多数时（这种情况很常见），拥有最多议员数的政党就得与其他党达成协议，形成一个联盟，以拥有可选出一名首相的多数票。当各政党在形成多数联盟的过程中同意支持相互间的利益时，利益集合便发生了。

政治沟通是第四个输入功能，即社会中政治价值观用以沟通的方式。功能分析在政治沟通上的主要关注点是系统开放的程度。功能主义者探究新闻自由的程度，研究主要的信息服务和媒体是由一小部分人拥有，还是分布在拥有各种观点的许多人当中的问题。功能分析家们询问的第一个问题是："有新闻自由吗?"但他们不会停止于此。在美国，我们享有新闻自由。但有些评论者说，我们影响观点的能力远不是平等的。他们指出，主要的媒体组织、报纸、电视和电台都掌握在少数人手中。我们注意到，个别公民，比如罗斯·佩罗（Ross Perot），也许对总统选举有重要的影响力。但是，这样的影响力只是富人才能获得的吗?

阿尔蒙德的三个**输出**功能是**规则制定**、**规则应用**和**规则判决**。**规则制定**是民主体制中首先是立法机构、其次是行政机构的一个功能，行政机构实施立法机构通过的项目。但是，规则也可能由家长、学校理事会、市政会、州立法会和国际组织来制定。功能主义的分析师们确认制定规则的人，考察他们被选出的方式，描述他们拥有的权力的多少，并评估他们必须做出的交易和妥协的程度。

规则应用通常是行政部门的功能。官僚们把普遍规则运用于具体的情况。例如，运输部制定条例，用以实施国会通过的管理机场、公路和可航行水路的法律。功能主义分析师们描述规则应用结构的主要类型，比如政府部门和管理机构，像州际商业委员会。然后他们描述一个国家的习惯和政治文化如何影响规则应用的过程。某些官僚 73
以有效的消费者服务的观念高效率地应用着规则。另一些官僚则通过复杂的程序（所谓官样文章）来工作。还有一些官僚则只在受贿以后才提供服务。

腐败和低效率经常可能是重要的障碍，比如在 1995 年的扎伊尔，政府的运作并不能对致人死命的埃博拉病毒的流行迅速作出反应。

最后一项输出功能为**规则判决**，这是司法部门的责任。功能分析首先汇编对法院系统的描述，然后考察司法系统参与者（比如法官、律师和法院行政人员）的特征、资格和文化属性。接着再考察司法过程，包括（比如）大部分争端通过法院或其他机制正规解决的程度。分析师们详细阐述了像一般人口中存在大量律师等现象的意义，以及司法系统获得人民尊重的程度。

沟通理论

卡尔·多伊奇（Karl Deutsch）在《政府的神经：人沟通和控制的模式》（1963）一书中，将系统研究人的沟通方式的控制论运用于政治。按照多伊奇的观点，政治系统是一个"自我意识的网络"，它持续地作出自我反应，这意味着在一个系统中一部分的变化导致该系统其他部分的调整，以及整个系统的调整。他提出，沟通是政治的关键，他将政治中的沟通系统与人身体中的神经系统相类比。产生政治决定的沟通网络是合作的政治机体的眼睛、耳朵和鼻子。政治系统也是“学习网”或“自我修正的沟通网络”。多伊奇把学习网界定为“任何以相关程度的组织、沟通和控制为特征的系统，无论其传递信息和实施功能的具体过程是什么”（1963，80）。信息而不是政治权力，才是政治的本质。国家实质上是信息网络，权力在其中不是政治系统一直起作用的功能，而通常是被当作最后手段来使用的。

信息是沟通的基本单元，因而是控制论分析的焦点。信息是负载意义的符号，以许多口头和非口头形式进行交换。

对于多伊奇和控制论专家来说，真正重要的是决策的过程，而不是决定的实施。他们认为，相对少量的信息在决策过程中被使用时，通过提供需要的方向来保持组织的运动。多伊奇把政府的决策过程与船的掌舵机制相类比。小的机关决定了巨大的船只将航行的方向。例如，当国会通过了涉及范围广泛的税收改革并且由总统签署时，只有 535 人作出的决定将影响 2 亿 6 千万人的个人生活。

74 过于严格的意识形态，比如极端保守派或极端自由派，诱使那些坚持这些意识形态的人在沟通能力上形成一种选择性耳聋，因为这些意识形态排除了某些类型的准确而有效的信息。例如，一些人长期相信，资本主义制度的内在经济结构自然地受制于自我毁灭，此乃工人阶级不可避免的革命的一个结果。数十年来，他们的意识形态使他们无视这样的事实，即虽然革命的确发生了，但它们并不是不可避免的。

根据控制论，一种政治系统的生命力取决于该系统的下述能力：

- **吸取**信息
- 迅速**处理**信息
- 恰当地作出**反应**
- **评估**其自身的反应

控制论专家根据上述诸能力，通过系统地描述下述事项来评估系统：

- 负责作出决定的个人，他们的立场和责任
- 支配决策的法律、条例或规则
- 组织决定得以作出的正常程序的各个步骤
- 组织领导层作出决定的例子，以及作出决定的方式

硬左派

依附理论

硬左派政治分析师将自由派或激进的意识形态与量化方法相结合。硬左派采用的路径的例子之一是“依附理论”，它将科学方法运用于从对国际政治和经济系统的社会主义分析中得出的命题。克里斯托弗·蔡斯-邓恩（Christopher Chase-Dunn）在运用依附理论时，力图客观地显示世界资本主义包含了四个相互关联的阶级：

1. 资本主义核心（美国、日本和西欧的资本家）
2. 核心的外围（资本主义世界被剥削的下层阶级）
3. 外围的核心（拉丁美洲、非洲和第三世界国家依附的资产阶级）

4. 外围的外围（以农业为主的远东和其他地区的农民人口）

根据依附理论，资本主义系统控制了经济活动的核心。这些系统从这个地位出发，通过将资源从外围向核心转移来持续地剥削外围不够发达的国家，其方式是让外 75
围持续地依赖于核心。在依附理论家们看来，只有将国际政权从资本主义转变到社会主义，才能消除依附。

前面提到的结构—功能主义理论家阿尔蒙德对于依附理论持一定程度的批评态度。下面引用的他对依附理论回应的一部分，是这种讨论的一个例子，这些讨论是政治学学科持续的、必要的和震荡的部分：

> 依附理论的分析结构是比较简单、直截了当的。世界资本主义包含四个相互关联的阶级……通过与马克思主义和列宁主义进行比较，依附理论是不完整的、非决定性的。虽然它谈论革命和社会主义作为资本主义世界体系的替代项，但其策略是马克思主义、列宁主义还是其他什么，仍然有待厘清。马克思主义和列宁主义理论是确定的理论……依附理论不是很好的马克思主义或很好的列宁主义。马克思是一名好得太多的历史学家和社会科学家，他不至于把世界政治经济分为四个阶级构成。宗主国资本主义的社会外围不够格成为马克思主义的无产阶级，依附国家的外围社会群体也不够格。马克思主义的革命将必定在资本主义工业化的世界，而不是在落后的、农民占主导地位的农业外围发生……最好可以把依附进路的特征视为一种意识形态的宣传片断，一种针对主流发展理论的争辩。(Almond 1990，231-233)

阿尔蒙德对依附理论的批评为在折中主义时代内容相当丰富的哲学和方法论的争论提供了一个有益的概观。你将在卡兹涅尔森（Ira Katznelson）和米尔纳（Helen V. Milner）的《政治学：学科现状》(2002) 中找到有关政治学近期进展的更复杂和详细的评论。但是，在总结这个历史概览之前，研究一下后现代思维对政治学的影响是有帮助的。

3.3　后现代主义与政治学

后现代主义是一种解决哲学问题的进路，也许由法国哲学家利奥塔（Francois Lyotard）作了最好的界定，他将其定义为“对元叙事的怀疑”。或许可以把元叙事简单地界定为一种世界观或意识形态，它是回答哲学主要问题的一种综合的视角，如本体论（存在的是什么），认识论（我们如何知道存在的事物），以及生命的意义是什么。许多文化、哲学、宗教和心理学的信念体系是元叙事的，因为它们声称对这些和其他问题拥有答案。摩门教、弗洛伊德主义、马克思主义、存在主义和摩珂珈罗颂歌（Hare Krishna）都是元叙事。后现代思想家为什么怀疑元叙事呢？他们否认真理终 76
将被发现的观念。虽然世界上存在许多类型广泛的相互竞争的元叙事，他们坚持认为，不可能找到一个赢得哪怕是少数人、更不要说世界上大多数人接受的真理。而且，元叙事是政治工具，它们虽然声称给人们带来自由，但实际上让人们受制于政治权力。因此，尽管前现代和现代思想家（例如圣托马斯·阿奎那）试图构建或支持一个特定的元叙事，后现代思想家失去了对元叙事本身的信念，并对它们所支持的权力结构持怀疑态度。后现代哲学家不是试图构建确定的哲学体系，而是分析蕴含在元叙事和归因于元叙事的运动当中的权力关系。与利奥塔一样，德里达（Jacques Derrida）和福柯（Michel Foucault）都是特别杰出的后现代思想家。但是，在简要描述他们的贡献之前，了解一下后现代思维在哲学史上的演变是有益的。演变始于哲学家们（霍布斯、洛克和其他人）认识到世界几大宗教的追随者们不仅相互对立，而且还持有不同的道德观念。然后问题就产生了：没有宗教，单靠人的理性，能够构建一个普遍有效和可接受的道德体系吗？

现代思想家比如康德（Immanuel Kant，1724—1804）作出了肯定的回答。康德的基本问题是："仅靠人的理性，无须神或宗教传统的帮助，就能告诉我们什么是正确的、什么是错误的吗？""是的！"康德回答道。他用以区分正确与错误的主要哲学工具是"范畴命令"，在他的《道德形而上学原理》（1785）中作了界定。范畴命令的原理是，每个人"应当只按照你同时愿意当作普遍律的行为准则来行动"。例如，假设提议偷你邻居的车。你能情愿通过盗窃来获得物品成为一个普遍律吗？如果不能，就应当改变你的行为，以遵循一个你要求看到获得普遍应用的原则。在康德看来，道德律要求我们理性地行动，也就是按照我们长期的最佳利益行动。这个要求代表了一个命令，通过将其应用于所有可能的情形而成为范畴的绝对命令。康德设定，人存在的价值普遍地是道德的基础。因此，范畴命令意味着你应当"这样来行动，即你把人无论是在你还是在他人的人格中，总是当作目的，绝不只当作手段"。所以，康德不会允许你希望普遍化的任何原则满足范畴命令的条件。比如，康德会否定强者应当统治弱者的观念，因为它把人的一部分当作手段而不是目的。虽然康德的著作在哲学家中有高度的影响力，但它未能抓住一般公众的想象力，他们中的大多数人坚持一个或另一个宗教传统。康德进路的另一个问题是，范畴命令并不总能在所有议题上产生普遍有效的原则。在不同的人们中间产生了重要的分歧，他们都真诚地试图明确地界定应当在具体情况中采纳哪些原则。

77 然而，现代思维（元叙事）的最大挑战由普鲁士哲学家尼采（Friedrich Nietzsche，1844—1900）提出。假如尼采能为19世纪说出一个祝福，那他会称它有病。如果该世纪能够回应，那它或许会在这位德国哲学家面前放一面镜子，询问他是否不只是将自己的虚弱投射到人性上，因为尼采服用鸦片来缓解他的偏头痛，并在多年的极端精神不稳定之后，死于也许是梅毒。但是，这些问题并未阻止他写出对西方文明的谴责，以及对哲学有深远影响的开拓了崭新未来的观点。

尼采的哲学还没有停止震撼和迷惑传统的西方文化的捍卫者，他以活力和咒骂抨击西方文化。在尼采看来，西方文明在19世纪结束时已经达到了一种几乎完全退化的状态，这一退化过程从古代希腊便开始了。在苏格拉底之前的时代（公元前480—前399年），普通人尊重智慧、有创造性和（最重要的）有力量的人。在尼采看来，《俄狄浦斯王》和其他苏格拉底之前时代的希腊悲剧表达了对于生活真正性质的欣赏。

尼采的解释是，这些悲剧把生活描绘成内在地非理性和捉摸不定的。它们当中的真正英雄不是天真的乐观主义者，而是硬核的悲观主义者，他们抓住了生活的荒诞，并且让它服从自己的意志。

文化的退化始于古希腊，苏格拉底和他的学生柏拉图一起提出了理性支配世界的观念，尼采认为这个观念是滑稽可笑和骗人的。但是，甚至苏格拉底和柏拉图也不能超越基督教对西方文明的破坏，尼采将此称为“人民的柏拉图主义”。在尼采看来，基督教是争着主导世界的两种道德形式之一，即奴隶的道德和主人的道德。基督教是彻头彻尾的奴隶道德，因为它提倡温顺、利他主义和服从权威。这样的价值观产生软弱、胆怯和温顺的人，这些人把“残缺的、垂死的、退化的生活形式”永久化。苏格拉底前的古希腊人建立了主人的道德，他们以此来统治劣等的文化。但是，西方文明从苏格拉底以来遵循了柏拉图和基督教，因而陷入退化之中。

在《查拉图斯特拉如是说》(1885) 中，尼采宣称上帝已死。作为一名坚定的无神论者，尼采认为，上帝曾经活着，因为人们特别是基督徒相信他。上帝现在死了，因为现代科学表明，并无上帝存在的证据，因此，上帝必定是由相信他的人们所创造的。尼采希望并且相信，上帝之死意味着基督教道德之死。

而且，基督教促进了民主的兴起，民主在尼采看来是由平庸者统治的，因为大部分人是懒惰和愚蠢的。19 世纪的西方文明不仅通过民主体制，而且通过公众舆论影响君主的政策来让平庸者统治。民主的价值观（比如平等）并未提升下层民众。相 78
反，这些价值观把那些有可能是伟大的人们降低到教育和文化的最低标准的水平。

随着上帝之死，人们得以发现他们创造的可能性，因为他们可以最终找到自己的权力意志，这将清除基督教和民主制度。权力意志是产生生命的创造的力量。权力意志并不强迫人们寻求实在、真理和善的客观观念，因为它们并不存在。权力意志促使人们创造他们自己的存在形式和观念。

尼采的本体论，即他关于何者存在的哲学，是他对后现代主义产生了最大直接影响的哲学的一个方面。在尼采看来，并不存在可以客观地指认的实在。只存在实在的不同视角，强大的人们将创造他们自己的实在。在未来，这些创造了自己的实在的强人将成为尼采所说的超人。超人会成为给自己创造了所有新事物的完全实现自我的人。超人将是完全自由的，生活在时间的永恒轮回之中，他将创造超越传统的善恶概念的新的哲学形式，并产生超越基督教和民主的新的文化形式。

尼采认为，超人可以发现过去、现在和未来存在于连续的状态中，即一种被原始人理解为永恒轮回的神话的形式（本书第二章作了描述）。他总是觉得，19 世纪的哲学家误解了历史的意义。在《历史的利用和滥用》(1874) 中，尼采为反对黑格尔关于历史意义的理念作了论辩。在黑格尔（1770—1831）看来，历史是理性的展现，是一个由精神的合理性所引导的过程，理性在黑格尔的时代找到了自己的最终实现。对尼采来说，历史绝不是理性的；事实上，历史是高度非理性的。回溯逝去的时间，他既未发现历史中的理性，也未看到历史最终结束的可能性。超人将持续地创造新的实在，而且如他的同时代人所看到的，历史会消失。

尽管尼采总是古怪地漫游，但却取得了惊人的成功，因为他的目的是打击现代的世俗哲学，该哲学从此再未从此打击中恢复过来。对此也许可以简单地陈述如下。任何人（假如上帝不在此画面中的话）为何会采纳任何道德体系？唯一的答案是他或她会预期该体系符合他或她的利益，也就是将产生的善多于恶。例如，人们选择不欺骗、偷窃或杀戮，因为他们不希望被欺骗、偷窃或杀害。但是，如果假设你比其他人更强大。你发觉自己能够欺骗、偷窃和杀戮，在你想要时就能获得你所欲求的所有东西。现在，合乎道德地行动是符合你的利益的吗？即使你个人会从纯粹为他人做善事中获得巨大的满足，许多人，也许是大多数人都不会如此。你不必远看那些需要对数百万人的死负责的例子。他人就住在你隔壁，在你的办公室里工作，到你的教堂做礼拜。尼采的洞见在于，道德体系大多是强人所利用的哲学建制，以让无权的人受制于统治的政权，他的影响来自事实上无人成功地驳倒了他。

79 后现代思想家接受了尼采的观点，即道德体系无论构建得如何完善，都是哲学的权力结构。因此，后现代主义者试图帮助人们理解这些权力结构是如何影响他们的。两位最有影响力的后现代思想家是德里达和福柯。

雅克·德里达（Jacques Derrida，1930—2004）生于阿尔及利亚的埃尔-比亚尔，长期任教于巴黎的法国高等师范学校社会科学系。他是后结构主义、解构主义运动的杰出人物，这是一个寻求发现当代社会思想中的多重意义和基本设定的哲学流派。基于尼采和海德格尔的思想之上，怀着从马克思和弗洛伊德那里获得的洞见，德里达认为，语言在表述实在上是无能为力的。他详细探究了文本的多重含义，将此称为文本中词的意义的分延。因此，解构一个文本就是发现此文本中词的意义的分延，并理解这些分延的意涵。解构因而让我们的心智向可能性的新领域开放，这反过来又赋予探讨知识和意义的新形式的自由。

米歇尔·福柯（1926—1984）是法兰西学院的思想体系史教授。虽然他在生涯的后期成了政治积极分子，但他最著名的是对法国监狱和卫生系统等的研究。他最重要的著作是《古典时代精神病史》（1961）、《诊疗所的诞生》（1963）、《论述的秩序》（1971）、《监视与惩罚》（1975）。

基于取自尼采的理念，福柯建构了两个新的分析工具，即他所谓的**考古学**和**谱系学**。福柯的考古学不是挖掘废墟和研究古代文化的艺术品，而是一种史论学（研究如何研究历史）的形式。福柯并不认可历史学家们持续地构建历史趋势的宏大图式，然后把具体的历史事件解释为这些趋势的表现。相反，他的考古学在历史事件得以发生的时空的狭窄语境中考察这些事件，并经常发现事件只是偶然的。

类似地，福柯的谱系学不是寻找祖先以填写你的家谱，而是指认**主观化**和**客观化**的过程。主观化是人们受制于准则、习惯和体制的过程。福柯发现，社会构建了行为控制的精致系统，其中最强大的一些系统是规制（如政治学的规制），为可接收的行为和思想类型规定严格的界限。为了更好地理解福柯的思想，请细读本手册第十四章中的相关内容，其中描述了福柯对边沁的圆形监狱的应用。

第四章

政治学的定量方法

4.1 科学知识基础

在本章，我们考察一些普遍用于分析政治的定量方法。请注 80
意，政治学家所使用的某些基本的方法（调查、政策分析和比较分析）将在其他章节里作详细讨论，因而在此不再赘述。

定量方法包括这样一些研究方法，其中将对政治的观察收集为数据，然后归入可以用数字分析的类别当中。政治注释的范式是对政治事件**具体的**、详细的批判解释方法。因此，现在我们就来研究有助于解释政治事件的数量分析的那些方法。

20世纪末人们理解的科学，是观察、归类和分析经验数据的过程，通过计算、测量、分类和组织来发现经验现象间的关系。前面一章所讨论的政治学的许多定性的路径和视角在描述和评估政治活动时都忽视了定量的措施，它们中的许多方法都是规范的，即把价值判断带给论题。定量的措施通常试图将政治学研究中价值判断的效应减少到最低程度（假如不是全部消除的话），以便产生事实，这就是可以通过公认的程序来证实的观察事实。

某些评论者辩称，不可能从政治研究中完全根除规范的影响。他们遵循卡尔·波普尔的观念，宣称选择一个研究课题本身就会诱发价值判断。尽管定量政治学家意识到了这些影响，但他们试图在其计量中尽可能降低偏见的影响，以便使得他们的研究尽可能地保持价值中立和客观。

81 科学知识除了非规范性以外，还有其他一些特性。首先，科学知识是可重复的。这意味着在一套具体条件下观察到的现象，将在这些同样的条件存在时，以同样的方式出现。如果对同样现象的两次测量产生了不同的结果，那么，在此过程中的某些重要变量肯定已经改变了。

其次，科学知识也是可概括的。科学的目标是发现适用于从一种情况到另一种情况的原理或规律，以至于可以找到现象的原因，也许还可以预测未来的事件。

最后，正如我们在本书导言和上一章中所讨论的，科学通过归纳和演绎的辩证过程来进行，在此过程中具体的观察被概括成原理，由此可以预测进一步的具体观察。

4.2 社会科学研究

科学主要通过检验假设来进行。研究假设是关于一项科学实验的预期结果的有学理的预告猜测。一个假设在一项研究开始前表明其方向和目的。如果不知道正试图做什么，那你又如何才能够把它做好呢？假设也是一个声称在两个或多个变量中间存在某种特殊**关系**的宣示句。变量是被观察的现象，如负面竞选广告或选票。例如，政治学家有可能提出如下的研究假设："利用负面竞选广告的候选人更有可能赢得选举。"这个假设声称在下述两个变量间存在一种特殊的关系：(1) 负面竞选广告；(2) 选举中的选票。假设有可能是、也可能不是真的，但它充当了起点，给探究以指导。

因变量是受其他变量影响的现象。在上述例子中，选民的选票是因变量。自变量是可能对因变量产生某些影响的现象。因此，我们的例子中的负面竞选广告是自变量。

前变量是作用于或相关于自变量的现象。在我们的例子"利用负面竞选广告的候选人更有可能赢得选举"中，前变量可以是影响竞选广告的负面程度的因素，比如显示选民对以前广告反应的民意调查结果，或者是竞选操盘手有关负面竞选的哲学。制造负面竞选广告的候选人承担着走得过远的风险，这样会给他们试图抹黑的人赢得同情分。

干扰变量是在直接影响因变量的自变量以外的那些变量。在我们的例子中，由于
82 在竞选过程中印刷或播放广告的时间与选举日之间通常有一段数天或数周的间隔，对方候选人对广告的回应可能是一个干扰变量。另一个干扰变量也许是一个有影响力的人对某个特定候选人的认可。

我们例示的假设以代表变量间关系的图表表示如下：

找出因变量、自变量、前变量和干扰变量，有助于研究者仔细地界定他们所考察的关系。构建起这种假设，以发现自变量和因变量之间存在怎样的关系（如果有的话）。假设也陈述了这两个变量间的关系。变量间的关系被称为相关性。变量间的相关性有多种。正向相关是一个变量增加另一个变量也增加的关系。例如，如果高于平

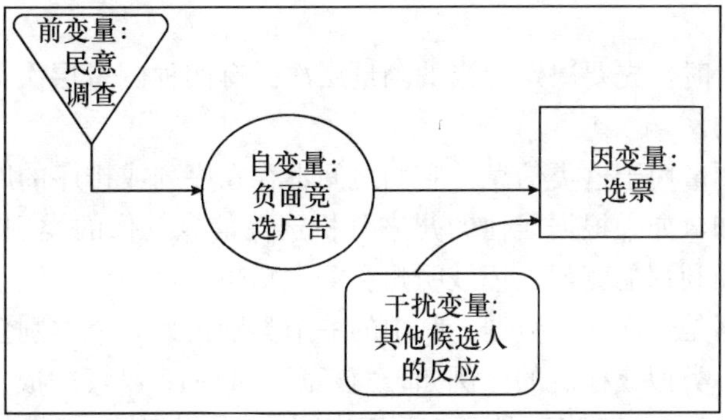

均身高的候选人比低于平均身高的候选人更容易被选上，那么，在候选人的身高与当选之间就可看到一种正向相关的关系。反向相关是一个变量增加另一个变量减少的关系。如果选民到投票站投票在下雨天要少一些，那么下雨与投票相互之间就存在一种反向相关的关系。在对数相关性中，一个变量将比另一个变量以不同的速率增加或减少，以至于最终当一个变量增加时，另一个变量不再增加，或者事实上不再增加。比如，假设对州立法会候选人的研究发现，到四年大学（总共 16 年受教育或取得学士学位）为止，候选人受的教育越高，就越有可能被选上；但是，拥有更高学位的候选 83
人不再比只拥有学士学位的候选人更容易被选上。

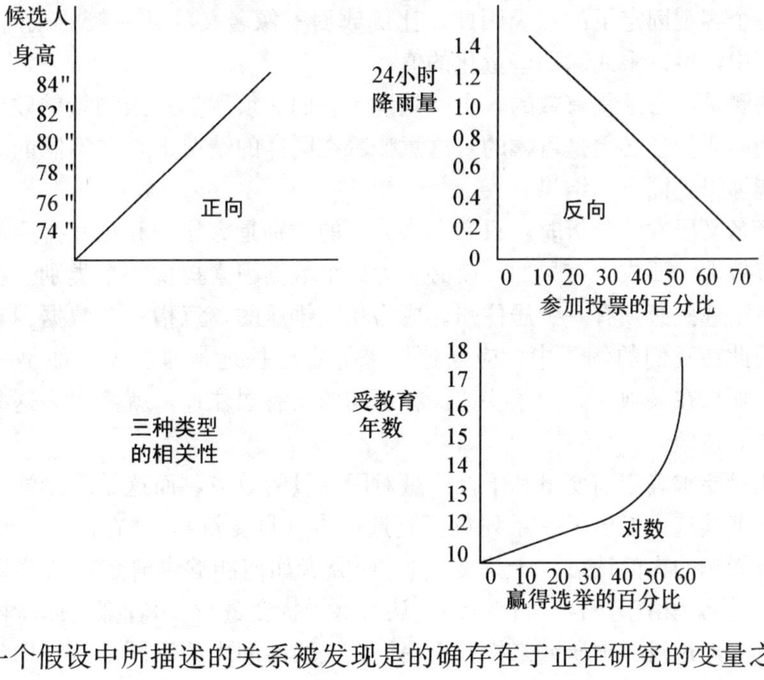

如果一个假设中所描述的关系被发现是的确存在于正在研究的变量之间的，那么，就可以说这个假设是“真的”。构建假设只是出于检验它们是不是真的这个唯一的目的。假设是被用来提出理论的，这些理论有助于解释某些条件如何导致某些行为或结果。

检验一个假设，要求研究者在观察到自变量的变化时，**测量**因变量变化的量。这就要求在自变量和因变量随着时间或在不同的情形下变化时，对两者作出精确的测量。

开始测量时，先要决定恰当的测量层次。有四种测量层次：名义的、一般的、间隔的和比例的。

名义的测量用于这类信息：它们之间不存在序列或排序的顺序关系，它们只是不同而已。例如，如果根据居住的州来分析选民信息，你的类别有可能是：华盛顿州、俄勒冈州、加利福尼亚州、怀俄明州和蒙大拿州。

一般数据是这样一些数据，其中的一个类别比另一个类别多或少，但类别间的差别不是精确、类似或稳定的。例如，“孩童”（1～18 岁）、“成人”（19～65 岁）以及“资深公民”（66～100 岁）是可应用于表明年龄增加的年纪组的类别，但界定每个类别的年岁数不是一样的。

间隔数据具有人为设定的零点，比如年历上的年数、温度或者政治谱线上的“自由派”和“保守派”的标签。

比例数据是这样的数据，其中的零点实际上代表某种正被研究的现象十分缺乏。如果一个人正比较两名候选人得到的选票数，则零点选票构成了比较的基线，我们可
84 以准确地说，某个特定的候选人取得的选票相当于另一个候选人所得选票的两倍或三倍，因为我们使用了比例数据。如果我们使用间隔数据，如意识形态的谱线，那我们就不能说一位候选人的保守相当于另一位候选人的两倍，因为在我们的意识形态谱线中，没有一个客观固定了的点。因此，比例数据不像名义的、一般的或间隔的数据，在比例数据中，可以乘或除那些量化的值。

准确的测量，必须是**有效的**，也就是说，它们必须测量意图测量的效果，而不是其他。准确的测量还必须是**可靠的**，这意味着在同样的情况下，在不同的时间点进行测量时，能够得到同样的结果。

在进行名义层次的分析时，只有在供分析的类别是穷尽的和相互排斥的时候，才可能取得有效性。要成为穷尽的，就必须为每个数据因素提供一个类别。在我们的例子中，每一个选民必须有一个居住州。成为相互排斥的，意指一个数据因素只能有一个类别，因此在我们的例子中，应当这样来界定居住地，即选民只能是一个州的居民。所以，如果在某项研究中某些选民在不同的州有居住地，就需要为这些选民选定一个首要的居住地。

准确测量要求确定前变量和干扰变量对因变量的效应，而这是政治学最困难的领域。如果一名候选人发出了一系列负面竞选广告（自变量），并在同一周里他或她得到了一位有影响的人的认可（干扰变量），研究者如何能够讲清楚在这些事件之后民意调查的上升乃是由于广告（自变量）？认可（干扰变量）？两者都有或者两者都不影响？如果恰当地进行一项研究来检验选民们在一段时间内的不同反应，那就能够测量这样的变量。

有效性分为若干种。表面有效性事关一种测量是不是显得合理。对一个工具如果看起来有合理的理由怀疑它，那它就缺少表面有效性。内容有效性涉及测量的包容性。一项测量如果其具体课题的所有相关方面都涵盖于其中，那它就具有内容有效性。当在一个概念的测量与另一个概念的测量之间表现出相关性时，就获得了建构有

效性。例如，假如对功效（指一个人的行动实际产生有意义的结果）的测量与对选民参选数的测量之间显示出重要的相关性，那么，功效与选民参选数之间的比较就有了建构有效性。

有效测量的第二个主要关注点是可靠性，它涉及当测量重复进行时是否会得出同样的结果。比如，假如没有什么事情使得人们改变想法的话，对全民医疗福利观点的调查应当对同一群人在雨天和在晴天、在本周和在下周得出同样的结果。

有几个原因使得政治学研究的可靠性难以确定。许多问题也许会出现，使得所收集的数据不准确。人们在回答问题时也许给出的是错误的或误导的答案，因为他们暗 85
地里愤恨所提的问题，因为他们希望掩盖他们的无知，或者因为他们误解了所提的问题。从事调查的人们也许是粗心大意，或者只是为了完成任务而填上了错误的答案。数据录入为错误的发生提供了另一个机会。当人们把数据转入电脑时，也有可能发生错误。

假设有助于我们选择一个问题的具体方面，并且一次探讨一个方面。过于模糊和一般的假设通常难以检验。在之前的例子中，我们提出过下面的假设："利用负面竞选广告的候选人更可能赢得选举。"这个假设是如此模糊，以至于对它难以检验。例如，"负面广告"意指什么？需要提出比较具体的假设，比如："在广告中包含了指出对手的缺点多于其优点的候选人，要比广告中包含了指出自己的优点多于缺点的候选人更可能赢得选举。"而且，即便所抽样调查的所有选举都是肯定假设的，我们也只能得到负面竞选与选票之间的相关性，而不是因果关系。因此，范例假设"利用负面竞选广告的候选人更可能赢得选举"是一种关系假设，而不是因果假设。关系假设显示两个现象是否以一种特定的方式相互关联，而不表示其中的一个现象导致了另一个现象。

提出一个好的假设是一件非常困难的事情。好的假设是：

- 似真的：它们显得是合理的；
- 具体的：它们是由明确界定的语词准确陈述的；
- 可概括的：它们可以应用于其他情况；
- 经验的：它们是非规范的；
- 可检验的：它们可以被经验地检验，以确定其是否为真。

正如前面提到的，因果假设在政治学中很难得到检验。表明负面竞选广告与候选人得到的选票相关联（正相关）是一回事，要证明这些广告导致了得到的选票（因果性）则是更加困难的一回事。政治学家与各类科学家处理证明因果关系这样难度较大的问题的一种方式是解消假设。解消假设是仅用来否定它的假设。解消假设让研究者做出一个具有更大确定性的陈述。例如，如果想要试图证明负面竞选广告与选民选票的增加相关联，就设置一个解消假设："负面竞选广告与选民选票的增加不相关。"如果能够发现一种随着负面竞选广告的增加选民选票也增加的情况，那我们就否定了那个解消假设。我们将不会直接证明选民选票总是随着负面竞选广告的增加而增加，但将通过表明负面竞选广告可能与选民选票的增加相关联而走出第一步。因此，科学通过成功地否定特定的解消假设而进行下去。

86 在检验政治学中的假设时，经常会出现几种困难。有时候，无法获得足够充分的数据。必要的纪录有可能前后不一致或不准确，也许它们是按照不同的系统或类别来收集的。另一个问题是变量的多样性和歧义。例如，如果试图找出是什么影响了总统作出的决定，那我们可能需要尝试挑出咨询师、公众舆论、参议员的态度、最高法院的意见或外国的行动等各种相互竞争的影响力。

对政治的科学研究面对的第三个问题与知识本身的性质有关。检验假设这个科学方法的基本路径是归纳的过程，因而也存有归纳法的普遍问题。在《科学发现的逻辑》（1934）中，卡尔·波普尔指出，显示某类现象的一些例子以某种方式表现出来，并不能表明其他例子也会如此。比如，即使所有已知的政治候选人为了获得此职位都花了钱，在未来仍然可能有一个候选人在不花钱的情况下赢得选举。即使所有已知的国家领导人都是有效的演说家，仍然有可能在未来产生一位根本不会说话的国家领导人。

而且，按照波普尔的说法，科学的观察总是有选择性的。在实际的观察发生之前，我们必须选择观察什么，以及我们的观察将由以发生的环境，因此，假设描述的不是实在，而只是实在的特定情境。

下一步是提出研究的问题。研究问题帮助分析师清楚地界定他或她究竟想知道什么。因此，研究问题让分析师聚焦于他们的文献评论。例如，一个研究问题可能会问："注册的选民们对最高法院关于堕胎的判决的知识了解多少?"研究问题应当限定在一个狭隘界定的题目上。研究者一旦提出了一个研究问题，陈述了一个假设，并且以文献评论来支持探究，他或她就准备好了要从事该项研究。政治学家会使用种类广泛的研究方法，主要根据它们对正在研究的题目的有用性来选择。本章将介绍最常见的一些方法。

4.3 内容分析

内容分析是分析书面文献的一种方法，研究者通过计量和归类数据内的某些变量而将非量化的数据转化成量化的数据。内容分析寻找文本中的某些类型的语词或参照物，将其归类或计量。例如，对总统演讲的某项内容分析有可能是计算某位或几位总统提到公民权利、经济、对外政策议题或他们的母亲的次数。因此，这一分析可用作所选议题或问题的相对重要性的一个衡量指标。其他的内容分析可以确认新闻媒体是否存有意识形态的偏见，或已经发表的报告是否显示出一种被种族或宗教议题主导的倾向。

87 "事件数据"的内容分析聚焦于某个特定事件或一段时间内的一系列事件。一些内容分析考察了某个国家的重要战事，并试图找出在战争情况下非常普遍的那些因素。像《世界政治与社会指标手册》这样的事件数据汇编，提供了世界上大多数国家重要政治事件（选举、政变、战争）的清单。这些清单有助于对一个国家与另一个国家的一些选定类型的事件进行比较。新闻报道、统计数字、电视和电台媒体报道、个人记录、报纸和杂志，为内容分析提供了取之不竭的数据矿藏。政府文献是政治学家非常丰饶的资料源。不同类型的政府文献包括总统文件，联邦法规典籍，国会记录，联邦、州和地方选举结果，历史记录，法庭判决和司法记录等。

亚利桑那州立大学的政治学家金·卡恩（Kim Fridkin Kahn）在她对两性和州范围的选举研究中，运用了内容分析：

> 对男性与女性候选人之间进行的 26 次联邦参议员竞选和 21 次地方长官的竞选作了内容分析，以评估媒体是否在其全州范围的报道中对男性与女性候选人作了区别对待…… 对于从 9 月 1 日到投票日的每一天的新闻报道进行了内容分析。报纸中任何提到某位候选人的内容都得到了分析，包括新闻报道、专栏文章、社论和“新闻分析”文章……我分析了对于候选人的成功有意义的新闻特征，（比如感知到的）一位候选人的生存力……第二，通过预期的男性与女性候选人之间的差异来评估内容。内容分析也揭示了报道（州长官和参议员的竞选中）男性与女性候选人的议题时的内容差异。女性通常得到的议题报道比其男性竞争者要少，而且在某些例子中，这些差异是相当大的。(1994，167-169)

4.4　实验

实验是物理学获得知识的基本方法。作为一种研究方法，它有一个重要的优点：实验使得研究者得以控制变量，让科学家更容易决定自变量对因变量的效应。在社会科学中，实验比在物理学中更难以进行，因为其研究对象是人，变量的数目通常相当大。然而，尽管有这些困难，政治学家现在仍然比过去成功地进行了更多的实验。

社会科学中的实验是根据几个不同的基本设计来设置的。第一个设计是简单的检验后的测验。例如，一场关于政治意识形态的讲演之后可以接着对参加者进行有关意识形态知识的检测。检验—再检验的方法是更准确的。例如，关于一场讲演对观众的 88
态度产生的影响可以这样来检验，即让观众成员先填写一张问卷表，之后听演讲，然后再填写一张问卷表。这样，研究者可以检测前一个问卷与后一个问卷间的观点差异。如果不做前期检测，研究者就不能掌握检测前的知识水平或应答者的态度。因此，对该讲演的效果就不太有把握。

该实验的另一种形式是对同一个概念进行两种不同的检测。例如，如果研究事关自由派和保守派的态度，分析师可以在一张问卷表上检测在国防开支上的态度，然后在另一张问卷表上检测对堕胎的态度。这种分开半张纸的方式类似于检测的不同形式，只是对该概念的两种检测（比如同一张问卷表上关于国防的问题和堕胎的问题）是同时进行的。

金·卡恩在研究州范围内竞选中的性别成见的效应时，运用了实验方法：

> 在新闻报道中两性间的差别和候选人的性别影响了人们对于地方长官和参议员候选人的感受吗？为了调查这个问题，我进行了一系列的实验，其中我控制了

一个候选人所受到的新闻报道的类型和该候选人的性别。这些实验的结果表明，人们对男性与女性候选人的感觉受到新闻报道的类型和人们的性别成见的影响。

这项研究表明，妇女在某些竞选环境中独享优势，而在其他一些环境中则处于劣势……例如，在1992年的参议员竞选中，冷战的结束使得对外政策议题不那么关键，而同时进行的总统竞选使得像医疗改革这样的议题变得更加突出。类似地，国会丑闻（比如白宫银行丑闻）使得像诚实和可信任这样的品质特别重要。因此，1992年的竞选把妇女的强项（“女性”议题和“女性”特质）置于首要地位，从而为美国参议员的女性候选人创造了一个最佳选举格局。鉴于人们的性别成见和新闻报道的类型使得某些竞选环境对于女性候选人特别可取，女性在寻求州一级的职位时应当考虑当时的政治环境。(1994，162)

正如我们已经提到的，许多问题通常与实验的设计相关联。更具体地说，它们包括：

1. **变量的控制**：能够控制环境以排除其他因素吗？
2. **时间通路**：人们疲劳了，或者由于其他一些原因而采取了不同的态度。
3. **变动检测行为**：作问卷调查的人有可能以不同的方式记录回应。
4. **统计的衰退**：一个处于检测成绩高端的某人也许只是暂时地取得了高分。
5. **实验的存活率**：实验对象消失了。

89 6. **工具的衰退**：第二次使用工具时也许不够小心。

7. **选择误差**：控制组与实验组也许不是同一的。

为了解决这些问题，研究人员提出了许多复杂的方法。例如，多群体设计针对同一个因变量检测多个自变量。多因素设计可以检测几个自变量在不同组合中的效应。例如，简单的“2×2”多因素设计可以检测一个候选人在进行竞选时能从两个不同的行动中得出的四种可能性：(1) 散发小册子；(2) 给选定的政党积极分子邮寄个人信件。下面的图表例示了四种可能性：

	寄个人信件	不寄个人信件
寄小册子	(1) 寄小册子和信件	(2) 寄小册子但不寄信件
不寄小册子	(3) 寄信件但不寄小册子	(4) 小册子和信件都不寄

多因素设计有时被设置来用作田野实验的一部分，田野实验是在自然条件下进行的（在本例中是一场实际发生的政治竞选）。对于研究中的每一个对象，研究者必须能够确定：(1) 谁在行动，作为接受来自候选人的信息之结果（比如投票、捐款或为帮助竞选而做义工）；(2) 选民们接受了关于小册子和信件的四种组合中的哪一种。

金·卡恩在有关前面提到的州范围内竞选中的性别成见的效应的研究中，运用了2×4的多因素设计，产生了8个分析类别：

为了调查新闻报道中两性间的差别和候选人的性别对于人们评估州一级候选人的影响，我进行了一系列的实验……我采用了2×4的多因素设计，受控的变

> 量是候选人的性别（男性或女性），以及新闻报道的类型（对任现职的男性的报道、对任现职的女性的报道、对男性挑战者的报道、对女性挑战者的报道）……两个地方社区的居民参与了这些实验，每个实验时段接近一个小时。义工来到一个重要大学的研究场所参加该项研究，他们被随机分配到一种实验条件中。在每种实验条件中，参与者阅读一张包含了有关州范围内候选人的文章和另外两篇政治文章。在阅读完了整页报纸后，参与者填写一张问卷表。（1994，14-175）

这里再次强调，政治学研究中采用了数十种不同的实验设计，运用了不同的策略组合。在评阅了 2 000 余份政治学出版物后，巴特尔斯（Larry M. Bartels）和布雷迪 90
（Henry E. Brady）在其著作《量化政治方法论现状》中得出了下述有关实验的结论："在过去十年里，政治学家发现了从事实验工作的许多新的、激动人心的方法。样本更加具有代表性，处理方式更加现实，极大地提升了实验工作的外部有效性"（1993，122）。

巴特尔斯和布雷迪概述了许多此类进展，包括莱文（Michael Levine）和普罗特（Charles Plott）进行的实验（1977，1978），他们在实验中表明，委员会的工作和决定有可能被操控的日程改变。巴特尔斯和布雷迪引用的另一项研究是约翰斯顿（Richard Johnston）的工作，它表明在加拿大的选举中，当特定候选人的名字加于一项自由贸易协定的标题上时，选民们对该项协定的感觉是如何改变的。当选民们被问及有关"摩罗尼（总理）的自由贸易协定"的问题时，他们的回答比被问及有关"自由贸易协定"的问题要么更肯定，要么更否定，这取决于摩罗尼在当时的受欢迎程度。在另一项实验中，弗罗利克（Frolich）和奥本海默（Oppenheimer）显示，在学生们自己决定他们的社团运作规则的情况下，由于参与了制定规则的过程，对于该规则的接受度便强化了（Bartels and Braday，1993，123）。

4.5 非实验性设计

政治学家运用了类型广泛的非实验性设计。例如，横断面设计取样人口的一个横断面。假设你要确定牧师主张政治参与的布道活动是否实际地导致人们更多地参与投票。比较听布道和没有听布道的人们的投票记录，是作此研究的一种方式。其中的主要问题之一可能是如何隔离其他变量。例如，此前听过布道的人比没有听过的人更频繁地参与投票了吗？

跟踪研究是在时间进程中的横断面设计，它对同样的变量、同样的单元在不同的时间点上进行测量。跟踪研究类似于实验，只是研究者让诸变量自行发生而不予干预。例如，在一项实验设计中，一群选民可以接受研究者选定的一套特定的布道活动。但是，在跟踪研究中，研究者会汇集两套选民投票记录的数据，然后等待一组接受布道而另一组不接受，最后再检测两组的投票记录。

时间序列设计对一个变量在一段时间内进行多次测量。它可以运用于实验性的和非实验性的设计中。在对布道影响选举类型的效应的时间序列设计中，可以作出实验性的设计，其中检测的是四年时间内两组人的选举方式。控制组将不接受布道，而实验组则以选定的时间间隔接受布道。

4.6 访谈

91 访谈也经常被用于研究，其中重要的是对所进行的观察取得某种深度认识，或者让应答者表达访谈人未曾预期的观点。**精英访谈**选择某种类型的个人进行访谈，如选择劳工领袖、国会议员或蓝眼睛的人。精英可以是专门为了研究目的而选出的任何群体的人。例如，若要从事一项关于有限的监狱空间对定罪之人的服刑时间长度的影响的研究，我们也许要获取州法院法官的观点。任何类型的访谈都要求相当的技巧和准备。比如，精英访谈经常要求提出一些标准化的问题，但提问时的方式听起来不像是一套标准化的问题。这是因为人们往往预期会被当作个人来对待，有时候在被问及标准化的问题时会心生怨恨。

4.7 案例研究

案例研究是对具体情况的深度考察，其实施基于对它们所揭示的相关问题的洞见，以及通常对政治事务的影响。安德卢斯·帕克（Andrus Park）在有关苏联解体后围绕爱沙尼亚独立的政治发展中族群问题的作用的案例研究中，对他所选择的事件作了一个解释。他指出了一些政治倾向，对与这些倾向相关联的经济社会和其他因素提供了一种解释，并从他的发现中得出了一些结论。1989 年（其独立过程开始的时候），爱沙尼亚的人口构成大约为 62%爱沙尼亚人、30%俄罗斯人以及 8%其他族群，包括乌克兰人、白俄罗斯人和芬兰人。但在独立之前，俄罗斯人享有了诸多优势，这些优势在爱沙尼亚多数人统治的新制度中不会再受尊重。帕克的案例研究包括下述评论：

> 在本文中，我论述了 1991—1993 年间爱沙尼亚的族群进展有下述特征：（至少是表面上）存在一种族群冲突程度下降的倾向；族群冲突的许多公开迹象在 1991—1993 年比 1988—1989 年表现得更不活跃……1991—1993 年间，在爱沙尼亚公民权和少数民族政策方面，国际压力有两个主要的方向：西方国家的政府和主要的国际组织大多比较友好，而俄罗斯则持激烈批评的态度。西方媒体和人权组织也对爱沙尼亚的一些政策表示不认可；与许多其他后共产主义的国家（摩尔多瓦、南斯拉夫、跨高加索国家，甚至捷克斯洛伐克）相比，爱沙尼亚在 1991—1993 年间的少数民族和公民权政策显得相当成功：可见的族群冲突的倾向减少
> 92 了……避免了基于族群的暴力或族群分离主义。一般来说，爱沙尼亚的整合进欧洲和其他国际组织是成功的。(1994，69-87)

案例研究在近年来越来越引起人们的重视。它是灵活的，因为可以运用于某种特定的现象或某些现象组合的特定例子。即使难以从案例研究的结果有把握地直接形成概括，但它们为检验从理论产生的假说提供了机会。

案例研究是绝好的教育工具。法律专业的学生通过阅读法庭存档的许多实际案例中的判决和证词来获得其司法先例的知识。商学院是发展行政案例研究的先驱者，以帮助学生们理解实际的管理情况。公共行政专业课程采纳案例研究方法作为基本的教学工具，虽然要比商学院或法学院在频率上低一些，但案例研究也成了许多公共行政课程的普遍选择。

4.8　直接观察

一些其他技术也被用于数据收集。对政治现象的**直接观察**是通过训练有素的观察者仔细记录所选定的行为来实现的。可以构建观察，也就是关注一系列确定的现象，如政治接触的次数，演讲中的政治暗示，或者诉诸某些选民群体。观察也可以是非构建的，在此情况下，观察试图关注某种情境下可能有意义的每一个行为。在任一种情况下，为社会科学研究目的的成功观察总是遵循明确的指针和标准程序。

虽然政治学家也许在未来会更多地运用直接观察，因为它为产生有可能导向新发现的创造性思维提供了许多机会，但迄今为止分析师们出于一些原因并不情愿广泛地运用它。一方面，观察数据多是定性的，因而在性质上是主观的。虽然许多数据是可以量化的，但定性的考量也是难以避免的。另一方面，对政治事件的观察可能是困难的，耗费时间和成本，像一场选举这样的整个事件也许要求有几个观察者，而这些人的活动还必须是高度协调和规范的。

4.9　聚焦群体

聚焦群体的方法在下述方面类似于直接观察的技术，即它们产生定性数据，并且在对所研究的对象知之甚少时经常被采用。虽然实质性的研究存在于政治学的许多论题中，但是，有关能从哪些背景知识中着手进行研究，仍然存在一些我们所知不多的 93
领域。聚焦群体便是在一个新领域开始研究的一种绝妙方法，因为这些群体为在鼓励创新思维的背景下仔细思考一个论题提供了机会。

在一个聚焦群体中，一名协调人引导几个仔细选出的讨论相关论题的参与人。假设有一个新宗教团体，其信仰是与众不同的，他们搬进了某个社区，研究者想知道这些新来者如何影响当地的政治气候。一个聚焦群体可以帮助研究者更仔细地界定论题集的领域以及围绕社区的这些新人展开深入研究的方法。为了引导聚焦群体，协调人应当准备好关于他希望达到的目的和目标的明确观念，以及讨论议题或问题的列表，这些问题构成了讨论的一般指导方针，而不是严格的议题。协调人应该通过帮助该群体不偏离轨道来引导他们，但他在那里更多的是为了促进讨论，而不是规定其方向。协调人持续地帮助该群体的参与者澄清所讨论的议题，并且总结他们所作观察的意义。协调人的助理应当做详细记录。

与问卷调查相比，聚焦群体的主要优点体现在，调查只收集对于所问具体问题的答案，而聚焦群体则有机会首先确定正在讨论的是正确的问题。

第二篇

政治学体例指南

第五章

作为交流方式的写作

5.1 边写边学

写作是整理自身体验的一种方式。试想一下，无论写什么 94
(也许是美国政府课的课程论文，一个小故事，一首打油诗或者一张购物清单)，你都是在以新的方式把你世界中的片断组合起来，并让你重新意识到这些片断。这也正是写作为何如此困难的原因之一。你的头脑每天都在不断处理大量杂乱无章的数据并把之锁定在记忆里，只能从中选择对目前写作任务有意义的某些项目，把它们与其他的项目相关联，并重新连贯地表达出来。你是在描绘你迄今未知疆域的世界的局部地图，同时对与周围世界互动的过程也获得了更多的控制力。

这就是为何写作这一活动绝非无足轻重的原因。无论其结果如何，它总是一种交流——不是与他人交流，就是与自己交流。这是一种与你的世界建立新联系的途径。

因此，写作也是最好的学习方法之一。这一说法乍听起来可能有点怪。如果你还是个初学者，你可能会怀有这样的成见：写作的唯一目的就是表达你已经知道或想到的东西。从这一观点看，从你的笔尖碰触到纸的那一刻起，你作为作者的学习体验就已经开始了；而你的任务就是告知读者甚至是让读者感到惊喜。

然而，如果已经可以熟练地写作，你就会知道，在写作的任何时候，都可能会让自己感到惊喜。而这种惊喜正是你所追求的：当你往一个公认的旧观点里融入一些新事实，或者从不同的角度碰撞出了宝贵的新观念时，如果你能看到你头脑中发生的事情，一定会震惊不已。写作的整合功能会给作者带来全新的理解。福斯特（E. M. Forster）提出了一个著名的问题："除非我看到我所说的，我怎么知道我在想什么呢？"我们可能都会提出这个问题。写作时能促使我们通过细微的惊奇发现而进入更广阔、更有趣的领域，从而赋予我们以意义。

写作的反讽

95 好的作品，特别是关于政治学的好作品有助于读者认识到人类经验中的反讽和悖论。其中一个悖论就是，好的作品能同时表达作者独有的和作者能与每一个人共享的经验。很多非常著名的政治声明就同时具有卓越性和通俗性的双重特征。例如，我们读一下富兰克林·罗斯福总统在 1933 年 3 月 4 日第一次就职演说的下述节选，然后回答这个问题：罗斯福的演说之所以出名，是因为其卓越的表现力，还是因为它触及了每个人最根本的东西呢？

> 现在的确是到了坦白并果敢地讲实话、讲全部实话的时候了。我们无须回避，而应老实地面对国家当前的状况。这个伟大的国家过去经受住了并将继续接受考验，她将复兴，她将繁荣。
>
> 因此，首先请允许我申明自己的坚定信念：唯一值得我们恐惧的只是恐惧本身——那种会使我们无力从衰退转向增长的莫名的、不理智的、毫无理由的恐惧。
>
> 在我们国民生计的每一个黑暗时刻，率直坦诚而坚强有力的领导人都得到了人民的谅解和支持，这对于胜利的取得至关重要。我坚信，在这一关键时刻，你们必定会再次支持领导者。
>
> 我和你们都要以这样一种精神来面对共同的困难。感谢上帝，它们都仅是物质方面的困难。价值异常贬缩；赋税却在增加；我们的支付能力降低；各级政府的收入都严重缩减；交换手段因贸易停滞而冰封，工业企业如枯叶凋落满地；农业产品找不到市场；千万家庭的多年积蓄付诸东流。
>
> 更重要的是，大批失业公民面临严峻的生存问题，艰苦劳动却收入甚微者也不在少数。只有愚蠢的乐天派才能否认当前的黯淡现实。
>
> 但是，我们的困难并不是真正意义上的失败。我们不是遭受了上帝所降蝗灾的惩罚。因笃信上帝而无所畏惧，我们的祖先克难克险无数，相比他们的遭遇，我们更应该感恩。大自然施惠不减，人的努力更使其收益倍增。富足的生活近在咫尺，但是现实的情况却使慷慨消费的愿望变得衰弱……
>
> 我们能够恢复的程度，取决于我们对比金钱利润更高贵的社会价值的运用情况。
>
> 幸福并不仅仅建立在拥有金钱上，它还取决于有所成就带来的欢乐和创造性工作激发出的快感。

我们不能在对易逝的利益的疯狂追求中忘却了工作带来的欢欣与道德鼓舞。如果这些黯淡的日子教会了我们什么是真正的天命，那就是我们值得付出的代价：不是听天由命，而是让命运为我们自己和我们的同胞服务（Roosevelt 1963，240）。

写作有助于我们学习和掌控所学的东西，这也是你的政治学导师将要求你大量写作的主要原因之一。要了解政治学者复杂而多样的世界，被动地接收事实是不够的。96
你必须了解治理的过程，抓住社会议题，以及你自己对它们的态度。当你在课堂上写关于美国政府和公共政策问题文章的时候，你就正在像政治学者所做的那样，进入了他们的世界——对照事实来检验理论，对照信念而检验事实。

写作是参与政治生活的方法。事实上，政治中发生的每件事情几乎都首先在文字上反映出来。文件被反复锤炼，直到其内容足以打动公众。伟大的演说都是在演讲前事先写好的。写成的文字促成了解放奴隶、结束战争、塑造国家的价值观。通常情况下，为我们自己和我们的思想争取认可，较少取决于我们说什么，较多地取决于我们怎样说它，在政治和其他领域都是如此。准确而雄辩的写作对于政治学家绝对是至关重要的。

练习　通过写作来学习

验证写作是一种强有力的学习工具这个观念，方法之一是重写一门你近期的课程笔记。具体是什么课程无所谓，历史、化学、广告学都可以。如果可以的话，选择一门难一点的课程，那种让你感觉对它的资料不是很确定、并为此做了大量笔记的课程。

你在重写的时候，要补充进那些你由于课堂时间紧迫来不及加进去的过渡元素（比如这样的一些连接词：为了、因为、和、但是、然而），并把你自己关于这门课程的观点的例子或说明加进去。

这次尝试将迫使你给自己的思维过程提供必要的连贯性。看看你对课程资料新增的理解是否足以补偿重写笔记所花的时间。

挑战自我

我们别无选择：写作就是艰苦的斗争。你是否认为只有你才这样想呢？振作点！对谁来说写作都是很困难的，大作家也不例外。给世界带来秩序从来都不是轻而易举的事。1978年诺贝尔文学奖得主辛格（Isaac Bashevis Singer）曾经写道："我相信生活中所有的奇迹，除了写作。经验告诉我，写作中没有奇迹。只有努力工作才能写出好的作品"（引自 Lunsford and Connors 1992，2）。

约翰·肯尼迪就职演说中的词句就是努力工作的明证。其中每个词都是精心选择过的，以便在听众头脑中留下深刻的印象。你在阅读下面肯尼迪演说的节选时，会有什么感觉？历史学家倾向于认为，当一个总统的语言比他的作为更长久地留在人们心中时，他才是"伟大的"。你认为这适用于肯尼迪吗？

> 我们今天庆祝的不是一次政党的胜利，而是一次自由的庆典；它象征着
> 97 结束，也象征着开始；意味着更新，也意味着变革。因为我已在你们和全能的上帝面前，作了跟我们的祖先将近175年前拟订的相同的庄严宣誓。
>
> 现今世界已经很不同了。因为人在自己凡俗的手中握有足以消除一切形式的人间贫困和消灭一切形式的人类生命的力量。可是我们祖先为之奋斗不息的革命信念，在世界各地仍处于争论之中。那种信念就是人的权利并非来自政府的慷慨施予，而是上帝所赐。
>
> 我们至今不敢忘记我们是第一次革命的继承人。让我从此时此地开始告诉我们的朋友，也告诉我们的敌人，这支火炬已传交新一代的美国人，他们出生在20世纪，经历过战争的锻炼，受过严酷而艰苦的和平的熏陶，为我们的传统自豪，而且不愿目睹或容许人权逐步被褫夺。对于这些人权，我国一向坚贞不移，当前在国内和全世界，我们也大力维护。
>
> 在悠久的世界历史中，只有很少几个世代的人负有这种在自由遭遇最大危机时保卫自由的任务。我绝不在这种责任之前退缩——我欢迎它！我不相信我们中间会有人愿意跟任何其他人民及其他世代交换地位。我们在这场努力中奉献出的精力、信念与虔诚将照亮我们的国家以及所有为国家服务的人，而这一火焰的光辉必能照亮全世界。
>
> 因此，同胞们：不要问你们的国家能为你们做些什么，而要问你们能为国家做些什么。
>
> 全世界的公民们：不要问美国将为你们做些什么，而应问我们在一起能为人类自由做些什么。(Kennedy 1963，688-689)

写作之所以困难的原因之一在于，写作实际上不是一项单独的活动，而是一系列可能重叠的活动，有时候当你尽力理清思路、推敲措辞时，却又不得不同时做两件或两件以上的事（我们将在本章的后面部分讨论这些活动）。对每个人而言，写作过程都是拉拉杂杂的，寻求写作的意义和如何准确表述这种意义的过程常常令人沮丧不已。

研究的过程有时的确让人沮丧，但绝不是徒劳无果的。记住这一点：写作过程是运用我们所掌握的技能的过程。换句话说，写作能力不是上帝赐予极少数幸运儿的神奇技能。或许很少有人能达到像辛格和肯尼迪那样的熟练境界，但是我们都能清楚地表述思想并很好地谋篇布局。要学会这种技能必须多加练习。

肯定能提高你写作能力的方法就是不断地写。

在写作中最难也是最重要的是保持对写作计划的激情。这种激情的保持有时是很难的：除了写作过程本身会有很大困难外，如果写作计划乍看起来就索然无味，那就更难保持激情了。比如说，你从来没有想过竞选资金问题，也从来没有想过写了有什么用，又不得不去写一篇关于1998年国会选举的竞选资金分析报告，这样怎么能保持激情呢?

对初学写作的学生来说，最糟糕的错误之一就是不能一贯地对他们所写的东西保持兴趣。也就是说，如果你想写出一篇素材有力、观点新颖且值得骄傲的论文，不管

起初看起来对那个题目产生兴趣有多难，你都必须这么去做。有一件事是肯定的：如果你对自己的作品感到厌倦，你的读者肯定也会如此。你如何才能保持兴趣和精力都很充沛呢？ 98

挑战你自己。不要把论文当作任务，而是当作确有想阐述的观点那样去写。写作的真正理由应该是想让观点因有说服力而被接受，而不是因为老师布置给你这个任务。如果有人问你为什么要写这篇论文，你却不假思索地回答道："因为给我安排的是这个任务"，或者"因为我想得一个好成绩"，或者其他类似的无意义回答的话，你的论文写作可能就遇到麻烦了。

反过来说，如果你第一个念头是表明你想挑战的主要观点——"我想表明竞选资金改革会给所有美国纳税人带来怎样的好处"，那么，你的思考对于你的论题就是有用的。

保持自信

自信你有能力写好某个论题，对于良好的写作很重要。不过这并不意味着你总是知道某一次写作的结果会怎样。事实上，在权衡事实、检验假设和尝试组织写作策略和措辞时，你需要培养自己的能力，以包容写作过程的高度不确定性。你得随时准备好面对暂时的混乱和貌似死胡同的情况，记住这是每个作者都会面对的障碍。只要努力把论据同论据相结合，用论证去支撑猜想，思路就能理清。

不要因你所研究的领域已经有了他人大量的卓越研究成果而被吓倒。你面前这些涵盖了大量观点和论据的文献很可能是杂乱无章的。但是要记住，没有哪个重要的论题是被研究穷尽了的。这些研究中总有一些空白——在已经发表的研究成果或当前流行的主要观点中都还有未完全研究妥当的问题。你可以在这些研究空白中建立你的权威和你自己的主控意识。

要记住，写作过程的各个阶段是互相强化的。坚定的动机会强化你关于课题的信心，这信心又会影响到你布局和写作的圆满程度。如果你开篇很好，有好的写作习惯，并有充裕的时间把写作的若干活动结合起来，那么，写出的论文就能反映出你最好的成果，而读者也会从中发现其可读性和实用性。

5.2　写作步骤

写作步骤的性质

一旦进入写作步骤，你就得同时做很多事。毫无疑问，在计划阶段，你考虑论文目的的同时，也是在界定读者群。打草稿时，修改刚写下的句子时，你也许还得组织 99
下一句话。写作步骤的不同部分相互交叠，写作的困难很大程度上也是由于这许多事项的同时出现而产生的。通过练习（换句话说，通过**写作**），有可能学会如何控制好那些事实上可以控制的步骤，并促成那些难以理解的、不易掌控的活动。

任何两个人都不会用完全相同的方式写作。重要的是认识到写作程序（比如思维方式和个人练习）可以帮助你顺利地实施各个步骤。给自己充足的时间去完成这些步骤也同样重要。拖沓迟滞是写作者最大的敌人之一。它会削弱信心、消耗精力并让你无法集中注意力。是否尽可能严格地按照精心制定的日程表有规律地写作，这常常是创作成功的论文与写出不好的作品的区别所在。

虽然写作步骤的各个部分是相互交织的，但写作这项工作自然也有一般的顺序。你总得从某个地方入手吧！下面是对写作步骤的各个阶段的一种安排——计划、草稿、修改、编辑和校对，以及如何最成功地做好每一个步骤的建议。

计划

计划包括了导致写出论文初稿的全部活动。这一阶段的具体活动会因人而异。比如，有的作者喜欢在打草稿前列出正式的提纲。有的人则做一些写作练习以激发想象力。有的人画出简要图表，有的则是随手涂鸦。稍后，我们将看到一些开始写作的策略，你可以弄清楚哪种策略对你更有帮助。

那么，现在让我们讨论一下在计划阶段所有作者都必须尽早做出的一些选择。这些选择包括**论题**、**目的**和**读者**，构成写作语境的要素，或者我们写作采用的术语。每次你写作时，即使是写篇日记或者给送奶工的便条，都具备这些要素。你也许并非每次写作时都有意识地逐条考虑它们，但在写政治学论文的时候，仔细考虑这些元素就极为重要了。这些决定性元素可能部分或全部由任务决定，但是你总要在某种程度上控制好它们。

选题

不管任务看起来有多少限制，你都没有理由感到被它困住了。在任何指定的主题下，你都能找到一系列可研究的论题。你要找的是能引起你兴趣的论题。让好奇心做你的向导吧。例如，如果指定了你做竞选资金这个论题，那就去找一些能让你感兴趣的相关问题（比如，竞选资金是如何影响一般州参议员竞选的，限制竞选捐款会引起利益集团的什么反应）。好的论题都是由一组问题组成的。你会高兴地发现，当你开
100 始发问的时候，你对这一论题的兴趣也在随之增加。在此，有一个强烈建议：**在纸上发问**。像大多数心理活动一样，研究解决某个论题的心理过程和方法总是变化的。你可以把它们都写在纸上，而不是让它们从你的脑海中不留痕迹地溜走。记住路易斯·阿加西的话："笔往往是最好的眼睛"（1958，106）。

虽然对论题感兴趣是极为重要的，但在研究的一开始你并不需要了解关于它太多的东西。事实上，在某个论题上投入太多热望会给你的研究写作带来障碍，强烈的情感会阻碍客观性。通常情况下，最好是选择一个能引起兴趣又保留了一些神秘感的论题——可以是一个在课堂上讨论过的、电视节目上提到过的或者朋友间谈论过的话题。

缩小论题

缩小论题这个任务给你提供了绝好的机会去确立一种控制写作计划的措施。这取决于你如何打磨论题的内容和范围，使之同你的兴趣和任务的要求相适应。如果能做

得很好，将保证你能对将要完成的任务长期抱有足够的积极性和自信心。然而这个步骤做得不好的话，在研究的某个阶段你就会感到失去方向并且精疲力竭。

一般说来，你头脑中首先出现的那些论题对你的研究论文来说会太大，不易掌握。例如，最近关于国民收入安全政策的话题引发了大量的新闻报道。尽管吸引了很多关注，但是仍有很大的空间值得去探究那些对你来说真正有意义的论题，而不是仅仅摘录已经发表过的研究成果。“关于某种收入安全政策可能对当地国有企业的保险费用的影响的分析”，这个题目怎么样？

大多数论题最大的问题不在于它们太狭隘或者说已经被完全研究透了，而在于它们的内涵太过丰富，以至于难以选择最适用的方法去加以定位。花点时间去缩小论题吧。彻底思考一下你能想到的所有可能性，并一定把想法都记下来。

某个政治理论研究生课程班的学生曾被要求写一篇关于下面任一议题的 2 500 字的论文。总括性论题的旁边是一些被学生缩小为容易掌握的论文论题的例子。

总括性论题	**缩小后的论题**
小布什	小布什关于宗教在政治中的作用的观点
自由	卢梭和洛克的自由观的比较
利益集团	全国枪支协会的政治权力
巴特·辛普森	巴特·辛普森的政治思想

练习 **缩小论题** 101

不做深入研究，看看你怎样缩小下面的总括性论题：

例子

总括性论题　联合国

缩小后的论题　联合国对内战的干预

联合国消灭饥饿的努力

联合国在阻止核扩散中的作用

总括性论题

伊拉克战争　枪支控制　婚姻自由　国际恐怖主义　政治腐败　堕胎权　教育　军费开支　言论自由　预算赤字

找到论点

在拟写作计划的时候，你应当高屋建瓴地寻找一个可以当作论点的想法。论点不是指一项可以用数据立刻证明的事实，而是一个值得讨论的命题，一种产生不止一个可能结论的论证。你的主题句将不仅能向读者揭示你所选择的论证，还要表明你对它的导向以及论文将试图证明的结论。

要找到一个论点，你得立即着手以下的事情：

1. 减少研究必须涉及的资料数量和种类，使之保持在可控制范围内。
2. 在缩小后的研究领域内培养兴趣。

3. 确定论文的研究目的以及你写这一论题的理由。(如果你能找到写这篇论文的唯一原因是得一个好成绩，那你肯定得不到好成绩!)

4. 确定读者群，确定哪种论证方式最能吸引读者的兴趣。

简言之，你是在控制写作背景。为此，一开始就确定论点是个好主意，一个**有效的论点**在你深入思考后很可能会有变化，但它能让你在计划阶段形成一个有序的措施。

主题句。论文导言中应该有一个句子表明你准备完成的任务是什么。这个**主题句**表达了你将要证明、辩护或阐释的主要观点。它在读者头脑中形成某种期望，需要通过你的研究成果去满足。但是，在计划阶段，主题句的作用不仅是告知读者你的写作
102 目的，它还是帮助你在头脑中进一步缩小关注焦点和确认论文目的的有用工具。

发掘论点

一门公共政策分析课要求学生写一篇 20 页的论文，主要内容是他们本地市政当局当前面临的困难。选择什么样的论题由学生自己决定。一位名叫理查德·柯里的学生决定研究在他驾车到大学的途中那些繁华街区存在大量废弃建筑的问题。他的第一个有效论点是：

废弃房屋给城市带来了负面社会影响。

正如理查德自己发现的，这个论点的问题在于它不是一个可以争论的观点，而是一个在一开始探究的时候就极易确证的事实。在阅读了城市土地协会和城市规划委员会的相关报告并同社区规划部门的代表交谈后，他开始对所在城市面临废弃建筑问题的两难境况感兴趣。理查德的第二个有效论点是：

拆迁废弃建筑是城市面临的主要问题。

第二个论点稍微缩小了论题并让理查德可以使用他研究得来的资料，但这仍不是与之相关的实质性意见。这显然还是一个很容易证明的事实。这时候，理查德对一个更小的论题感兴趣了：如何才能更好地拆迁废弃建筑。他发现主要是经费问题，而且不同的市民群体会偏好不同的解决办法。当理查德研究对不同资金计划的支持和反对意见的论证时，他逐渐感觉到其中的一种方案可能对城市是最有利的。结果，理查德得出了第三个有效论点：

分别评估不同建筑物的清拆费用给城市建筑拆迁问题带来的可行性解决方案。

请注意，相较前两个论点而言，第三个论点使理查德的论文焦点集中得多了，同时也提出了一个可以论证的假说。它能告诉理查德在论文中必须做什么，也告诉了读者能期待些什么。

103 有时，你在初步考虑某个论题的时候，应该去图书馆查阅一下，看看已经有多少种关于这个问题的出版物。这种研究至少有两个方面的好处：

1. 它能让你熟悉在论文研究阶段非常重要的大量作品。

2. 它让你知道，在这个圈子里，学者们一般怎样定位这个论题。这个论题是否如你想象的那样重要？在现有的论述中，对这个问题的研究是否已经很多，以至于你

的研究变得无意义了？

当你开始着手确定论题时，请记住，大学里政治学写作的一个重要目标是加强你对政治过程的理解和建立一种政治学论文写作的精确模式。让这一目标指引你的研究进入那些对你掌握学科知识很重要的领域。

确定目的

有多种分类写作目的的方法，但通常来说，绝大部分作品不是为了告知读者，就是为了说服读者。告知性或说明性作品纯粹是为了传递某个特定话题的信息，而说服性作品的目的是使读者相信你对某个问题的看法。说明性和说服性作品间的区别并非硬性不可变的，政治学的大多数作品都兼有两种要素。不过，大多数最能打动人的作品仍是清晰地专注于某一种目的的。比如，意见书（为采纳某种特定政策所作的论证）就要按照说服性的目的来设计，反之，政策分析论文（第十二章）的目的就在于告知。开始写作的时候，你要有意识地选择一个告知的或说服的主要路径，并着手去达到这个目的。

练习　**解释还是说服**

从以下两篇论题相同的文章标题，你能否分辨出哪篇是说明性的，哪篇是说服性的？

1. 小布什第二届政府的社会服务资金
2. 小布什第二届政府是如何转移美国的社会财富份额的

让我们回到竞选资金这个话题上来。假设你要写一篇论文来说明2004年共和党总统竞选的资金管理情况。如果你写的是一篇说明性的论文，你的任务就是尽可能一致地、公正地描述共和党管理其竞选经费的方法。但是，如果你试图使读者相信一位民选官员对2004年共和党的总统竞选资金管理不善，那就是说服性的写法了，你的 104
写作策略也会完全不同。说服性文章力图按其思路来影响读者的看法。

知道你要表达什么。在写正稿时，你必须对想要讨论的观点有很完整的概念。在写正稿的时候，如果有人要你表述你的论点，你要能够给出一个令人满意的答案，不需要提示，也不能有一点迟疑。另一方面，如果你不能流利地表达论点或者回答得闪烁其词，那就是还没有准备好写出正稿。你可能需要再写一两次草稿或做点其他动笔前的构思，以便更有把握地理解写作任务。

练习　**知道你想表达什么**

两位作者分别表述了他们论文的论点。哪个作者更好地理解了写作任务呢？

作者1：“我的论文是关于中产阶级税制改革的。”

作者2：“我的论文论证中产阶级的税制改革对更高或更低的社会阶层是不公平的，他们有可能因此为政府开支承担更多的责任。”

谨防你的偏见！不存在纯粹的客观性这回事。你不是机器。不管你如何尽力客观地写一篇论文，事实上，写作过程中每个观点的选择在某种程度上都受到你个人信仰和观点的影响。你告诉读者的是真实，换句话说，是受了大量因素影响（这种影响有时是你没有觉察到的）的事实。你所处的环境、教养、学历，你对读者的态度，你的政治归属，你的种族和性别，你的职业目标以及你写作论文的抱负等这些因素的影响可能很细微，但也是在写作过程中必须辨别出来的，以免误导读者。正如读别人的文章时，也要辨识出影响作者的这些因素以免被误导一样。请记住，写作一个很重要的动机是**自我发现**。政治学课上的写作，跟你今后要做的所有写作一样，都是一个自我发现和坦诚面对自己对某个话题的观点的机会。负责任的作者随时都会留心自己的偏见并开诚布公地直面读者。

确定读者

在任何要求你写作的课程中，你有时也许会忘记这一点：你写作的关键不只是经受写作任务所设置的技术上的磨炼。写作的关键在于交流——用适合自己的方式向读者传递你的知识和结论。你的任务是向读者表达你对某个论题产生的思想火花。要使
105 那些阅读论文之前对你的论题不感兴趣的读者在读完之后以新的方式来看待此论题。这就是写作的巨大挑战：进入读者的头脑中并留下新的知识和问题。

作者如果从看他人作品的角度去审视自己的文章，很多写作中的问题都可以得到解决——不过这种想法是很冒险的。作者和读者的理解差异是准确交流的最大障碍。要克服这个障碍，你必须考虑到读者的需要。在开始写初稿的时候，要使头脑中的大部分（如果不是全部的话）想法都要实现形式上的一致，这样一来，你试图用来表达想法的所有词汇几乎都会准确反映你的思想。不过，你的读者却尚未掌握你煞费苦心才得出的结论。如果你在文章中省去了那些能让读者完整地理解你观点论证的必要材料，他们很可能无法自己去补充这些必要的信息。

对任何读者而言，都可能存在对文章的误解，不管是大众读者、这一领域的专家还是你的教授，他们都能从某种程度上看出你驾驭作者与读者之间关系能力的好坏。你得尽量使表述显得完整，时刻考虑到读者关于这个论题的知识。

构思的策略

我们已经讨论了很多选择论题和缩小论题的方法。在关注某一个具体论题时，你自然会开始考虑论文中会用到的各种各样的材料。在论文不要求做正式研究的情况下，这些材料将主要来源于你的记忆。实际上，导师们布置这种论文的原因之一也是为了让你相信你自己有惊人丰富的记忆，那种你时时刻刻不断建立、逐步积累起来的庞大而多样的“数据库”。

记忆积累的信息量如此之大，以至于有时候很难找到最适合论题的资料。换言之，要找出你头脑中关于论题的已知信息不是件容易的事。**构思**是一个从古典修辞学借用来的词，指的是从记忆中发现或恢复这些信息的活动。我们写作的时候，就会用一些构思的步骤去帮助我们探究论题。有的作者在提取资料时显得毫不困难，其他的

一些人则需要更多帮助。几个世纪以来，作者们发明了许多不同的练习方法，以帮助人们准确找出保存在记忆中的有用资料。我们将简要地探讨其中的一些方法。

自由写作法

自由写作法是一种迫使你写下点什么东西的活动。不是去空等灵感闪现；相反，
你要设定一个时间段，三分钟或五分钟，在这段时间里不停地写，甚至不要让笔尖离 106
开纸或不要让手离开键盘。集中围绕论题来写作，也不要因为难以找到切题的资料而停笔。如果有必要，你在开始时甚至可以一遍又一遍地写一些看起来没用的词组，比如，“我想不出写什么”或者就是反复写论题。最终，你总会想到别的一些东西（很奇怪，三分钟的自由写作时间看起来竟会这么久）。在自由写作法的最后，仔细看看你写出的哪些东西是能用的。可能写出来的很多都是没有用的，但也可能其中会有一两个你自己从来都未意识到的你所拥有的洞见。

除了有助于回忆起对论文有用的资料以外，自由写作法还有其他一些好处。首先，它只需要花很少的时间，也就是说你想做这个练习的时候，可以随时反复地做。其次，它能打破你对写作的一些抵触情绪。不用先去想到底写什么；只要写下去就行。

自由写作法

美国政府课程的第二年，约翰·亚历山大要写一篇有关地方政府某方面事务的论文。约翰感到他对地方政府的了解还很不够，就以一次两分钟的自由写作来寻找一些令他感兴趣的论题。在这两分钟里，约翰一边思考关于地方政府的事情，一边不停地写。下面是他写的内容：

好吧，好吧，地方政府，地方的，是什么意思啊？像警察那种？商会？市长——那到底是个什么？法官？我去年得到那张违规停车罚单，去了法院，还缴了罚款，倒霉。或许可以追踪下这么一个简单的违规停车罚单，还有我的钱去哪儿了。找到处理这个事儿的官员，从开罚单的交警到最终处理完这罚单的人。关键是，是什么呢？关键，关键，关键。找出地方政府开出和处理这张 35 美元的罚单得花费多少钱——他们真正开支了多少钱，钱去哪儿了？是不是得包括警察的工资？法官的工资？印刷罚单的费用？付给处理这罚单的职员或其他什么人的工资？处理交通罚单和停车罚单是不是不同啊？假设有家伙为此据理力争呢？或许去找出有争议的罚单和无争议的罚单之间的区别呢？得打好多电话呢。打给谁呢？从哪儿开始呢？

头脑风暴

头脑风暴就是把关于某个论题的想法列举出来的过程。它可以很快地完成，而且在一开始无须把这些条目按统一模式来归类整理。关键是尽量迅速而简练地用个性化的词汇或短语写下你想到的任何东西。当你写出了一个足够长的条目一览表时，你就
可以根据条目之间的关系进行分类。由此，头脑风暴能让你回忆起记忆中存储的想法 107
与它们之间的有用联系。

头脑风暴

一位国际政治课的教授要求他的学生写一篇 700 字的论文，并且要用翻译过来的、发表在华沙报纸上的信函的格式，给波兰读者有关民主国家生活方面的有益建议。其中一个名叫梅丽莎·杰苏帕的学生用头脑风暴的方法开始思考这一任务。首先，她仅仅是写下她能想到的与在民主国家生活有关的东西。

选举权	社会福利	新闻出版自由	抗议活动	人人平等
少数族群	种族歧视	美国梦	不公正行为	个人
失业保险	说客和政治行动委员会		司法时间过长	心理因素
财富特权	官僚机构庞大			

全盘考虑了这个一览表后，梅丽莎决定把它分成两张表：一张关于在民主国家生活的积极方面；另一张则关于消极方面。基于此，她还决定去掉一些多余的或看起来不太有讨论价值的条目。正如你所看到的，梅丽莎还不确定有些条目该如何归类。

积极的	**消极的**
选举权	财富特权
新闻出版自由	司法时间过长
人人平等	种族歧视
美国梦	社会福利
心理因素	说客和政治行动委员会
抗议活动（是否积极的?）	官僚机构庞大

这时候，梅丽莎决定她的论题应该是关于金钱和特殊利益是如何影响一个民选政府的。一览表上的哪些条目和她的论文有关呢?

提出问题

对任何论题，我们都会问到以下的大多数问题：**谁? 做什么? 什么时候? 在哪里? 为什么? 怎么做?** 这些问题迫使你像记者发问那样去对待论题，设定不同的观点然后对其加以相互比较。

提出问题

108 某教授要求她的司法程序课的学生写一篇描述最高法院书记员对决策过程的影响作用的论文。其中一名学生在开始思考这个论点时，提出了以下问题：

谁是最高法院的书记员?（多大年龄? 他们的种族和性别比例是多少? 他们的党派倾向是什么?）

他们的职业资格是什么?

他们的工作到底要做什么?

他们在法庭上什么时候最有影响力?

他们从哪里来?（在他们的选拔上有没有任何地域的或宗教模式的障碍? 书记员中有没有哪些法学院的毕业生在数量上明显占优势?）

他们是如何选拔出来的？（他们是被任命的还是选举产生的？）

他们何时开始从事书记员工作？

他们为什么被选来做书记员？

谁是有影响力的书记员？（他们中还有没有人继续从事这个工作？）

你是否还能想出其他有助于研究的问题？

保持灵活性

进行构思策略的过程，也是完成其他写作任务的过程。例如，你在不断地缩小论题范围的同时，也在做一些会影响到论文基调和读者选择的决定。在相互影响的各种决定中，你写作的各方面都不断获得进展。这意味着你得足够灵活，以便根据对论文发展进程和写作目的的理解程度作出细微的调整。当你对你未能关注的某个特定理论的认识已经改变时，就别再执著地去证明它。保持客观性。

组织写作

一篇包含了所有必要的事实却以无效的顺序来表达这些事实的文章，只会使读者感到混乱，而不是告知或者说服他们。虽然有很多种方法对观点进行分类，但可能没有什么方法比列提纲更高效了。遗憾的是，也没有什么方法比列提纲更容易被曲解了。

为自己列出提纲 109

列提纲有两方面的作用。首先，它能促使作者按内在联系整理自己的观点，从而更好地了解自己的观点。列提纲的首要原则是：把提纲中同样分量的观点放在同一层次上。这个原则要求你弄清观点之间的相对重要性。你必须判断哪些观点是同一类型或序列的，它们分别最适合放在哪个副标题之下。

在计划阶段，如果你认真整理了所有观点并列出了有序的提纲，那你对论题的理解也就增强了。这样你就有逻辑地把观点联系起来，并建构起一个论文主体的基本结构了。但是，这种排序和协调的工作是很难做的，因此，初学者有时会在还没有一个有效提纲时就开始写初稿，但愿这样能有个好结果。不过这种愿望常常会落空，特别是在写涉及研究工作的复杂论文时。

练习　**整理想法**

政府管理专业二年级学生罗德里戈研究了他所在州的工人再培训计划的影响，提出了以下论据和理论。请用数字表示出它们的逻辑顺序。

______州内越来越多的工人没有掌握雇主要求的基本技能和教育水平。

______州内被解雇的工人数量从 1997 年的 21 000 人增加到 2006 年的 32 000 人。

______对未受过教育的工人进行再培训的公共政策可能会让他们进入州内新的、扩张中的经济领域。

______对高科技领域的投资可能会让州内雇主们的商品生产和服务在国内与国际

市场仍然富有竞争力。

______州的经济变得更全球化、更有竞争力。

为读者列出提纲

列提纲能够做的第二项工作是充当读者阅读论文的向导，提纲能概述论文的观点及其相互关系。通过查看提纲，忙碌的决策者可以迅速了解论文的目的和你用以证明的论据是什么。思路清晰、条理清楚的提纲会有助于影响读者对你想法的关注程度。

作为政治学专业的学生，把所有与完成论文有关的资料归入一个提纲将会对你有很多帮助。看看本书第三章提供的那些格式，你就会知道正式提纲的建构有多严格。你必须密切关注这些要求，可也别忘了在论文计划阶段的早期，列提纲仍是一个相当有用的方法。

正式提纲的格式

110 在论文计划阶段，准确地按此格式列提纲，有助于确保你按逻辑顺序排列观点：

主题句（设置于正式提纲之前）

Ⅰ. 第一个主要观点
  A. 第一个次级观点
    1. 理由、例证或说明
      a. 支持的具体依据
      b. 支持的具体依据
      c. 支持的具体依据
    2. 理由、例证或说明
      a. 支持的具体依据
      b. 支持的具体依据
      c. 支持的具体依据
  B. 第二个次级观点
Ⅱ. 第二个主要观点

请注意，论文的每个层次都必须不止一个条目；如果有要点 A，就至少得有要点 B（如果必要的话，还得有要点 C、要点 D，以此类推）；有条目 1，就必须有条目 2。这样的排列迫使你**把各观点进行比较**，仔细查看每个观点然后决定它在其他观点中的位置。列提纲之所以是个有效的组织方法，是因为它坚持要求你确定所有观点的相对价值。

政治学论文的格式

任何特殊类型的政治学论文的结构都要遵循正式的格式。当对写作设置了严格的外部限制时，有的作者就感到他们架构论文的创造力被“数字绘图游戏”的方法束缚住了。要想获得成功，就绝对不能让自己被任何论文都适用的格式规范弄得不知所措。要记住，设置这些规则不是用来限制创造力的，而是为了让预期的读者更加简便迅捷地理解论文。无论是写表明某种立场的论文或者政策分析论文，还是写英国文学的学期论文、履历、小故事或者求职信，写得清晰和确定无疑都是必要的。

起草论文

草稿

紧接着论文计划阶段的就是写草稿。以论点和提纲为方向标，把头脑中混杂的观点、数据和说服策略按逻辑顺序连缀成句、编排成段。虽然充分的写作前准备工作有助于打草稿，但拟草稿仍然不容易。作者们发明了各自特有的方法，以鼓励自己稳步 *111*
推进草稿的写作，不过仍有些小技巧值得借鉴：

1. **记住这只是草稿，不是正稿**。在这个阶段，不必要求每个词都是最佳选择，也别给你自己制造这样的压力。你不要让任何东西减慢你写作的速度。写作又不像石雕，每一凿下去都无法再改变；你随时都可以回过头去添减词汇、改变措辞和重新编排草稿。**不管你在计划阶段做了多少努力，你都难以确定有多少草稿的内容最终能保留下来**。要写出一篇满意的论文，可能得打好多遍草稿。

2. **保证充足的写作时间**。别总是说还有很多研究需要做，而迟迟不动笔。你没法找到某个论题的所有资料，所以就别犯傻去这样做了。要记住，写作也是一个发现的过程。你甚至可能在明确需要做什么样的研究之前，就得开始写作了。记住草稿完成后还有其他任务等你去完成，所以要按照写作日程表安排的那样给这些任务也留出时间。

更重要的是，要给自己写作的时间，因为草稿写完后越久，你就越能客观地看待你写的东西。写完之后不久，自己是很难准确评价自己的文章的。你需要冷静下来，从那种把所有辞藻排列组合起来的努力中恢复过来。你对自己的文章越“冷静”，你就越能像读别人的文章一样客观，并认识到你需要做哪些修改来强化论文。

3. **保持敏锐**。在缩小论题、构想主题句、列出提纲的时候，你随时都要记住写作计划。可如果你已经感到很有必要修改写作计划，那也不要害怕这么去做。随着对论题理解的不断增加，要随时准备好处理因此而产生的意外发现。写作的目的是尽量准确地记录下你关于某个论题的最好见解。

语言选择

要让人信服，你的写作就必须有权威性；也就是说，要让人听起来觉得你对自己用文字表达观点的能力完全有信心。太过夸张或措辞太弱的句子，或者用了某种陈词滥调，都不会为文章中表达的观点赢得任何支持。主要的问题是，我怎样才能显得自信呢？

当你试图传递给读者必要的权威感时，需要考虑以下关键点：

语言的正式程度。语气是向读者传递信号的一种主要方法，你传达：你是谁，你对读者以及对论题的态度是什么。最主要的是决定哪种语言形式最适合读者。给朋友写信时使用的非正式语言就不适合用来写交给政治学教授的论文（如“军费开支中的浪费现象”）。请记住，语言形式只是你如何表达、传递信息这个总体决定的一部分。从某种程度上说，语言正式程度就是个人遣词造句的功能。例如，适不适合用 *112*
“isn't”“they'll”这样的缩略语呢？为引起效果战略性地使用碎句是否合适呢？不管

怎样，某些类型的写作在传统上禁止使用非正式的语言、第一人称“我”和第二人称“你”。有时候，写作正式论文的挑战部分在于，如何在约定俗成的范围内让你的论文更具影响力。

术语。让读者淹没在**术语**中会很快失去读者。术语在学科领域常常有特别的专业含义，但是普通读者对此并不熟悉。很偶尔地使用术语可以为论文增色不少，一旦超过这种效用，那就是给读者阅读论文的热情泼了很大一盆凉水。作者使用术语往往是为了让读者感觉论文是高深的或有见地的。遗憾的是，术语经常会导致混乱。事实上，使用术语反而显得作者缺乏与读者沟通的能力。

政治学论文可谓是术语的天堂。或许政策分析论文和意见书的作者们相信他们的读者完全能与他们的术语合拍。有的人甚至希望借含混不清的语言让有害的信息或可能不受欢迎的观点蒙混过关。在其他情况下，也许仅仅是因为作者自己的思路都不清晰。不管是什么原因，事实上，政治学论文经常听起来就像机器写给机器读的散文一样无趣。

学生们可能感觉到，要作为政治学者被认可，他们的论文应该写得和那些已经发表的同行的文章一样。**这是一种误解**。要记住，清晰明白的句子总比杂乱无序的句子好，你为组织起这些思想所作的努力会被术语淹没殆尽。

练习 **修改术语**

下面的句子摘自政治学杂志上的一篇文章，里面的哪些词是术语？试试能不能改写一下，以澄清它的含义。

法规统治的管制的输入之实施超出了行政技术人员概念化的范围。

（The implementation of statute-mandated regulated inputs exceeds the conceptualization of the administrative technicians.）

陈词滥调。在文章论证最激烈的部分，你得寻找一些词汇以帮助你形成观念，有时候不经意间就插入了**陈词滥调**——也就是一些因滥用而得到普遍承认的短评。（注：陈词滥调不同于术语，陈词滥调是公众日常用语的一部分，而术语是某一领域专家使用的特定语言。）我们的词汇中充满了陈词滥调：

正下着**倾盆大雨**。

那是**板上钉钉**的事儿。

是州长**挑起担子**的时候了。

愤怒的选民们**直奔**投票箱。

113 陈词滥调的问题在于它们实际上毫无意义。它们曾经是有生动意义的表达方法，但由于被滥用已经失去了本义，它们甚至会使周围的词汇都变得苍白无力。在修改论文时，用新的措辞代替陈词滥调能更准确地表达你的观点。

描述性语言。能吸引感官的语言比抽象的语言更能充分地引起读者的兴趣。这对倾向于处理抽象问题的学科的论文写作来说特别重要，例如在政治学领域。由于包含了对原则、人口统计资料、法律观点等的讨论，文章的每个段落与读者感知的生活太过疏离，典型的政治学论文经常处在流于抽象的危险之中。只要时机恰当，论文都应该对读者的视觉、听觉、味觉、触觉、嗅觉的感官有吸引力。

练习　　**使用描述性语言**

下面哪句话更有效力？

1. 自从上次检查过后，住宅区变得很糟糕了。

2. 自从上次检查过后，住宅区变得很糟糕了：下水道发出臭气，墙上地上污迹斑斑，老鼠在走廊里窜来窜去。

性别歧视的语言。无论是加强还是破坏文化刻板印象，语言都会是一种强有力的方法。由于语言中处理性别问题方式的细微不同，你可能不知不觉地已经犯了歧视的错误了。一个常见的例子是用代词“他”指代一个还不知道其性别的人。

面对这种两难情况，一些作者交替使用男性或女性人称代词；其他作者则使用复数形式以免选用其中的任一性别的人称代词：

性别歧视的	**非性别歧视的**
律师总是应该尊重他的客户。	律师总是应该尊重他或她的客户。
	律师们总是应该尊重他们的客户。
人（Man）是政治动物。	人们（People）是政治动物。

请记住，语言不仅是思想的载体。你的用语还向读者表达你的观念。你说某件事的好与坏会深刻影响读者对你所说内容的反应。有性别歧视的语言否定了大批读者受公正和平等对待的基本权利。确保你的文章不要犯这种形式上歧视的错误。

修改文稿

修改文稿是保证论文成功的最重要的步骤之一。虽然初学者经常认为修改仅仅是 *114*
确保标点符号书写正确，但要修改的远不止这些。修改是要从其他角度**重新审视**论文，要始终努力使你的视角和读者将会采用的视角保持一致。研究表明，事实上，在写作过程的每个阶段我们都在不断修改、重读词组，重新考虑提纲中某个条目的位置，或者尝试在某个段落使用新的标题语句，这都是在修改论文。等到你辛苦写出的草稿冷却下来，客观地检查论文就是最棘手但也是绝对必要做的事。你要确保需要说的东西都已经清晰地、合逻辑地表达出来了。任何一段难以理解的内容都会使读者的注意力偏离你所想引导他们到达之处，因为突然间读者就得像侦探那样，努力搞清楚你为什么要写这个，你在做什么，你意指的是什么。你是不会想让这些成为读者理解论文的障碍的。

以下是一些有助于修改文稿的技巧：

1. **给自己充足的时间修改文稿**。像上面讨论过的那样，你需要时间“冷静”下来，以便客观地分析论文。写完草稿后，你得放置它一段时间，然后试着像对待别人写的论文那样重新读它。

2. **仔细阅读论文**。这比说起来要困难得多。有个好办法就是自己大声朗读或者让朋友大声读给你听。（但是请注意，朋友往往不是最好的批评者。他们很少受过改稿技巧的训练，也常常不愿冒着让你失望的危险去彻底检查你的论文。）

3. **列一张需要检查的具体条目的一览表**。按顺序、按步骤地修改文稿很重要，首先看大的方面，例如总体结构；然后看较小的元素，例如段落或句子结构。

4. **检查整体性**——论文所有部分与论点间的关系都应该是清楚的、有逻辑性。确保每个段落都与整篇文章有很好的联系，并安排在恰当的位置。

5. **检查连贯性**。确保不同的论证部分之间没有漏洞。注意在每个需要的地方都要有恰当的过渡。过渡元素是提示文章的重点或态度在某处转变的标志。这些元素可以是一个词——**然而、虽然、遗憾的是、幸运地**——或者是一个完整的句子或段落：为了全面了解冷战后波兰政治中作为形象塑造的民主制的重要性，我们有必要扼要地查看一下波兰历史上最近一次实施民主政府的尝试。

过渡元素很少引入新的资料。相反，它们是方向指针，指示会转向新的论题或者提示读者希望读者们如何理解某些材料。因为作为作者，你已经知道论文会在哪里转向或为什么要转向，以及你想要哪些特定章节如何被读者接受，对你来说，把握那些需要过渡的地方有可能是相当困难的。

115 6. **避免不必要的重复**。有两种类型的重复会惹恼读者：内容的重复和措辞的重复。

当回到一个讨论过的论题时容易发生**内容的重复**。按照理想的情况，每个论点只需要明确地讨论一次，然后进行下一个论题。谋篇布局是一项艰苦的任务，即使你在写作前构思过了，可往往在根据目的和策略得到启迪的过程中，也容易出现内容的重复。更糟的是，你很难意识到你的论文里有重复的内容。在写草稿和修改文稿的时候，你要记住，正稿里任何不必要的重复内容都可能惹恼读者，他们在试图弄清他们所读的论证，而不想被已经遇到过的重复材料分散注意力。你得通过练习训练自己去找出不必要重复的材料。

太多次使用某些短语或单词就是**措辞重复**。这会让文章听起来既突兀又没有灵气，就像下面的例子一样：

> 小组委员会关于教育改革的报告会使很多人感到惊讶。很多人会想要报告的副本。
>
> 主席说他很满意一次新闻出版会的报告。他将在早上把它给当地通讯社传阅。他还会确保市议会也有一份副本。
>
> 当我听到委员会如何投票时我感到沮丧。我打电话给主席表明了我对委员会决定的保留意见。我告诉他，我觉得他让本州的教师和学生失望了。我还发表了一份新闻声明。

最后一段话展示的这种情况，写作老师称之为**"'我'症候群"**。你能听出这种重复的短语会对论文造成多大的伤害吗？你的语言应该听起来生动且充满活力。在你提交正稿之前，要确保已经检查过类似的重复。不过，不是所有的重复都是不好的。为了达到修辞效果或特别的强调，你会希望重复某个短语："我来了，我看见，我征服"（I came，I saw，I conquered）。一定要确保你论文中的重复是有意为之的，是为了产生一种特别的效果才放在那里的。

编辑

编辑有时会与更复杂的修改文稿程序相混淆。不过编辑是在写作过程的稍后部分，在通过反复字斟句酌写完草稿、第二稿、第三稿直至正稿以后去做的。虽然草稿现在已经包含了你想要告知读者的所有信息，也按照你满意的方式排列起来了，但仍有一些需要检查的要素，例如句子结构、拼写和标点符号。

在这一点上，初学者相比之下可能更不谨慎。毕竟在这时候，像发现问题、组织写作和撰写初稿这些论文写作中最艰巨的任务已经完成了。**但一定要小心！**校订和写 *116* 作过程的其他部分同样重要。你容许留在正稿里的任何错误都会在读者心里留下对你不利的印象。这看起来好像不公平，但即使是一个极小的错误——一个拼写错误或者一个逗号用错了地方——都会给读者留下很深的印象，或许会比它应有的印象更深。记住，与你论文有关的每样东西都是你的责任所在，包括正确地做好那些看起来微不足道的工作。漫不经心的编辑会削弱你论文的效能。如果你倾注在写作前准备、撰稿和改稿阶段的所有努力，由于你粗心使用了逗号叠加而毁于一旦的话，那就太令人遗憾了。

上面介绍的修改文稿的小技巧大多适用于编辑。最好是分阶段地进行编辑，每次重读论文的时候，只查找一到两种类型的错误。要特别注意你过去曾经犯过的那些错误。例如，如果你有容易点错逗号的倾向，就去通读论文，仔细检查每个逗号。如果你有无意识写出碎句的弱点，就大声地读出每句话，以确定它是一个完整句。你有没有无意间在某处转换了动词时态，毫无理由地从过去时变为了现在时？**现在是找出这些问题的时候了。**

提防**疏忽**——只是由于作者没能看出句子有问题而产生的错误。要记住你查找错误时会受到两个方面的阻碍：

1. 作为作者，你不希望在自己的作品中找到任何错误。这种愿望会导致你错过确实存在的错误。

2. 由于你如此熟知材料，你阅读时就很容易不知不觉加进漏掉的内容——一个单词，一个标点符号，似乎它们本身已经存在于文中了。

看出下面的句子中缺少什么东西能有多难呢？

Unfortunately，legislators often have too little regard their constituents.

我们可以猜出漏掉的词可能是 for，应该插入 regard 之后。不过，很可能是这样的，这句话的作者下意识地补充进了 for 这个单词，好像这个单词本来就在那里一样。这就是一个疏忽，由于作者对材料太熟悉，以至于很难发现有遗漏。

有一个发现句子结构错误的方法：从论文的最后一句开始大声朗读句子，然后读倒数第二句，再读前一句，以此类推倒退着检查完全篇论文（当然，要按从左到右的正常方式去读每个句子），直到读完内容摘要的第一句话为止。这种反向前进的方法剥离了每个句子的修辞语境，有助于你关注它的内部结构。

在校订阶段，你最终得回答那些你同措辞和文章结构较劲时搁置下来的小问题。
117 任何有关使用简称、斜体字、数词、大写字母、称谓（比如，你什么时候大写总统这个称谓?）、连字符、破折号（在打字机和电脑上通常是两次连击连字符键而生成的）、省略号和引号等问题引起的歧义在这个时候都该被澄清了。你还必须仔细检查，以确保你已经按要求使用了脚注、尾注、页边距、页码之类的规定格式。

不允许想当然。有时候，初学者意识到了自己并不是很明白关于语法、标点符号或格式的具体规则，但还是不去填补这些知识漏洞。相反地，他们靠臆测和自己的逻辑去处理那些本可以通过查阅写作手册解决的问题，而这种方法并不是每次都能恰当处理像英语这种极富冲突的语言的。要记住，对读者而言，你文章中的错误是因为什么产生或者怎么产生的并不重要，重要的是你对自己的文章放松了警惕。你不能允许一个粗心的错误抵消了你已经做出的良好的成果。

校对

在提交论文的定稿之前，你再检查一次确保没有任何错误是很重要的。这项工作被称为**校对**，或者叫**校读**。实质上，你正在查找许多与编辑阶段查找的相同的东西，但现在你是在正稿上找错误，而正稿是准备呈现给读者的。校对跟编辑一样重要；你还有时间去找出来一个可能漏掉了的错误，或者是在最后一次誊写或打字时新产生的错误。和写作过程的其他阶段一样，校对也是你的责任。

这时候，你应当检查打字错误：字母顺序颠倒或漏掉的字母、单词、词组或标点符号。即使论文是专业地打印的，你仍应当仔细检查它。不要完全依赖打字员的校对。如果你是在电脑或文字处理机上写论文，那你也可能无意识地碰到了某个键，插入了某个命令，删掉了一个单词、一行内容或一个句子，并因此大大改变了论文的原义。确保不要发生这种意外的删除。

最重要的是，记住你的论文代表了你。这是你最佳思维的产物，是你对一次写作挑战作出的最有活力和最富想象力的回应。如果你对这个写作过程保持热情，诚实而认真地完成了写作过程的所有步骤，那你就能写出一篇值得自豪、也能让读者满意的论文。

第六章

恰当地写作

6.1 语法与风格

胜任的作者

好的文章能把你的思想按你想要的方式准确地置于读者的头脑里。好的文章也只告诉读者你想让他们知道的内容，而不告诉他们你不想让他们知道的内容。这可能听起来有点怪，但事实就是如此，作者必须十分小心，别让那些不想要的信息溜进文章里。例如，看看下面从一篇分析工人再培训计划的论文里摘录的段落。暗含在这个段落中的信息会危及论文的成功。你能察觉出来是哪种信息吗？ 118

Recent articles written on the subject of dislocated workers have had little to say about the particular problems dealt with in the paper. Because few of these articles focus on the problem at the state level.

很可能你在读到第二个“句子”末尾时，感到少了点什么，察觉到逻辑上的或连贯性上的缺陷，于是你返回去重新读这两句话，找到有问题的地方。第二个“句子”其实并不是一个句子。它具备句子的某些特征（比如说，主语 few 和动词 focus），但是它的第一个词 Because 使后面的内容全部成了从句，不能独立地表达完整的意思。第二个“句子”，严格上应该叫做**从句**，仅仅是对第一句话信息的补充，告诉我们最近关于失业工人的文章为什么不能解决这篇文章中讨论的问题。

第二个“句子”代表的这种类型的错误通常被称作**碎句**，而且它会传递给读者一
119 个任何一位作者都不想传达的信息：该作者粗心大意，或者更糟的是，作者还没有掌握好这门语言。像碎句、错误使用逗号或者动词时态转换等语言错误在读者头脑中形成了警告。结果，读者分散了对所讨论问题的注意力，转而怀疑起作者的语言能力。文章的有效性也受损了。

注意：无论你写论文的目的是什么——说服性的、描述性的、分析的或者推测的，你都必须设定另一个目的：**展示语言能力**。如果你的论文达不到这个目的，也就不能完全达到其他目的。语言差错会使怀疑像病毒一样迅速地传播；它们会危及你为论文所作的全部努力。

语言能力对政治学而言特别重要，政治的可信度取决于这种技巧。任何怀疑这种说法的人，应该还记得新闻报道过的：美国前副总统丹·奎尔在 1992 年小学拼字比赛上，拼错了 potato 这个词所遭受的挫败。这个错误导致了媒体掀起了对倒霉的奎尔大肆羞辱宣传的风暴，进而强化了他总体能力不行的印象。

正确性是相对的

虽然看起来不重要，但是我们讨论的语言差错（通常称为表面差错）对某些类型的写作是极为有害的。表面差错有多种类型，包括拼写错误、标点问题、语法错误、缩写词不一致、大写和数词使用等。这些错误是对读者正确观念的侮辱，其中最大的问题之一就是表面差错。不同的读者对正确性有不同的评判标准。你知道，在写给朋友的信里你能够有幸逃脱一些表面差错，因为朋友不可能为此很严厉地要求你；然而发生在求职信中的同样的错误就可能会把你排除在某个职位的考虑之外了。正确与否在某种程度上取决于语境。

另一个问题是决定正确与否的规则会随着时间的推移而改变。例如，分离不定式或者以介词作为句子结尾，在你祖母那代人看来可能是错误的，而现在绝大多数读者都把这看得很稀松平常了。

那么当语言规则随着时间推移变化且因人而异时，你怎么才能正确地写作呢？下面有一些小技巧：

为读者着想

写作的最大风险之一，是关于词汇或标点的最简单的选用有时也会使读者产生对你不利的偏见，这看起来不太公平。例如，再来看禁止分离不定式的旧语法规范。几十年来，我们都告诉学生绝不要使用分离不定式（如这句 to never split an infinitive），
120 但现在大多数作文专家已经承认分离不定式**不是**语法错误。可是，假设你要写一份意

见书去说服市议会图书馆需要雇用安保人员，而市议会的一半成员——那些你需要说服的人——都还记得他们八年级时的语法老师关于分离不定式的语法告诫。当你在简介中告诉他们，为防止读者故意损坏图书，图书馆员们都不得不一直陪伴（to always accompany）读者去珍藏本图书室，他们会有怎样的反应呢？因为无意识地回忆起这个表达是不规范的，他们顿时就分散掉了多少注意力呢？换句话说，你有可能写正确了却还是触犯了读者关于语言能力的观念。

你要确保文章的格式和正规程度符合你的读者所要求的水平。存疑的时候，就采用保守的方式去写。缩写有可能与分离不定式一样，都会分散读者的注意力。

力求一致性

在处理一个有不同答案的语言问题时，比如在第三个并列式的连词前面要不要用逗号这个问题（“The mayor's speech addressed taxes，housing for the poor，and the job situation.”），在论文中要始终保持用法一致。比如，只要有一次避免使用分离不定式，那就一直都要避免使用它。

对自己的写作知识有信心

初学者容易让偶尔的错误动摇对自己写作能力的信心。可是事实上，我们所知的写作知识绝大部分都是正确的。比如，即使不能一一列举达到连贯性所遵循的规则，我们仍能写出语法上健全的短语。大多数担心自己习惯性错误的作者所犯的错误要比他们认为的少。受写作错误的困扰会让写作变得更困难。

语法

正如许多写作理论家所指出的，语法这个词有多种定义。一种含义是“为表达意义，安排语词必须遵循的正规模式”。我们在生活中很早就学会了这些模式，无须思考，就能自发地使用它们。我们对语法模式的理解是极精通的，尽管事实上我们中很少有人能想出语法模式运作的具体规则。哈特韦尔（Patrick Hartwell）曾让不同年龄和不同学历以英语为母语的人，包括高中老师，按照自然的语序排列以下单词，从而进行语法学习的测试：

法国　年轻的　女孩　四个 121

每个人都能造出这个自然语序的短语：“四个年轻的法国女孩”，但是没有一个被试者知道决定排列单词顺序的规则。（Hartwell 1985，111）

排除习惯性错误

可是，如果想到我们的错误会给写作带来不利影响，那我们如何学会正确写作呢？或许最好最简单的答案就是尽可能经常地写作。多多训练自己，把想法变成书面形式，然后修改和校对写出的东西。在写和改的过程中，要真诚而且耐心地对待自己。习惯性错误就像坏习惯一样：改掉它们需要时间。

你也许知道你文章中有一两个成问题的地方是你本可以消除却未消除的。相反，你可能在文章的关键部分逃避了责任，依赖那些印象已经模糊的从前英语课上学到的公式或者试图按逻辑的方法来解决写作的问题（提醒：英语并不总是看起来合逻辑的）。你也许会简单地判定，句号的使用规则是无法学会的，或者你永远也搞不清楚动词 lay 和 lie 的区别。于是你就开始猜测，而且你花相当长的时间想出来的都是错误的答案。当只需稍微一点额外的学习就能填补理解上的缺陷，还能增加你的自信时，你却不去做，那多遗憾啊。

与其继续这种猜测和留下知识的漏洞，为什么不现在就面对有问题之处，学习至今还没有掌握的规则呢？下面讨论的是通常最容易出错的写作中的表面特征。你也许对将要讨论的大多数规则都感到熟悉，但也许会有一些你还没有掌握的规则。现在是掌握它们的时候了。

6.2 标点

撇号

撇号是表示所有格的。当你想说某物属于某人或者某物时，就要在代表所有者的那个单词后面加上一个撇号和字母 s，或者只加一个撇号。所有者是单数的时候（单数的人或物），撇号放在增加的 s 之前：

According to Mayor Anderson's secretary, the news broadcast has been canceled.

122 The union's lawyers challenged the government's policy in court.

Somebody's briefcase was left in the auditorium.

如果表示所有格的单词是不以 s 结尾的复数时，适用同样的规则。

The women's club sponsored several debates during the last presidential campaign.

Governor Smith has proven himself a tireless worker for children's rights.

如果表示所有权的单词是以 s 结尾的复数，撇号就直接放在 s 之后：

The new legislation was discussed at the secretaries' conference.

有两种方法可以表示两个或两个以上名词的所有格：

1. 表示共同所有（两个名词拥有同一个或同一些东西），并列式中最后的那个名词用所有格：

The president and the lady's invitations were sent out yesterday.

2. 表明每个名词分别拥有一项或多项事物，每个名词都必须用所有格：

Mayor Scott's and Mayor MacKay's speeches took different approaches to the same problem.

当你在思考下面两个句子意思的区别时，撇号的重要性就显而易见了：

Be sure to pick up the senator's bags on your way to the airport.

Be sure to pick up the senators' bags on your way to the airport.

在第一个句子里，你只需要关心一个参议员，而在第二个句子里，你至少得关心两个参议员。

一个荒谬号？

政治评论员和《健康报》的编辑詹姆斯·斯旺森（James Swanson），偶然发现了他认为十分荒谬的政治声明。他认为，打印这种声明时，记者应该放一个“荒谬号”（^）在荒谬句子的末尾以提醒读者。比如，试想一下荒谬号将在下面的陈述中如何帮助到读者：“我们无须减少服务就能减税^”。对更荒谬的声明，我们加上更多的荒谬号，比如“我从未和那个女人发生过性关系^^”。

大写

这里是一些关于难记的大写规则的简单总结： 123

1. 如果你愿意，可以大写冒号后面的句子第一个单词的首字母。但是，要确保你在论文中都统一地用一种格式。

Our instructions are explicit：*Do not* allow anyone into the conference without an identification badge.

Our instructions are explicit：*do not* allow anyone into the conference without an identification badge.

2. 大写**专有名词**（具体的人名、地名或事物名称）和**专有形容词**（从专有名词演变来的形容词）。专有形容词之后的普通名词通常不大写，专有形容词前面的普通形容词也不大写（例如 a，an 或 the）：

专有名词	**专有形容词**
Poland	Polish officials
Iraq	the Iraqi ambassador
Shakespeare	a Shakespearean tragedy

专有名词包括：

● 纪念馆和建筑物的名称：the Washington Monument，the Empire State Building，the Library of Congress

● 历史事件、历史时期及与日历时间有关的特定名词：the Civil War，the Dark Ages，Monday，December，Columbus Day

● 国家的区域：North，Southwest，Eastern Seaboard，the West Coast，New England.

注意：当北、南、东、西和西北这些词用于指示方向而不是表示地理区域时，就不大写：“We drove east to Boston and then made a tour of the East Coast.”

● 涉及**种族、宗教**和**民族**的词：Islam，Muslim，Caucasian，White（or white），Asian，Negro，Black（or black），Slavic，Arab，Jewish，Hebrew，Buddhism，Buddhists，Southern Baptists，the Bible，the Koran，American

- 语言名称：English，Chinese，Latin，Sanskrit
- 公司、机构、大学和团体的名称：Dow Chemical，General Motors，the National Endowment for the Humanities，University of Tennessee，Colby College，Kiwanis Club，American Association of Retired Persons，Oklahoma State Senate

124 **注意：**有些曾经是专有名词或专有形容词的词汇随着时间推移变成了普通词汇，不再大写，例如 french fries，pasteurized milk，arabic numerals，italics。

3. 个人称谓后面如果有具体人名就需要大写；否则，称谓就不大写：

The committee honored Senator Jones.

The committee honored the senator from Kansas.

We phoned Doctor Jessup，who arrived shortly afterward.

We phoned the doctor，who arrived shortly afterward.

A story on Queen Elizabeth's health appeared in yesterday's paper.

Pope John Paul's visit to Colorado was a public relations success.

The pope's visit to Colorado was a public relations success.

什么时候不大写

通常情况下，当指称对象不是特定的时候，就不要大写名词。例如，不要大写 the senator，但是要大写 Senator Smith。第二个指称好比称谓一样是识别的名词，而第一个指称仅仅是用于识别的。同样地，the state treasury 和 the Texas State Treasury 的区别也在于专属程度的不同。

注意：名词含义的转变可能多少取决于是否大写。例如，Democrat 和 democrat 之间有什么区别呢？当大写的时候，这个单词指的是某个具体政党的成员；不大写时，则指的是信仰民主方式的政府的人。

大写在某种程度上取决于你所写文章的语境。例如，如果你写的是一篇关于具体某个公司的政策分析论文，那就可能要把与公司相关的单词或短语大写，例如 Board of Directors，Chairman of the Board 和 the Institute 这些词，而在写给更一般的读者的文章中这些词就不用大写。同样，在一些语境下，表示某些权威官员头衔但未伴有专有名词的词汇也是大写的，这同样很常见：

The President took few members of his staff to Camp David with him.

冒号

我们都知道冒号的一些用法。例如，冒号可以区分开表示时间的各个部分（4：25 A. M.），可以区分开《圣经》引文的章和节（《约翰福音》3：16）以及表示商务信函称呼语的结束（Dear Senator Keaton:）。但是冒号还有些不太为人所知的用法，可以给句子结构带来额外的灵活性。

125 在句子中，冒号可以用于引出某些类型的材料，例如一个一览表、一段引文或先前提及的材料的重申或说明：

一览表

The committee's research proposal promised to do three things：（1） establish the extent of the problem，(2) examine several possible solutions，and (3) estimate the cost of each solution.

引文

In his speech，the mayor challenged us with these words：“How will your council’s work make a difference in the life of our city?”

重申或说明

Ahead of us，according to the senator’s chief of staff，lay the biggest job of all：convincing our constituents of the plan’s benefits.

逗号

逗号可能是所有标点符号中最麻烦的一个，毫无疑问是因为它的使用取决于很多可变因素，如句子长度、修辞上的强调和概念风格的转变。最常见的问题简要概括如下：

逗号连接

逗号连接是指用一个逗号把两个完整的句子连接起来：

An impeachment is merely an indictment of a government official，actual removal usually requires a vote by a legislative body.

An unemployed worker who has been effectively retrained is no longer an economic problem for the community，he has become an asset.

It might be possible for the city to assess fees on the sale of real estate，however，such a move would be criticized by the community of real estate developers.

在上面的每段文字中，都是用逗号把两个完整句（又称作独立分句）连接起来，而对两个句子来说，用逗号分隔的停顿是不够的。

有一个检查逗号连接万无一失的方法是分别读逗号两边的句子结构。如果在两边你都发现了完整的句子结构，而逗号后面的句子又没有以并列连词开头（and，but，for，nor，or，so，yet)，那么这就是逗号连接了。

仅仅是通读草稿就想“听”出是否有逗号连接是不行的，因为论文的修辞学特征（文章节奏）常常致使难以察觉到句子完整性一类的错误。下面是五种纠正逗号连接 *126*
的常用方法：

1. 在两个独立分句之间加入句号：

错误的 A political candidate receives many benefits from his or her affiliation with a political party，there are liabilities as well.

正确的 A political candidate receives many benefits from his or her affiliation with a political party. There are liabilities as well.

2. 在两个独立分句之间加上逗号和并列连词（and，but，for，nor，or，so，yet)：

错误的 The councilman’s speech described the major differences of opinion over the economic situation，it also suggested a possible course of action.

正确的 The councilman's speech described the major differences of opinion over the economic situation，and it also suggested a possible course of action.

3. 在独立分句之间加入分号：

错误的 Some people feel that the federal government should play a large role in establishing a housing policy for the homeless，many others disagree.

正确的 Some people feel that the federal government should play a large role in establishing a housing policy for the homeless；many others disagree.

4. 把两个分句重新写成一个独立分句：

错误的 Television ads played a big part in the campaign，however they were not the deciding factor in the challenger's victory over the incumbent.

正确的 Television ads played a large but not a decisive role in the challenger's victory over the incumbent.

5. 把其中一个独立分句转换成以从属词开头的从句（although，after，as，because，before，if，though，unless，when，which，where），从而避免从句独立成句。

错误的 The election was held last Tuesday，there was a poor voter turnout.

127 **正确的** When the election was held last Tuesday，there was a poor voter turnout.

复合句中的逗号

复合句是由两个或两个以上的独立分句（两个完整句）构成的。当这两个分句被并列连词连接起来时，必须在连词之前加上逗号，表示后面跟着的是一个独立分句（这也是前面提及的改正逗号连接的第二个方法）。漏掉了逗号，读者就不会想着找到复合句的另一个分句，对文字的注意力也可能会被分散。

正如以下例子表明的，在长句或者有其他并列连词的句子里，漏掉逗号尤其成问题。请注意逗号如何把复合句里的句子分开，从而消除混乱：

错误的 The senator promised to visit the hospital and investigate the problem and then he called the press conference to a close.

正确的 The senator promised to visit the hospital and investigate the problem，and then he called the press conference to a close.

错误的 The water board can neither make policy nor enforce it nor can its members serve on auxiliary water committees.

正确的 The water board can neither make policy nor enforce it，nor can its members serve on auxiliary water committees.

这个规则也有例外，在短句中就不必用逗号去澄清含义。

The mayor phoned and we thanked him for his support.

不过，在独立分句之间的连词前面加上逗号永远不会错。如果你对读者关于“正确”语法的概念有任何一点儿不确定的话，最好是采用保守的方法，加上逗号：

The mayor phoned, and we thanked him for his support.

伴随限定性和非限定成分的逗号

非限定性成分是句子的一部分（一个单词、短语或从句），用于补充说明其他句子成分而不会约束或限制其含义。虽然补充的信息是有用的，但非限定性成分并不是理解句子所必需的。为表明其非必要的本质，用逗号把非限定性成分与句子的其他部分隔开。

未正确使用逗号标明句子中的非限定性成分可能会引起混乱。例如，看看是否使用逗号会如何影响我们对下面句子的理解：

The mayor was talking with the policeman, who won the outstanding service award last year.

The mayor was talking with the policeman who won the outstanding service 128
award last year.

你能看出逗号改变了句子的含义吗？句子的第一个版本中，逗号引出的是附带的信息：**市长正在与那个警察谈话，那个警察正好在去年获得了杰出服务奖**。句子的第二个版本中，**警察**后面的内容是句子不可缺少的部分，它告诉我们，市长谈话的对象具体是哪个警察——假设获奖的警察不止一个。在这里，缺少一个逗号就把**警察**这个词后面的内容变成了**限定性成分**，这意味着这部分内容对句子含义的理解是必不可少的。

在非限定性成分前加上逗号，以确定你的论文中非限定性成分与限定性成分有明确的区分。

并列式中的逗号

并列式是在一个句子中连续出现的两个或两个以上同类项。这些项可能是单词、短语或者从句。在三个或三个以上的并列式中，项目间用逗号隔开：

The senator, *the mayor*, *and the police chief* all attended the ceremony.

Because of the new zoning regulations, *all trailer parks must be moved out of the neighborhood*, *all small business must apply for recertification and tax status*, *and the two local churches must repave their parking lots*.

并列式中的最后一个逗号，也就是and之前的那个逗号，有时候会省略掉，特别是在新闻报道中会省略。但是，这种做法容易导致混淆，尤其是在像上面第二个例子那样较长的复杂句中。如果没有最后的或这一连串的逗号，这个句子就可能得这样读了：

Because of the new zoning regulations, all trailer parks must be moved out of the neighborhood, all small business must apply for recertification and tax status and the two local churches must repave their parking lots.

注意，如果没有了逗号，并列式中第二项和第三项的界限就不那么清晰了。这种引起歧义的结构会让读者因回看内容而无法集中注意力。你可以始终都加上最后的这个逗号以免出现这种混淆。但是要记住，一旦你决定这么使用逗号，就自始至终这样做；确保论文的每个并列式中都是这样的。

虚悬修饰语

修饰语是用于描述或修饰句子中其他单词的一个或一系列单词。**虚悬修饰语**出现在句子的开头或者末尾，看起来像是描述了其他单词，而不是作者明显想要描述的那个单词。因此修饰语被“虚悬”了，跟它正确的含义联系不起来。通常，作者很难认
129 出虚悬修饰语，但是读者能够并且将会辨认出它们来，就像以下例子表明的那样，这会给句子造成严重的后果。

错误的 Flying low over Washington, the White House was seen.

正确的 Flying low over Washington, we saw the White House.

错误的 Worried at the cost of the program, sections of the bill were trimmed in committee.

正确的 Worried at the cost of the program, the committee trimmed sections of the bill.

错误的 To lobby for prison reform, a lot of effort went into the television ads.

正确的 The lobby group put a lot of effort into the television ads advocating prison reform.

错误的 Stunned, the television broadcast the defeated senator's concession speech.

正确的 The television broadcast the stunned senator's concession speech.

请注意，在前面两个错误的句子中，混乱很大程度上是由于使用了**被动语态**的动词造成的：“the White House *was seen*”，“sections of the bill *were trimmed*”。有时候，虚悬修饰语是由于句子中的使动者——第一个句子中的“we”和第二个句子中的“the committee”不是离修饰语太远，就是因被动语态而被省略了。有一个好办法就是，若非必要，不要使用被动语态。

一个检查虚悬修饰语的方法就是检查每句话开头或结尾的修饰语。要特别检查位于修饰语开头的短语或者以-ing 或-ed 结尾的单词。然后看被修饰的词是否离修饰词足够近，以便正确地与之联系起来。

平行结构

一个句子内并列的两个或两个以上单词、短语或从句具有相同的语法结构，这种情况就叫做**平行结构**。平行结构能创造出强烈的音韵节奏，从而增强文章的气势和平衡感。这里有一个选自美国宪法序言的平行结构的著名范例（下文中的大写是根据 18 世纪的文件来的。平行结构的部分用斜体字标示出来）。

We the people of the United States, in Order to *form a more perfect Union*, *Establish justice*, *insure Domestic Tranquility*, *provide for the common defense*, *promote the general Welfare*, *and secure the Blessings of Liberty to ourselves and our Posterity*, *do ordain and establish* this Constitution for the United States of America.

事实上，这个句子里有两个并列式：第一个并列式由六个短语组成，分别以

form，*Establish*，*insure*，*provide*，*promote*，*secure* 等几个动词承接并补充完整 to 引导的不定式；第二个并列式由 *ordain* 和 *establish* 两个动词组成。这些平行结构吸引了我们对平衡和规范的喜好，给句子以权威的语调。我们感到，作者是经过深思熟虑的，而且紧紧把握住了写作的内容。 130

因为我们从平衡的结构中找到了特别的满足，所以与不是那么高度有序的语言相比，我们更有可能记住用平行结构的短语表达的观点。正因为如此，也由于它令人感到一种权威感和控制力，平行结构在政治话语中是很常见的：

We hold these truths to be self-evident, that all men are created equal, that they are endowed by their Creator with certain unalienable Rights, that among these are Life, Liberty, and the pursuit of Happiness.（我们认为下述真理是不言而喻的；人人生而平等，他们都从其"造物主"那里获赠了某些不可让渡的权利，其中包括生命、自由和追求幸福的权利。）

——《独立宣言》(The Declaration of Independence，1776)

But, in a larger sense, we cannot dedicate, we cannot consecrate, we cannot hallow this ground. The brave men, living and dead, who struggled here, have consecrated it far above our power to add or detract. The world will little note nor long remember what we say here, but it can never forget what they did here.（但是，从更广泛的意义上说，这块土地我们不能够奉献，不能够圣化，不能够神化，那些曾在这里战斗的勇士们，活着的和去世的，已经把这块土地圣化了，这远不是我们微薄的力量所能增减的。我们今天在这里所说的话，全世界不大会注意，也不会长久地记住，但勇士们在这里所做过的事，全世界却永远不会忘记。）

——林肯盖底斯堡演说（ABRAHAM LINCOLN，GETTYSBURG ADDRESS，1863）

Ask not what your country can do for you, ask what you can do for your country.（不要问你们的国家能为你们做什么，而要问你们能为国家做些什么。）

——肯尼迪就职演说（JOHN F. KENNEDY，Inaugural Address，1961）

平行结构错误

如果一段话的平行结构没有保持好，文章看起来就不整齐和不协调。仔细看你的文章以确保所有的并列式和一览表都是平行的结构。下面的例子表明了怎样改正错误的平行结构：

错误的　The mayor promises not only to *reform* the police department but also giving of raises to all city employees.（以 not only…but also 和 both…and 这样的关联词结构引导的成分应该是平行的。）

正确的　The mayor promises not only to *reform* the police department but also to give raises to all city employees.

错误的　The cost of *doing nothing* is greater than the cost to *renovate* the apartment block.

正确的　The cost of *doing nothing* is greater than the cost of *renovating* the apartment block.

错误的 Here are the items on the committee's agenda：(1) *to discuss* the new property tax；(2) *to revise* the wording of the city charter；(3) *a vote* on the city manager's request for an assistant.

正确的 Here are the items on the committee's agenda：(1) *to discuss* the new property tax；(2) *to revise* the wording of the city charter；(3) *to vote* on the city manager's request for an assistant.

熔句（连写句）

131 **熔句**是指两个或两个以上的独立分句（能够作为完整句独立存在的一段文字）没有借助恰当的连接词、短语或者标点就连接在一起了。有几种改正熔句的方法：

错误的 The council members were exhausted they had debated for two hours.

正确的 The council members were exhausted. They had debated for two hours.（分句被分成了两个独立句。）

正确的 The council members were exhausted；they had debated for two hours.（用分号把分句分隔开。）

正确的 The council members were exhausted，having debated for two hours.（第二个分句被改写成了从句。）

错误的 Our policy analysis impressed the committee it also convinced them to reconsider their action.

正确的 Our policy analysis impressed the committee and also convinced them to reconsider their action.（第二个分句被改写成了第一个分句的一部分。）

正确的 Our policy analysis impressed the committee，and it also convinced them to reconsider their action.（分句间用逗号和连词隔开。）

虽然读者很容易察觉到熔句，但对作者来说，要找到它们有可能会困难到让人发疯。初学者容易通读熔句的连接点，有时则会补充进了读句子时经常能听到的停顿。检查熔句，就要仔细阅读论文中的每个独立分句，确保分句间有足够的停顿。

代词错误

Its 还是 *It's*

不要错误地用构成绝大多数名词所有格的方法去构成 it 的所有格。代词 it 的所有格只需要加 s。

The prosecuting attorney argued the case on its merits.

It's 是 it is 的缩写形式：

It's the most expensive program ever launched by the council.

its 和 it's 的使用规则之所以如此容易混淆，是因为绝大多数单数名词的所有格都是在末尾加上撇号和 s。

The jury's verdict startled the crowd.

校对的时候，只要碰到 it's，你都用 it is 这个短语去代替它来读一读。如果这个 132
短语在这里读得通，那么就是用对了。假如你使用了 it's，

The newspaper article was misleading in it's analysis of the election.

然后换成 it is 来读：

The newspaper article was misleading in it is analysis of the election.

如果短语读不通，就用 its 代替 it's：

The newspaper article was misleading in its analysis of the election.

模糊指代

代词是用来代替文章中前面已经出现过的名词或其他代词的一类词。最常见的代词包括：he，she，it，they，them，those，which，who。你必须确保代词所指代的词不被混淆：

The mayor said that *he* would support our bill if the city council would also back it.

被代词指代的词称为**先行词**。检查代词照应的准确性，你要自问一下："代词指代的是什么?"然后认真地回答这个问题，确保只有一个先行词。看看下面的例子：

Several special interest groups decided to defeat the new health care bill. This became the turning point of the government's reform campaign.

This 指代的是什么呢？最直接的回答看起来是前一个句子末尾的 bill 这个词。但作者更可能指的是特殊利益集团击败法案的企图，但是在第一个句子里没有指称这个行动的具体词汇。因此，代词的指称是很不明确的。一个澄清指代的方法就是改变第二个句子的开头：

Several special interest groups decided to defeat the new health care bill. *Their attack on the bill* became the turning point of the government's reform campaign.

下面这个句子进一步说明了这个问题：

When John F. Kennedy appointed his brother Robert to the position of U. S. attorney，he had little idea how widespread the corruption in the Teamsters Union was.

He 在这里指代的到底是谁？我们不清楚作者指代的是约翰·肯尼迪还是罗伯特·肯尼迪。有一个澄清指代的简单方法就是重复先行词，而不要用代词。

When John F. Kennedy appointed his brother Robert to the position of U. S. attorney，Robert had little idea how widespread the corruption in the Teamsters Union was.

代词与先行词一致 133

代词的性别和单复数都必须与先行词一致，像下面的例子表明的那样：

Mayor Smith said that *he* appreciated our club's support in the election.

One reporter asked the senator what *she* would do if the president offered *her* a cabinet post.

Having listened to our case, the judge decided to rule on *it* within the week.

Engineers working on the housing project said *they* were pleased with the renovation so far.

然而，有些词可能是比较麻烦的先行词，因为它们看起来是复数代词而事实上是单数代词：

anyone each either everybody everyone

nobody no one somebody someone

下面的句子中，代词指代的这些词也必须是单数：

错误的 *Each of* the women in the support group brought *their* children.

正确的 Each of the women in the support group brought *her* children.

错误的 Has everybody received *their* ballot?

正确的 Has everybody received *his or her* ballot?（用两个性别差异的代词以避免性别歧视性的语言。）

正确的 Have *all* the delegates received *their* ballot?（单数的先行词转换成了复数的先行词。）

人称转换错误

避免在第一人称（I，we）、第二人称（you）和第三人称（she，he，it，one，they）之间不必要的转换是很重要的。这种转换会引起混淆：

错误的 *Most people*（第三人称）who run for office find that if you（第二人称）tell the truth during *your* campaign，you will gain the voter's respect.

正确的 *Most people* who run for office find that if *they* tell the truth during their campaign，*they* will gain the voter's respect.

错误的 *One*（第一人称①）cannot tell whether *they*（第三人称）are suited for public office until *they* decide to run.

正确的 *One* cannot tell whether *one* is suited for public office until *one* decides to run.

引号

134 要记住什么时候用引号以及引号与其他标点的关系，有可能是件难事。遇到这些问题的时候，初学者常常试图依靠逻辑推理而不是依靠规则手册，可规则往往不完全是按逻辑来的。确保引号使用不出错的唯一办法就是记住规则。好在规则不是很多。

---

① 原文中把 one 注为第一人称，疑有误。本例属于一个特例，即 one 为第三人称单数，而不能用 their 指代之。——译者注

引号的使用

引号用于标示不超过四行打印稿长度的直接引语：

In his farewell address to the American people, George Washington warned, “The great rule of conduct for us, in regard to foreign nations, is, in extending our commercial relations, to have with them as little political connection as possible.”

更长的引文就用双倍缩进格式的段落表示，不加引号：

Lincoln clearly explained his motive for continuing the Civil War in his August 22, 1862, response to Horace Greeley's open letter:

> I would save the Union. I would save it the shortest way under the Constitution. The sooner the National authority can be restored, the nearer the Union will be the Union as it was. If there be those who would not save the Union unless they could at the same time save Slavery, I do not agree with them. If there be those who would not save the Union unless they could at the same time destroy Slavery, I do not agree with them. (Lincoln 1946, 652)

引文中的引文用单引号括起来：

“I intend,” said the senator, “to use in my speech a line from Frost's poem ‘The Road Not Taken.’”

注意：当引文位于句末，单引号和双引号都要放在句号的外面。

用引号标示出以下内容的标题：

短诗（没有分行独立排印的）

小故事

文章或者散文

歌曲

电视或广播节目的插曲

引号用于标示特殊用法的单词或短语：

1. 表示讽刺： 135

The “liberal” administration has done nothing but cater to big business.

2. 显示术语

To “filibuster” is to delay legislation, usually through prolonged speech-making. The last notable filibuster occurred just last week in the Senate. (一旦该术语得以定义，就不要再加引号了。)

引号与其他标点的关系

把逗号和句号放在结尾的引回号的里面：

“My fellow Americans,” said the President, “there are tough times ahead of us.”

把冒号和分号放在引回号的外面：

In his speech on voting, the governor warned against “an encroaching indolence”; he was referring to the middle class.

There are several victims of the government's campaign to "Turn Back the Clock"：the homeless，the elderly，the mentally impaired.

根据语境决定是把问号、感叹号和破折号放在引回号的里面还是外面。如果标点是引文的一部分，就放在引号里面：

"When will Congress make up its mind?" asked the ambassador.

The demonstrators shouted，"Free the hostages!" and "No more slavery!"

如果标点不是引文的一部分，就放在引号外面：

Which president said，"We have nothing to fear but fear itself"?（虽然引文是一个完整的句子，但也不要在后面加上句号。每句话后面只能有一个句末标点，或者说只能用一个标点来表示句子的结束。）

分号

分号是一个较少用到的标点符号，但你也应该学着把它作为你的写作策略，因为它有很多潜在的作用。例如，分号可以用来改正逗号连接。

错误的 The union representatives left the meeting in good spirits，their demands were met.

正确的 The union representatives left the meeting in good spirits；their demands were met.

136 **错误的** Several guests at the fundraiser had lost their invitations，however，we were able to seat them anyway.

正确的 Several guests at the fundraiser had lost their invitations；however，we were able to seat them anyway. [however，therefore，thus 等连接副词不是并列连词（如 and，but，or，for，so，yet），不能与逗号连用来连接独立分句。如果第二个独立分句是以 however 开头的，就必须在其前面加上句号或分号。]

正如你从上面第二个例子中看到的，是用分号而不是句号把两个独立分句连接起来，从而加强两个句子间的关系。

当并列式的条目自身包含有逗号时，也可用分号区分并列式中的条目：

The newspaper account of the rally stressed the march，which drew the biggest crowd；the mayor's speech，which drew tremendous applause；and the party in the park，which lasted for hours.

避免误用分号。例如，把从句与独立分句区分开来是用逗号而不是分号。

错误的 Students from the college volunteered to answer phones during the pledge drive；which was set up to generate money for the new arts center.

正确的 Students from the college volunteered to answer phones during the pledge drive，which was set up to generate money for the new arts center.

不要过度使用分号。虽然分号很有用，但是在文章中过多使用分号会分散读者的注意力。要有节制地使用分号，以避免文章显得单调。

碎句

碎句是指一个不完整的句子片段用标点或大写标示，看起来像一个完整的句子。这是一种特别具有破坏性的错误，因为它模糊了句子中词之间的关系，让读者无法完全理解句子的含义。

学生们有时会写出碎句，因为他们认为句子应该缩短一点。要记住，仅仅是在句子的某个地方加上句号来缩短句子长度经常会造成碎句。检查文章中的碎句时，你有 137
必要认真读每个句子并判断它是否具有：(1) 一个完整的主语和一个动词；(2) 主语和动词前面有一个从属词，使其成为一个从句结构而不是完整的句子。

碎句的类型

有的碎句缺少动词：

错误的　The chairperson of our committee, receiving a letter from the mayor. (要留神那些看起来像动词但事实上却是另作他用的词。)

正确的　The chairperson of our committee received a letter from the mayor.

有的碎句缺少主语：

错误的　Our study shows that there is broad support for improvement in the health care system. And in the unemployment system.

正确的　Our study shows that there is broad support for improvement in the health care system and in the unemployment system.

有的碎句是从句：

错误的　After the latest edition of the newspaper came out. [这个从句具备完整句的两个主要成分：一个主语 (edition) 和一个动词 (came)。实际上，如果去掉第一个单词 (After)，这个从句就是一个完整句了。但第一个单词是一个从属词，让后面的从句不能独立成句。要警惕这类结构。它叫做从句，而不是一个句子。]

正确的　After the latest edition of the newspaper came out, the mayor's press secretary was overwhelmed with phone calls. (要改正被当作完整句来标点的从句，最常用的方法就是把它跟含义最接近的完整句连接起来。)

错误的　Several representatives asked for copies of the vice president's position paper. Which called for reform of the Environmental Protection Agency.

正确的　Several representatives asked for copies of the vice president's position 138
paper, which called for reform of the Environmental Protection Agency.

拼写

我们所有人在拼写某些记不得的单词时都会有问题。但是大多数作者的拼写能力并不如他们想象的那么糟。通常每个人都只会感到少量单词是有问题的。尽可能格外注意你自己特殊的拼写问题，并且放一本字典在手边。你没有任何借口不去查清楚拼写。

下面是通常容易弄混的单词表和通常容易拼错的单词表。通读这两个表，看看哪些词可能给你带来麻烦。如果有任何问题，你就去查字典。

容易混淆的词

accept/except
advice/advise
affect/effect
aisle/isle
allusion/illusion
an/and
angel/angle
ascent/assent
bare/bear
brake/break
breath/breathe
buy/by
capital/capitol
choose/chose
cite/sight/site
complement/compliment
conscience/conscious
corps/corpse
council/counsel
dairy/diary
descent/dissent
desert/dessert
device/devise
die/dye
dominant/dominate
elicit/illicit
eminent/immanent/imminent
envelop/envelope
every day/everyday
fair/fare
formally/formerly
forth/fourth
hear/here
heard/herd
hole/whole
human/humane
its/it's
know/no
later/latter
lay/lie
lead/led
lessen/lesson
loose/lose
may be/maybe
miner/minor
moral/morale
of/off
passed/past
patience/patients
peace/piece
personal/personnel
plain/plane
precede/proceed
presence/presents
principal/principle
quiet/quite
rain/reign/rein
raise/raze
reality/realty
respectfully/respectively
reverend/reverent
right/rite/write
road/rode
scene/seen
sense/since
stationary/stationery
straight/strait
taught/taut
than/then
their/there/they're
threw/through
too/to/two
track/tract
waist/waste
waive/wave
weak/week
weather/whether
were/where
which/witch
whose/who's
your/you're

容易拼错的词

139 acceptable
accessible
accommodate
accompany
accustomed
acquire
against
annihilate
apparent
arguing
argument
authentic
before
begin
beginning

believe
benefited
bulletin
business
cannot
category
committee
condemn
courteous
definitely
dependent
desperate
develop
different
disappear
disappoint
easily
efficient
environment
equipped
exceed
exercise
existence
experience
fascinate
finally
foresee
forty
fulfill
gauge
guaranteed
guard
harass
hero
heroes
humorous
hurried
hurriedly

hypocrite
ideally
immediately
immense
incredible
innocuous
intercede
interrupt
irrelevant
irresistible
irritate
knowledge
license
likelihood
maintenance
manageable
meanness
mischievous
missile
necessary
nevertheless
no one
noticeable
noticing
nuisance
occasion
occasionally
occurred
occurrences
omission
omit
opinion
opponent
parallel
parole
peaceable
performance
pertain

practical
preparation
probably
process
professor
prominent
pronunciation
psychology
publicly
pursue
pursuing
questionnaire
realize
receipt
received
recession
recommend
referring
religious
remembrance
reminisce
repetition
representative
rhythm
ridiculous
roommate
satellite
scarcity
scenery
science
secede
secession
secretary
senseless
separate
sergeant
shining
significant

sincerely
skiing
stubbornness
studying
succeed
success
successfully
susceptible
suspicious
technical
temporary
tendency
therefore
tragedy
truly
tyranny
unanimous
unconscious
undoubtedly
until
vacuum
valuable
various
vegetable
visible
without
women

第七章

论文格式

论文格式形成了人们对你的论文的第一印象。不管公平与否，也不论是否准确，论文格式都展示了你的专业能力，或者说显示了你缺乏专业能力。一个规范的写作格式意味着你的论文值得一读。而更重要的是，恰当的论文格式会用熟悉的方式告知读者以信息，这可以达到让读者头脑放松的效果。因此，符合通用专业标准的论文格式应当给读者以这样的印象，即你具备作为专业政治学者的学术能力。同论文的风格和明确性一样，论文格式传达的信息常常比内容本身更容易、也更深刻地被读者接受。

本章所说的格式遵照政治学学科通行的标准，包括对以下要素的指南：

通用的页面格式	**目录**
标题页	**参考文献页**
摘要	**表格和图表一览表**
概述	**正文**
提纲页	**附录**

除非你的导师给了你特殊的指示，否则就完全按照本手册上指导的去做吧。

7.1　通用的页面格式

政治学的作业应当用 20 磅以上、8×11 英寸的优质白纸打印。除非是遵照导师的特殊指示，否则不要使用其他尺寸或者颜色的纸，也不要用米白色或者质量较差的（草稿）纸。政治学值得花时间去写作，阅读也值得使用好的纸张。

142 **呈交给导师的论文一定要是原始打印稿或电脑打字稿。千万别交复印件！**为防止原件遗失，一定要复印一份论文打印稿并对自己的电子文档进行备份。

页边距。除了学位论文和专题论文，其他文稿的四边都应当留 1 英寸的页边距。除了有其他的要求，所有论文都要以双倍行距、用文字处理程序上的 12 点字号或标准打字机（pica）格式。如果用 pica 不行，就用 elite 格式。选一种清晰易读的字体，例如 Helvetica，Courier，Garamond，Times Roman。不要用手写体、变体或其他设计字体。

页码。页码应当放在每页的右上角，从标题页之后开始编号。标题页或正文的第一页不能标注页码。页码应该标在右页边距 1 英寸、上页边距 1.5 英寸的位置。所有页数应当从标题页开始编号（虽然第一个页码在标题页上不会标注出来）。标题页、目录和图表目录等正文之前的内容，可以用小写的罗马数字（ⅰ，ⅱ，ⅲ，ⅳ，ⅴ，ⅵ，ⅶ，ⅷ，ⅸ，ⅹ等）编号。不过如果你这样做的话，这些编号数字就要放在页面底端居中。

向你的导师咨询装订的事宜。如果没有其他的指示，就不要把论文装订起来，也不要用塑料封皮儿装起来。在左上角钉一颗订书钉或者在论文上方用回形针卡住就行了。注意，投稿给杂志用于发表的论文就不要订起来或用回形针，也不要以任何方式装订。

标题页

以下信息要放在标题页的正中：

论文题目
作者姓名
课程名称、编号和导师
学院或大学名称
日期

The second bush presidency
by
Nicole Ashley Linscheid

The American Presidency
POL213
Dr. Bushrod Collyflour
St. Johnswort College
January 1，2006

如上图所示，标题要清楚地表述论文论述的问题。例如，如果论文讨论的是阿尔 143
伯马尔县监狱的少年重犯，那么“阿尔伯马尔县司法系统中的重犯”这个标题对读者来说就是很专业、很清楚和有助于理解的。“阿尔伯马尔县”、“少年司法”或“县监狱”这些标题就显得太模糊而效果不那么显著了。同样，标题也不能是矫揉造作的。对百老汇的戏剧来说，一个矫揉造作的标题可能会吸引很多注意力，但对政治学论文来说，是会影响其可信度的。“丹佛市固体垃圾处理设施的不足”是专业的，“坐在垃圾场”① 则是不专业的。

此外，意见书和政策分析论文的标题页必须包括负责落实你论文建议的公职人员的姓名、头衔及其所属机构的名称。你论文的呈文对象应该是对论文中所呼吁事项负责和有决策权的那个人。“呈启”的内容应当包括那个人的姓名、头衔和所属机构。参看下面意见书的标题页范例。为了确定恰当的呈文对象，首先要认真弄清楚问题及其最佳解决方案。然后一对一弄清哪些人有解决问题的权力。例如，如果你建议在某个十字路口安装交通信号灯，那就找出你所在社区对这类事务起决策作用的那个人。决策者可能是公共安全主任、交通规划委员会或市议会。

Oak City Police Department Personnel Policy Revisions
submitted to
Farley Z. Simmons
Director of Personnel
Police Department
Oak City，Arkansas
by
Luke Tyler Linscheid
American National Government
GOV1001
Dr. Prospect Pigeon
Perpetual Homework University
January 21，2006

① 原文“Down in the Dumps”为美俚语，有“垂头丧气”的意思。——译者注

摘要

144 摘要是论文内容的简单总结，为了便于潜在的读者查看他们是否有足够的兴趣阅读论文的内容。从事研究的人需要特定类型的信息，因此他们常常通过阅读许多论文摘要来寻找包含了他们所需的相关数据的论文。摘要应用"摘要"两字在靠近页面顶端的正中标示出来。紧接着是标题，也居中，然后是一段能准确表述论文论题、研究和分析方法、结果和结论的文字。摘要应该是一段 150 个单词以内的话。记住，摘要不是导论；正相反，摘要是总结。参见下面的范例：

> 摘要
>
> 伯特兰·罗素的神秘主义观
>
> 这篇论文回顾了伯特兰·罗素关于宗教、神秘主义和科学的文章，阐明了他关于神秘主义对科学知识的贡献的观点。罗素在他所说的下述两方面作出了鲜明的区分：(1) 宗教的本质；(2) 神学家和宗教领袖提出的教义或主张。虽然他的一些作品（包括《我为什么不是基督徒》一文）看起来对所有宗教都怀有敌意，但在事实上，罗素声称，摆脱了教义烦赘的宗教不仅满足了某些心理需要，还唤醒了许多最有益的人类灵感。他相信，宗教神秘主义形成了一种可能对科学有用的理性的无偏私，但它并不是某种超过科学探究的特殊类型的知识源泉。

概述

概述和摘要类似。概述总结了一篇论文的内容，而且是更加详细地总结的。下面给出了一个概要的范例。鉴于摘要是便于从事研究的人阅读的，概述则更倾向于另一部分人来阅读：这些人得做出某种决定，因此需要论文中的部分或全部信息。不过，很多人都会在阅读全文之前读一下概述，以便在头脑中先理清论文的结构和结论。

145

> 概述
>
> 斯普林菲尔德市立公园的情况因为资金不足正在恶化，特别是橡树岭社区公园急需关注。问题是橡树岭社区公园的停车、野餐和厕所等设施由于正常磨损、恶劣天气和人为破坏严重受损，已经不能满足公众的需要。该公园是作为大众健身 B 级设施于 1967 年建成的，只做过一次整体翻修，即 1987 年夏天完成了主体建筑维修，安装了新的秋千架。据公园管理部门统计，增加 10 000 平方英尺的新停车场、14 种运动场设备、17 张新的野餐桌和维修现有的设备大概需要 43 700 美元。

论文中详细叙述了三种可能的解决办法。第一个方案就是什么都不做。随着损坏的增加，社区居民会越来越少使用这个地方，但前提必须是没有立即可支出的公共基金，才能这样做。另一种可供选择的解决办法就是立即维修所有需要修理的东西。社区居民会立刻感到高兴并增加对设施的使用。纳税人拒绝了最近的三个增税提案。据市执行长所说，收益公债可容的限度在 20 000 美元左右，但能利用的城市一般收入每年不超过 5 000 美元。

第三个可选择的方案是，根据一个时间跨度为 5 年的优先事务列表看，可以把城市一般收入与第一年 20 000 美元的公债结合起来使用，不过这个方案需要征得市议会和选民的同意。这样，居民就可以立即享受到最急需的设施了。

本文建议市议会采用第二种方法。在 5 月 15 日的会议上，市议会应该：(1) 通过一项决议，致力于 5 年内每年从一般收入基金中拿出 5 000 美元来专门从事这项工作；(2) 批准 2007 年 11 月公投选举中关于 20 000 美元公债的提案。

提纲页

提纲页是一种特殊形式的概述。提纲最常出现在意见书和政策分析论文中，跟概 *146*
述相比，提纲更详尽地提供了关于论文结构的信息。提纲清楚地展示了论文的章节和每个章节包含的信息。提纲页是很有用的，因为提纲让忙碌的决策人不用读完整篇论文就能了解其整体内容，还可以迅速查阅到某个具体部分的更多信息。意见书和政策分析论文是写给处于掌权位置的人看的，他们通常需要在很短的时间内作出各种各样的决定。提纲页可以缩短他们弄清楚一个政策问题、可选择的解决方案和作者偏好的解决方案等问题所需要的时间。提纲页用提纲的格式，把论文主要段落的主题句按顺序排列成一览表。例如，在意见书中，你会陈述某个问题，阐释一些可行的解决方案，然后推荐某种最佳方案。这三个步骤的内容将是提纲中的主标题（参见第五章）。写完论文后再写提纲页。从论文各章节的主要（最重要的）段落中提取主题句，并把它们放在提纲中恰当的位置。下面给出了一个提纲页的例子：

147

内容提纲

Ⅰ. 问题是橡树岭社区公园的停车、野餐和厕所等设施由于正常磨损、恶劣天气和人为破坏严重受损，已经不能满足公众的需要。

A. 自从 1967 年以来，只在公园刚开放的时候做过一次总体大修。

B. 据公园管理部门统计，增加 10 000 平方英尺的新停车场、14 种运动场设备、17 张新的野餐桌和维修现有的设备需要大概 43 700 美元。

Ⅱ. 详细论述三种可能的解决办法：

A. 一是什么都不做。随着损坏的增加，社区居民会越来越少使用这个地方，但前提必须是没有立即可支出的公共基金，才可以这样做。

B. 另一种可取的解决办法就是立即维修所有需要修理的东西。社区居民会立刻感到高兴并增加对设施的使用。这需要 43 700 美元的资金。资金来源包括：(1) 社区发展固定拨款；(2) 增加的不动产税；(3) 收益公债；(4) 城市一般收入。

C. 第三个可取的方案是，根据一个时间跨度为 5 年的优先事务列表看，把城市一般收入与第一年 20 000 美元的公债结合起来使用。

居民可以立即享受到最急需的设施。这个方案需要市议会和选民的同意。

Ⅲ. 这篇报告建议市议会采用第二种方法。收益/成本分析显示，如果立即进行修缮，居民们的满意度会大大提高。因此，在 5 月 15 日的会议上，市议会应该 (1) 通过一项决议，致力于 5 年内每年从一般收入基金中拿出 5 000 美元来专门从事这项工作；(2) 批准 2007 年 11 月公投选举中的 20 000 美元公债的提案。

目录

目录不像提纲那样给出了那么多信息，但它包括了一篇论文的主要部分和次要部分的标题。学生作业论文和专业学术会议论文通常不要求包含目录，但也可能会作此要求。可是，书籍、学位论文和专题论文通常会要求有目录。目录应当包含章或主要节的标题以及正文中使用的标题，与标题齐平标示出它们的页码。参见下面的范例。

148

目录

参考文献页

第八章具体讨论了参考文献的格式，包括参考文献的两种格式：作者—日期格式和文献注释体系。

7.2　表格、插图、图表和附录

表格、插图和图表一览表

表格、插图和图表一览表包括它们在论文中的标题、被援引的目的和出现的页码。你可以用“图表”作为这个一览表的名称（正文中也可以通称它们为“图表”）；或者，如果所有三种图表的列表长度超过了半页纸，你也可以把表格、插图和图表分别单独列表（根据它们在正文中的情况来命名）。下面给出了这种一览表的格式：

图表

表格

正文中用表格来表示数据之间的关系，帮助读者得出结论或理解某个观点。展示简单结果或“原始”数据的表格应当放在附录中。表格不能重复正文的内容，而应该展示一些新的东西，应该自成一体。换句话说，应该让读者不用读正文就能看懂表格。要清楚标注表格中的行与列。标题中的每个词（除了冠词、介词和连词）首字母都要大写。资料的出处应该放在表格下部，而不要用脚注或尾注。范例如下： 149

表格 1　**若干州整体人口预测，2005—2035年**　（单位：千人）

州	2005年	2015年	2025年	2030年	2035年
亚拉巴马州	4 253	4 451	4 631	4 956	5 224
伊利诺伊州	11 830	12 051	12 226	12 808	13 440
缅因州	1 241	1 259	1 285	1 362	1 423
新墨西哥州	1 685	1 860	2 016	2 300	2 612

续前表

州	2005 年	2015 年	2025 年	2030 年	2035 年
俄克拉何马州	3 278	3 373	3 491	3 789	4 057
田纳西州	5 256	5 657	5 966	6 365	6 665
弗吉尼亚州	6 618	6 997	7 324	7 921	8 466

资料来源：U. S. Census Bureau.

插图和图表

除非是对解释内容非常必要，政治学论文的正文中通常不用插图，即使是在附录中也很少用到。如果必须用到插图，也不要用糨糊或胶带把照片或其他类似资料的复印件粘在正文或附录里。相反，每个插图都应该单独分页居中复印，附上打字机打印的标题，页边距按常规设置。插图标题的格式要求同表格和图表是一样的。

直线和曲线形式的图表有助于表达某些类型的信息，如下例所示：

150

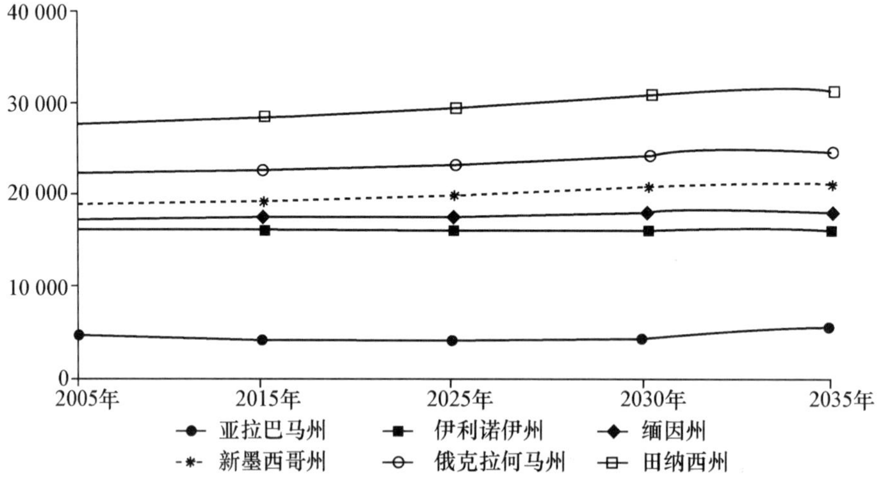

6 个州从 2005 年至 2035 年的人口增长

附录

附录就是附在论文正文后面，便于读者查阅的参考文献。附录提供了补充正文的重要论据，包括示意图、曲线图、表格和文献节选。别把那些仅仅是有趣的或者装饰性的材料放在附录里面。只选用那些可以回答正文提出的问题或解释正文必须采用的条目。附录中增加的材料也要按照表格、插图和图表格式指南的要求去做。在页面的上部居中，第一个附录标注“附录一”，第二个附录标注“附录二”，以此类推。不要附上整篇政府报告、杂志文章或其他出版物，只需要附上这类文件中能支撑你的论文的必要部分。附录页上一定要显著标明材料的出处。

7.3　正文

问清楚你的导师你要写的论文所需的页数。正文应该按照本书第五章、第六章的 151
指导来写作，还要符合下面的范例格式：

> 问题是橡树岭社区公园的停车、野餐和厕所等设施由于正常磨损、恶劣天气和人为破坏而严重受损，已经不能满足公众的需要。铺设过的停车场已经严重崩裂磨损。在重要的节假日有 200 多辆车停在草坪上。5 架成套秋千中只有一架还符合安全运作的要求。每架秋千能承载 4 个小孩，但在周末或节假日孩子们就得排队等着玩秋千。厕所里的喷漆也污浊损坏了，且在节假日厕所不够用。
>
> 这个公园是 1963 年的时候由公园和休闲管理处作为公共休闲 B 级设施建设起来的。1987 年夏天，该部门对主体建筑作了维修并安装了新的钢架秋千。从那以后，每年就只保持了最低限度的维护修缮。
>
> 据公园管理部门估算，增加 10 000 平方英尺的新停车场、14 种运动场设备、17 张新的野餐桌和维修现有的设备需要大概 43 700 美元（公园和休闲管理处，2005 年）。停车场的改进包括旧停车场要铺设新的粗碎石和铺设新扩展的 10 000 平方英尺停车场地。州工程办公室估算改进停车场就需要花 16 200 美元。

章节标题

论文中的标题不应超过三个层级：

1. **一级标题**应居中，标题中除了冠词、介词和连词以外的每个词首字母都要大写。
2. **二级标题**要左对齐，同样除了冠词、介词和连词以外的每个词首字母都要大写。
3. **三级标题**则按句子的格式写（只有第一个词和专有名词大写），以句号结尾，加上下划线。

下表中是章节标题的正确用法：

The House of Representatives	（一级标题）
Impeachment Procedures of the House	（二级标题）
<u>Rules for debate in impeachment proceeding.</u>	（三级标题）

第八章

引文来源

8.1 美国政治学会作者—日期格式

作为研究者最重要的任务之一就是认真清楚地为所使用的材料做好来源注释。如果这项任务完成得不好，将会使读者感到混乱，破坏你论文的效用，也许还会容易使你遭到剽窃的指控。严谨的注释不仅仅意味着好的格式。它不仅表明你作为学者的能力，还能给你的作品带来权威性。正确的注释可以证明你作为研究者的专业技能，增强读者对你和你的作品的信心。

遗憾的是，每个曾经写过研究论文的人都知道，正确地注释有可能是一项令人沮丧和迷惑的任务，对那些不是很熟悉他或她所要使用的文献系统的作者来说尤其如此。准确定位每个参考文献的元素都需要花很多时间来查证体例手册。即使你还没有开始为你的论文作具体的引证，也需要回答一些关于体例和格式的重要问题。

为哪些东西做注释

你必须总是注明直接引用的内容，也要注明某些类型的间接引用的材料。基础的知识（重要的日期、众所周知的事实或普遍共有的观点）不需要注释。不过，不是那么广为人知的知识就需要注释了。这类材料包括你的概念、评价、批评和对原始资料来源的说明。

如果你不确定某个论据是学术上公认的“前提”还是非常独特、值得做单独引证，那该怎么办呢？毕竟，你可能只是个新手，在某个领域刚开始你的研究。如果有所疑问，就**提供注释**。过分注释总比没能公正对待资料来源要好。 *153*

体例选择

有很多可供选择的注释体例，每种体例都是为了满足特定领域的研究者的需要而设计的。**现代语言协会**（MLA）和**美国心理协会**（APA）认可的索引体系经常在人文和社科领域使用，也能满足政治学作者的需要，但是本书提供的体例：美国政治学会作者—日期格式，可能更适合政治学论文。

美国政治学会采用了《芝加哥格式手册》（*CMS*）精心制定的体例的修订版，这可能是所有权威注释中最广受认可的体例。APSA 体例在美国政治学会的一本名为《政治学体例手册》（1993 年，2005 年修订）的小册子里有所概述。APSA 体例是为了指导专业政治学家准备提交给《美国政治学评论》（该杂志是美国政治学会主办的，也是最具影响力的政治学杂志）的论文手稿而设计的，这就是使用 APSA 体例的好处之一。学会 APSA 注释体例能使你——一个政治学学生与政治学者们的世界建立起另一个重要的联系。因此，下面给出一些《APSA 体例手册》中的范例，用以补充完整那些只有在 *CMS* 中才能找到的范例。

注意：为政治学编撰的《APSA 体例手册》只包含了一些基础的索引和参考书目的范例。关于其他范例和更详细的索引参考格式，2005 年修订的《APSA 体例手册》建议读者去查阅 *CMS* 的“最新版本”（第 15 版，2003 年）。只要 APSA 的指导适用，以下的格式就都基于 APSA 的指导而来。否则，以下的范例格式就是取自 *CMS* 第 15 版（2003 年），当然，必要的时候还取自更详尽的第 14 版（1993 年）。以 *CMS* 为基础的范例会在括号里面标示出其在 *CMS* 中相关段落的章节号，前面注明版次。例如，*CMS*15（17.288）表示《芝加哥格式手册》第 15 版中第 17 章第 288 节，这一节说明了如何引述美国宪法中的权威性资料（source material）。

连贯一致的重要性

作品注释中最重要的规则就是**保持一致性**。凌乱的索引会破坏读者对你的信任，还会使那些你引用在自己论证中的作品的作者遭受不利影响。从完全实用的观点来看，不一致的索引会严重降低你的水准。

使用体例手册

在试着利用以下指南来建构你的注释之前，请先通读一遍指南。在需要做出第一 *154*

个注释之前，不熟练的学生研究者多倾向于忽略掉体例手册中的这个章节，而当需要时，他们才浏览这些范例，并去寻找一个最符合手头情况的范例。不过，绝大多数体例手册都不会包含所有可能的注释样式，因此，作者必须从许多范例的元素中综合出一个连贯一致的索引格式。在使用之前通读所有的范例能让你产生一种感觉，这感觉能让你安排部署好不同种类来源的引文资料（如杂志文章、著作段落、政府文件和电子文档），还能让你感受到索引体系通常是如何运作的。

当你使用作者—日期格式索引时，你就得把放在括号内的注释间插入正文中，并紧跟着原始资料出现的段落。为了不分散读者对论证的注意力，索引要尽可能简洁，只要包含了足够的信息能让读者知道正文后面的参考文献列表中有全文引用就行了。通常，最少的必要信息就是作者的姓氏和原始资料的出版日期；如果你引用的是某个具体段落而不是整本书，就还要包括你所使用的段落的页码。正如下面范例所示，这类信息可以用多种方式来表示。

与正文相对应的放在括号内的全文引用的范例从本书 139 页的那部分开始。145 页列举了一个参考文献列表的范例。

作者—日期格式：引文

作者姓名、日期、页码放在括号内

Several critics found the senator's remarks to be, in the words of one, "hopelessly off the mark and dangerously incendiary" (Northrup 2006, 28).

注意，当注释出现在句末时，括号内的索引要放在句号之前。

页码和章节放在注释中

正文中的引文可能涉及一整篇文章，这种情况就不需要写明页码，因为它们会在论文最末的参考文献列表中列出来。不过，有时候你也需要标明具体某页页码和章目，就把它们放在出版日期后面，前面加上逗号；如果是引用的某章内容，还要用缩写 chap. 标明是章目。注意，如果涉及的是页数，不要用缩写 p. 或者 pp. 。

页码

Randalson (2004, 84-86) provide a brief but coherent description of the bill's evolution.

155 **章目**

Collins (2006, chaps. 9, 10) discusses at length the structure of the Roman senate.

作者姓名和日期放在正文中

下面这个例子使读者的注意力集中在 Northrup 的文章上：

For a highly critical review of the senator's performance, see Northrup 2006 (28).

作者姓名放在正文中，日期和页码放在括号内

这种情况是为了强调作者，只有 Northrup 的名字是包含在句子的语法结构之内的：

Northrup (2006, 28) called the senator's remarks "hopelessly off the mark and dangerously incendiary."

作者系两人的引文来源

The administration's efforts at reforming the education system are drawing more praise than condemnation (Younger and Petty 2005).

注意，姓名不一定按字母顺序排列。按照作者在他们著作或文章标题页上使用的顺序即可。

作者系三人的引文来源

Most of the farmers in the region support the cooperative's new pricing plan (Moore, Macrory, and Traylor 2004, 132).

作者系四人及以上的引文来源

在第一作者姓名后面用 et al. 表示"等"。注意这个短语要用罗马字体，而不要用斜体，后面紧接着加上句号。

According to Herring et al. (2004, 42), five builders backed out of the project due to doubts about the local economy.

一处以上的引文来源

注意，索引要按照字母顺序来排列：

Several commentators have supported the council's decision to expand the ruling (Barrere 2004; Grady 2004; Payne 2004).

两名同姓氏的作者

用名字的首字母区分同姓氏的两个作者： *156*

Research suggests that few taxpayers will appreciate the new budget cuts (B. Grady 2005; L. Grady 2004).

同一名作者的两部作品

如果同一个注释中出现同一名作者的两个索引，在出版日期之间加上逗号：

George (2005, 2004) argues for sweeping tax reform on the national level.

如果两个作品是同年出版的，就在出版年份后面加上小写字母把二者区别开来。在参考文献列表中一定也要加上相应的字母：

The commission's last five annual reports pointed out the same weaknesses in the structure of the city government (Estrada 2004a, 2004b).

再版

有时候，即使你使用的是某个重要文献的再版，注明一个重要文本的初次出版日期仍是很重要的。这种情况下，初次出版的日期用方括号括起来，放在再版日期之前：

During that period, there were three advertising campaign strategies that were deemed potentially useful to political campaigners (Adams [1960] 2004, 12).

经典文本

你可以用作者—日期格式来建构经典文本的注释，比如《圣经》就要用从古希腊语翻译过来的标准版，而《联邦党人文集》的引文则要注明你所使用版本的出版日期和页码。或者你可以按照这些文本原本被细分的体系来引证它们。由于经典文本的所有版本都采用同一个细分标准，因此这种索引方法有利于读者在任何公开发行的版本中找到这些文本。例如，你可能引用到《圣经》中具体的某篇、某章和某节，都要用罗马字体，并在通行的译文前面加上章节号。《圣经》中某书的标题要缩写。

"But the path of the just is as the shining light，that shineth more and more unto the perfect day"（Prov. 4：18 King James Version）.

《联邦党人文集》要按标准编号来引用：

Madison addresses the problem of actions in a republic（*Federalist* 10）.

公文

根据《APSA 体例手册》2005 年修订版，你可以用标准的作者—日期格式来注释公文。《APSA 体例手册》推荐查阅 *CMS*（16.148－98）的第 14 版和最新版的 Kate
157 L. Turabian 编写的《学期论文、毕业论文和学位论文作者写作手册》（Univ. of Chicago Press，2004）一书第 12 章。《APSA 体例手册》2005 年修订版提供了一些公文的参考文献列表条目的格式，而该手册和 *CMS* 第 15 版（2003）都没有举出插入正文中的括号内注释相应的例子。因此，下面的格式是基于《APSA 体例手册》和 *CMS* 第 14 版（1993）第 15 章、第 16 章中的内容而来的。

国会期刊。插入正文的括号内注释的内容无论是《参议院公报》还是《众议院公报》，都要以刊物名称代替作者姓名，然后是会议年份，如果适合的话，还要加上页码：

Senator Jones endorsed the proposal as reworded by Senator Edward's committee（U. S. *Senate Journal* 2006，24）.

国会辩论。国会辩论刊载在每天出版的《国会议事录》上，每两周的内容装订一册，在国会会期结束后再汇集装订成册。你应该尽可能查阅整年合订本而不是每两周一辑的临时版。插入正文的括号内注释应该以 Congressional Record（或者 Cong. Rec.）开头代替作者姓名，还应当包括国会会议的年份、在《国会议事录》中的卷次和册数，最后是页码：

Rep. Valentine and Rep. Beechnut addressed the question of funding for secondary education（*Cong. Rec.* 1930，72，pt. 8：9012）.

国会报告和文件。这类报告和文件的索引是以一年或两年为一个时间单位连续编号的，包括提交这一资料的团体的名称、年份和页码：

Rep. Slavin promised from the floor to answer the charges against him within the next week（U. S. Congress. House 2006，12－13）.

注意：如果论文中的语境能明确表示你所指涉的是美国，你也可以省略掉 U. S. 。不管采用哪种格式，你都要确保在注释和参考文献列表中始终如一地采用同一格式。

法案和决议。

The recent ruling prohibits consular officials from rejecting visa requests out of hand（U. S. Congress. Senate. 2005）.

法规。

《国会法案及决议案汇编》的注释：

Congress stipulates that any book deposited for copyright in the Library of Congress that suffers serious damage or deterioration due to age be rebound in library cloth (*Book Preservation Act*, 2006, *Statutes*).

《美国法典》的注释： 158

Congress stipulates that any book deposited for copyright in the Library of Congress that suffers serious damage or deterioration due to age be rebound in library cloth (*Book Preservation Act*, 2006, *U. S. Code*).

美国宪法。根据 *CMS*14 (15.367)，对美国宪法的索引应包括法律条文或修正案的编号、节号，如果有必要，还要加上条款号：

The president has the power, in extraordinary circumstances, either to convene or to dismiss Congress (U. S. Constitution, art. 3, sec. 3).

参考文献列表中不必列入美国宪法。

行政部门文件。报告、公报、通告或者其他类型的由行政部门颁布的资料的索引要以发布文件的机构名称开头，不过，如果你知道作者姓名，也可以用作者姓名：

Recent demographic projections suggest that city growth will continue to be lateral for several more years, as businesses flee downtown area for the suburbs (Department of Labor 2004, 334).

司法文件引用。

最高法院。与法律一样，法院的判例很少用单独插入正文的括号内注释和参考文献列表的条目，而是在正文中标明。不过，如果你想用一种正式的注释，你也可以在括号内用斜体注明案例名称，接着写上资料来源（1875 年以后的案例都纳入了《美国最高法院报告》，资料来源可直接缩写为 U. S.），资料来源的前面注明卷号，最后注明页码。

The judge ruled that Ms. Warren did have an obligation to offer assistance to the survivors of the wreck, an obligation which she failed to meet (*State of Nevada v. Goldie Warren* 324 U. S. 123).

1875 年以前，最高法院的判决是以法院官方发言人的名义发布的。下面的索引就引自 William Cranch, *Reports of Cases Argued and Adjudged in the Supreme Court*, 1801—1815, 9 vols (Washington, DC, 1804-17)。书记员姓名前面的数字是卷号，最后的数字是页码：

The first case in which the Supreme Court ruled a law of Congress to be void was *Marbury v. Madison*, in 1803 (1 Cranch 137).

对绝大多数括号内注释而言，只需要同正文内容相结合，就可以把括号内的全部或部分内容放到括号外面来：

In 1969, in *State of Nevada v. Goldie Warren* (324 U. S. 123), the judge ruled that an observer of a traffic accident has an obligation to offer assistance to survivors.

159 **地方法院。**地方联邦法院的判例发布在《联邦判例汇编》上。注释要给出《联邦判例汇编》（F.）的卷号。如果不是第一辑，要标出辑数（2d，如下例中所见）、页码，接着是用方括号括起来的具体法院的索引缩写（下例中是第二巡回法院的缩写）和年份：

One ruling takes into account the bias that often exists against the defendant in certain types of personal injury lawsuits（*United States v. Sizemore*，183 F. 2d 201 [2d，Cir. 1950]）.

政府委员会的出版物。根据 *CMS*14（15. 368），由不同政府委员会发布的公报、通告、报告和研究报告的索引应当包括委员会名称、文件日期和页码：

This year saw a sharp reaction among large firms to the new tax law（Securities and Exchange Commission 2004，57）.

团体作者。由于政府文件团体作者的名称常常是很冗长的，因此你可以设计一个首字母缩略词或者名称的简称，在索引中第一次提到资料来源的时候加以说明，在后面的引文里就可以都使用这个简称：

Government statistics over the last year showed a continuing leveling of the inflation rate（*Bulletin of Labor Statistics* 2006，1954；hereafter *BLS*）.

大多数期刊都认可了在后续的索引中对团体作者（无论团体作者是公共的还是私人的团体）使用简称的做法，《美国政治学评论》也是如此；*CMS*14（15. 377）也认可了这一做法。假如你经常涉及《联合国统计月报》（*U. N. Monthly Bulletin of Statistics*），你可以在第一次索引的时候给出刊物的全名，然后在后面所有的引文中都用刊物名的简称——或许也可以用首字母缩略词 *UNMBS*。

州和地方政府的出版物。根据 *CMS*14（15. 377），州和地方政府文件的索引格式跟相关的国家政府文献来源相同：

In arguing for the legality of cockfighting，Senator Lynd actually suggested that the "sport" served as a deterrent to crime among the state's young people（Oklahoma Legislature 2004，24）.

*CMS*14（16. 178）规定把涉及州法律或市政法令的参考书目信息写在正文中。

电子文献来源

如果可能的话，电子文献的括号内注释格式应当和同类资料的印刷品文献来源注释相同。换句话说，包括作者姓氏、出版年份，如果有的话，还要包括文献中的相关页码。不过，电子文本会缺失在标准文本引文中存在的一些资料（如作者姓名和相关
160 页码等），因此也就没法在索引中出现了。如果缺失作者姓名，括号内注释可以写上加引号的文件名称。如果网上的文章标注了段落号，你也要标注出相关文字所在段落的编号：

The election results that November may have been what startled Congress into taking such an action（"Effects of Landmark Elections" 2004，para. 12－14）.

访谈录

根据 2005 年修订版《APSA 体例手册》，未公开发表的访谈录应当在正文的句子

中予以明确，而不要用括号内注释。句中要包括被采访者的姓名、沟通的手段（是通过电话、信函还是正式的面对面采访）、日期，如果有重大关系，还要加上采访地点。但如果访谈录是公开发表过的，就既要在正文中加以注释，也要在论文最后的参考文献列表中列出条目。

已公开发表的访谈录。

In an interview last March，Simon criticized the use of private funds to build such city projects as the coliseum（Fox 2005，58-59），

论文作者所做的未公开发表的访谈录。如果你引用的是你所作的未曾发表的访谈资料，则应当注明自己是作者并写明采访日期：

In an interview with the author on 23 April 2004，Dr. Kennedy expressed her disappointment with the new court ruling.

作者—日期格式：参考文献列表

在使用作者—日期格式参考书目体例的论文中，括号内注释向读者指出了在参考文献列表中有完整的索引内容。参考文献列表放在论文正文后面，根据每个索引的首个要素按字母顺序排列。通常，这个要素是作者或编者的姓名；但是如果缺失作者或编者姓名，索引条目就根据作品的题目按字母顺序排列，因为这时候索引中的首个要素就是作品题目。

参考文献自始至终都要使用双倍行距，条目之间也是如此。同大多数按字母顺序排列的书目一样，也要使用一种名为“悬挂式缩进”的反向缩进：在索引的第一行之后，所有后续的行都要缩进五个空格。

大写

《APSA 体例手册》给参考文献中的引文标题规定的是标准的大写规则（又称“标题体例”）。在这一体例中，标题中的所有单词，除了冠词（a，an，the）、连词 *161*
（and，but，or，for，nor）和介词，首字母都要大写。

著作

单独作者。

Northrup，Alan K. 2004. *Living High Off the Hog*：*Recent Pork Barrel Legislation in the Senate*. Cleveland：Johnstown.

首先是作者姓名，姓名要颠倒过来：姓在前，名在后。然后是出版日期、书名、出版地点和出版社名称。关于出版地点，除非是出版城市不很知名，否则不用标明所在州的名称。要标明所在州名称的话，就用邮政缩写来表示（如 *OK*，*AR*）。

用句号来区分开大多数的索引成分，不过在出版地点和出版社之间用冒号隔开。虽然在著作标题页的标题中是不能出现冒号的，但是按惯例参考文献中主标题和副标题之间要用冒号分开。

两位作者。只有第一作者的姓名要颠倒，因为索引要根据第一作者的姓来按字母排序：

Spence，Michelle，and Kelly Rudd. 2005. *Education and the Law*. Boston：Tildale.

三位作者。

Moore，J. B.，Jeannine Macrory，and Natasha，Traylor. 2004. *Down on the Farm*：*Renovating the Farm Loan*. Norman：Univ. of Oklahoma Press.

根据 *CMS*15（17.104），如果 University 一词出现在出版社名称中，则可以使用缩写 Univ.。

四位及四位以上作者。

Herring，Ralph，et al. 2004. *Funding City Projects*. Atlanta：Jessup Institute for Policy Development.

主编、汇编或译者作为作者出现。如果标题页上没有写明作者姓名，*CMS*15（17.41）要求索引以主编、汇编或译者的姓名开头，后面标注上相应的表述——ed.，comp. 或 trans.：

Trakas，Dylan，comp. 2004. *Making the Road-Ways Safe*：*Essay on Highway Preservation and Funding*. EL Paso：Del Norte Press.

主编、汇编或译者与作者同时出现。把主编、汇编或译者的姓名放在著作标题后，前面加上相应的表述——*Ed.*，*Comp.*，*Trans.*：

Pound，Ezra. 1953. *Literary Essays*. Ed. T. S. Eliot. New York：New Directions.

Stomper，Jean. 1973. *Grapes and Rain*. Trans. and ed. John Picard. New York：Baldock.

162 **同一作者的两部或两部以上作品。**2005 年修订版《APSA 体例手册》不允许用 3 字长的破折号代替在条目中非第一次出现的作者姓名。相反，所有相同的作者的文献都要分别写出作者的姓名，然后按出版日期顺序排列，而不是按字母顺序排列：

Russell，Henry. 1978. *Famous Last Words*：*Notable Supreme Court Cases of the Last Five Years*. New Orleans：Liberty Publications.

Russell，Henry. ed. 1998. *Court Battles to Remember*. Denver：Axel & Myers.

多作者合集中的一章。

Gray，Alexa North. 2005. "*Foreign Policy and the Foreign Press.*" In *Current Media Issues*, ed. Barbara Bonnard. New York：Boulanger.

插入正文的括号内注释可能会包括页码索引：

(Gray 2005，191)

如果作者和主编是同一个人，你得重复他或她的姓名：

Farmer，Susan A. 2004. "*Tax Shelters in the New Dispensation*：*How to Save Your Income.*" In *Making Ends Meet*：*Strangers for the Nineties*, ed. Susan A. Farmer. Nashville：Burkette and Hyde.

序言或导论的作者。根据 *CMS*15（17.46，17.74-75），除非是使用了该作者在这本书中的文稿，否则不需要在参考文献列表中列出序言和导论的作者。在使用了该作者在这本书中的文稿的情况下，参考文献列表中的条目则要按序言和导论作者的姓名来排列。把这些作品作者的姓名放在作品名称之后：

Farris, Carla. 2004. Foreword to *Marital Stress and the Professoriat*: *A Case Study*, by Basil Givan. New York: Galapagos.

插入正文的括号内注释列出的是序言和导论的作者姓名，而不是书的作者姓名：

(Farris 2004)

后续版本。如果你用的不是一本书的第一版，就得注明版次；如果没有版次，就要注明其状态，如用 Rev. ed. 表明是修订版：

Hales, Sarah. 2004. *The Coming Water Wars*. 2d ed. Pittsburgh: Blue Skies.

多卷本作品。如果你引用的是多卷本作品的全部，就用下面这个格式：

Graybosch, Charles. 1988－89. *The Rise of the Unions*. 3 vols. New York: Starkfield.

如果你只引用了多卷本作品中的某一卷，则要用下面这个格式：

Ronsard, Madeleine. 2005. *Monopolies*. Vol. 2 of *A History of Capitalism*. 163
Ed. Joseph M. Sayles. Boston: Renfrow.

再版。

Adams, Sterling R. [1964] 1988. *How to Win an Election*: *Promotional Campaign Strategies*. New York: Starkfield.

经典文本的现代版本。如果知道出版的最初年代，就用方括号注明，放在所使用的版本年代前面：

Burke, Edmond. [1790] 1987. *Reflections on the Revolution in France*. Ed. J. G. A. Pocock. Indianapolis: Hackett.

请记住，如果经典文本被分成了短的、编号的章节（如《圣经》的章和节），你不需要在参考文献表中列出来，除非你想详细指出是某个具体版本。

期刊

期刊文章。期刊是定期发行的，通常是每月或每季一刊，季刊往往是某些特定领域的学术文章。2005 年修订版《APSA 体例手册》规定，期刊文章的索引要包括出版的月份或季、或期数（以此为选择顺序），放在卷号后面。

Hunzecker, Joan. 2004. "Teaching the Toadies: Cronyism in Municipal Politics." *Review of Local Politics* 4 (June): 250－62.

注意，期刊的名称要用斜体，紧跟着是卷号，中间不加标点。月份用括号括起来，与后面的页码之间用冒号分隔开。不要用 p. 或者 pp. 来引出页码。

杂志文章。杂志通常是每周、双月或每月出版。与期刊相比，杂志吸引的是大众读者，发行量也更大。《新闻周刊》和《科学美国人》就属于这类杂志。

月刊杂志。杂志的名称和出刊月份之间用逗号隔开：

Stapleton, Bonnie. 1981. "How It Was: On the Campaign Trail with Ike." *Lifetime Magazine*, April, 16－21.

周刊或双月刊杂志。刊物的出版日期要放在月份前面：

Bruck，Connie. 2006. “The World of Business：A Mogul's Farewell.” *The New Californian*，18 October.

报纸文章。2005年修订版《APSA体例手册》中没有讨论报纸文章的参考文献条
164 目写法，而*CMS*15（15.234-42，16.117-18）上详细介绍了这个问题的处理方法。下面是两种典型的范例：

New York Times. 2006. Editorial，10 August.

Fine，Austin. 2005. “Hoag on Trial.” *Carrollton*（*Texas*）*Tribune*，24 November.

注意，报纸名称中的The是省略了的。如果某份美国报纸的名称中没有包含其出版所在的城市名，应该用斜体字将城市名增补上去。正如前面第二例所示，如果该城市不是很知名，就还要用斜体字补充上所在州名，州名用括号括起来。

公文

国会期刊。《参议院公报》和《众议院公报》的索引都要以期刊名称开头，包括会议的年份，国会和会期的届数以及条目的日期和月份：

U. S. Senate Journal. 2006. 105th Cong.，1st sess.，10 December.

序数词second和third可以用d（52d，103d）或nd或rd来代替。

国会辩论。

Congressional Record. 1930. 72st Cong.，2d sess.，vol 72，pt. 8.

国会报告和文件。在Congress或者House的字样后面，尽可能多地包含以下内容并按顺序排列：委员会名称、年份、报告或文件名称、国会会期、会议届数，以及报告或文件的编号或委员会的打印记录号。

U. S. Congress. House. Committee on the Budget. 2006. *Report on Government Efficiency As Perceived by the Public*. 105th Cong.，2d sess. H. Rept. 225.

议案和决议。

U. S. Congress. Senate. 2005. *Visa Formalization Act of 2005*. 105th Cong.，1st sess. S. R. 1437.

上面范例中的缩写S. R. 代表Senate Resolution（参议院决议），后面的数字代表议案号或决议号。索引中，众议院提案的缩写则是H. R.。

法规。

《国会法案及决议案汇编》的注释：

Book Preservation Act. 2006. *Statutes at Large*. Vol. 82，sec. 6，p. 184.

《美国法典》的注释：

Book Preservation Act. 2006. U. S. *Code*. Vol. 38，sec. 1562，p. 265.

美国宪法。2005年修订版《APSA体例手册》没有讨论关于美国宪法的索引；*CMS*14（16.172）中规定，美国宪法不列入参考书目中。

165 **行政部门文件。**包括团体作者名称、年份、标题、城市和出版社。

Department of Labor. 2004，*Report on Urban Growth Potential Projections*. Washington，DC：GPO.

上面范例中出版社的简称 GPO 代表 Government Printing Office（政府印刷局），它负责出版和配发绝大多数政府出版物。根据 *CMS*15（15.327），你可以使用下面的任一格式来表示 GPO：

Washington，DC：U. S. Government Printing Office，2005

Washington，DC：Government Printing Office，2005

Washington，DC：GPO，2005

Washington，DC，2005

记住，你选择了某种格式，就要始终如一地使用这个格式。

法院判例的索引。

最高法院。使用与插入正文的括号内索引相同的格式，只是需要在案例名称后面加上日期：

State of Nevada v. Goldie Warren. 1969. 324 U. S. 123.

1875 年之前的案例，使用下面这个格式：

Marbury v. Madison. 1803. 1 Granch 137.

地方法院。索引要包括《联邦判例汇编》（F.）中的卷号、辑号，如果不是第一辑，要标出辑数（2d，如下例中所见）、页码，以及加括号的对具体某部分的缩写索引。

United States v. Sizemore. 1950. 183 F. 2d 201（2d Cir.）.

政府委员会的出版物。

U. S. Securities and Exchange Commission. 1984. *Annual Reporter of the Securities and Exchange Commission for the Fiscal Year*. Washington，DC：GPO.

州或地方政府的出版物。请记住，州和地方政府文件的索引跟相关的国家政府文件的索引相同：

Oklahoma Legislature. 2006. Joint Committee on Public Recreation. *Final Report to the Legislature*，2006，*Regular Session*，*on Youth Activities*. Oklahoma City.

电子文献来源

如果某个文献来源既有印刷版又有电子版，最好选用印刷版，因为对读者而言，
印刷版比电子版更容易获得。但如果你已经使用了电子版，而且电子版与印刷版不 166
同，那么通行的做法就是尽可能地使电子版资料的索引与印刷版的相同，要补充上检索路径（网址）和你最后访问该资料网址的日期。

电子书。索引以作者姓名开头，姓和名要颠倒过来，如果可能，还要附上出版日期、作品名称、检索路径，并且在括号内注明最后访问该网址的日期。

Amshiral，Sretas. 2004. *Aviation in the Far East*. http://www. flight_easthist. org（January 3，2005）.

电子书中的章。

Burris，Akasha. 2004. "Experiments in Transubstantiation." *Surviving Global Disaster*. http：//www. meekah/exit/paleoearth. html（March 5，2005）.

注意，你引用完整的 URL 可能会使索引内容延到下一行，但你不要在第一行末

尾加连字号。

电子期刊。索引要尽可能包括以下所有你能找到的信息，并按此顺序排列：作者姓名（姓和名要颠倒过来）；出版年份；加引号的文章标题；用斜体标示的杂志名称；以及其他出版信息（如卷号、日期或月份，完整的检索路径，最后访问该网址的日期），并用括号括起来。

Zoheret, Jeanie. 2003. "The Politics of Social Deprivation." *B & N Digest* 3 (February). http://postmorden/tsu/b&n.edu (December 5, 2004).

从互联网上下载的资料。索引内容包括：放在括号内的作者姓名（姓和名要颠倒）、出版年代和文章标题；如果可以，附上斜体字标明的整个作品的名称或网页；完整的网址（URL）；末尾是你最后访问该网址的日期，要放在括号内。

Squires, Lawrence. 2004. "A Virtual Tour of the White House, circa 1900." *National Landmarks: Then and Now.* http:// www.natlandmk.com/hist (August 21, 2004).

电子邮件资料。2005 年修订版《APSA 体例手册》建议，电子邮件、电子公告栏和电子讨论组的信息在正文中作为个人交流信息，不列入参考文献列表。

访谈录

已公开发表的访谈录。

书籍中无标题的访谈。

Jorgenson, Mary. 2004. Interview by Alan McAskill. In *Hospice Pioneers*. Ed. Alan McAskill, 62-86. Richmond: Dynasty Press.

期刊中有标题的访谈。

Simon, John. 2004. "Picking the Patrons Apart: An Interview with John Simon." By Selena Fox. *Media Week*, March 14, 40-46.

167 **电视访谈。**

Snopes, Edward. 2004. Interview by Klint Gordon. *Oklahoma Politicians*. WKY Television, 4 June.

未公开发表的访谈录。根据 2005 年修订版《APSA 体例手册》规定，未公开发表的访谈录应当在正文中用句子表述清楚，而不是用括号内注释，且不用列入参考文献列表中。

未公开发表的文献来源。

毕业论文和学位论文。如果作品是装订本或胶合本，则跟书籍一样，标题要用斜体字；否则，就用引号标示出标题：

Hochenauer, Art. 2005. *Populism and the Free Soil Movement*. Ph.D. diss. University of Virginia.

Sharpe, Ellspeth Stanley. 2003. "Black Women in Politics: A Troubled History." Master's thesis. Oregon State University.

提交给会议的论文。

Zelazny, Kim, and Ed Gilmore. 2005. "Art for Art's Sake: Funding the NEA in the Twenty-First Century." Presented at the Annual Meeting of the Conference of Metropolitan Arts Councils, San Francisco.

作者拥有所有权的手稿。

Borges, Rita V. 1969. "Mexican-American Border Conflicts, 1915-1970." University of Texas at El Paso. Photocopy.

索引条目中应包括作者所属的机构，并且以对作品格式的描述作结尾（打印稿、复印件等）。

参考书目的样本：APSA 作者—日期格式

注：本章中使用的绝大部分范例都不是取自真实的出版物。 *168*

Ariès, Philippe. 1962. Centuries of Childhood: A Social History of Family Life. Tran. Robert Baldock. New York: Knopf.

Cesbron, Henry. 1999. Histore critique de l'hytérie. Paris: Asselin et Houzeau.

Farmer, Susan A. 2004. "Tax Shelters in the New Dispensation: How to Save Your Income." In Making Ends Meet: Strategies for the Nineties, ed. Susan A. Farmer. Nashiville: Burkette and Hyde.

Herring, Ralph, et al. 2004. Funding City Projects. Atlanta: Jessup Institute for Policy Development.

Hunzecker, Joan. 2004. "Teaching the Toadies: Cronyism in Municipal Politics." Review of Local Politics 4: 2250-62.

Moore, J. B., Jeannine Macrory, and Natasha Traylor. 2004. Down on the Farm: Renovating the Farm Loan. Norman: Univ. of Oklahoma Press.

Northrup, Alan K. 2004. Living High Off the Hog: Recent Pork Barrel Legislation in the Senate. Cleveland: Johnstown.

Skylock, Browning. 1991. "'Fifty-Four Forty or Fight!': Sloganeering in Early America." American History Digest 28 (3): 25-34.

Squires, Lawrence. 2006. "A Virtual Tour of the White House, circa 1900." *National Landmarks: Then and Now.* http://www.natlandmk.com/hist (21 August 2004).

Stapleton, Bonnie. 1981. "How It Was: On the Campain Trail with Ike." Lifetime Magazine, April.

U. S. Securities and Exchange Commission. 1984. Annual Report of the Securities and Exchange Commission for the Fiscal Year. Washington, 2005.

8.2 避免抄袭

你总想尽可能有效地利用你的原始资料。有时候这意味着你应当从原始资料中引用，然而有时候你却想用自己的语言来表达某些信息。在任何时候，你都应当努力地使原始资料同你的书面论证巧妙而流畅地结合起来。

何时引用

若原作品的语言很独特并且足以强化你的论证，或者改写原话反而会削弱其效力，那么你就应该从原始资料中直接引用这段文字。为了公平起见，你也应当引用一些你持异议的文字。不过，你最好不要引用过长的原始资料（两到三段，甚至更长），而且你的论文或大量的章节也不应该仅仅是一连串的引文。引用别人的著述越多，引文就越容易破坏你自己文字的流畅性。过多的引文会造成不同风格的和假借的观点的凌乱杂烩，若陷入其中，你就会失去对资料的掌控力。

与你作品相关的引文

169 在使用引文时，你一定要巧妙地将其插入文中。根据《APSA 体例手册》，四行及四行以下的引文应当并入正文中，并用引号区分开。

"In the last analysis," Alice Thornton argued in 2006, "we cannot afford not to embark on a radical program of fiscal reform" (12).

超过四行的引文要提行，从左页边距第六个空格起书写，不要加引号。

Blake's outlook for the solution to the city's problem of abandoned buildings is anything but optimistic:

> If the trend in demolitions due to abandonment continues, the cost of doing nothing may be too high. The three-year period from 2004 to 2007 shows an annual increase in demolitions of roughly twenty percent. Such an upward trend for a sustained period of time would eventually place a disastrous hard-ship on the city's resources. And yet the city council seems bent on following the tactic of inaction. (2004, 8)

仔细确认引文

不能很好地标明引文的存在会导致混乱或不准确。

The U. S. Secretary of Labor believes that worker retraining programs have failed because of a lack of trust within the American business culture. "The American business community does not visualize the need to invest in its workers" (Winn 2004, 11).

从上面一段话中的第一个句子来看，后面的引文似乎是来自劳工部的资料。注意下面这个修订版是如何阐明引文来源的：

According to the report of Fred Winn, the U. S. Secretary of Labor believes that worker retraining programs have failed because of a lack of trust within the American business culture. Summarizing the secretary's view, Winn writes, "The American business community does not visualize the need to invest in its workers" (Winn 2004, 11).

正文中引文出现的地方要和正文之后的参考文献列表中一样，必须标明每一个引文的出处。

准确地引用

如果你对引文的抄写因粗心大意而产生了任何形式的改变，你就犯了误述引文来源的错误了。认真校对你的引文，特别要注意诸如拼写、大小写、斜体和数词使用之类的表征错误。 *170*

为了使引文流畅地融入一段话当中，理清一个索引或者去掉不必要的资料，你间或也需要略微调整一下原文的措辞。不过，你必须向读者标明每一处改动。有些修改过的地方要用方括号注明：

"Several times in the course of his speech, the attorney general said that his stand [on gun control] remains unchanged" (McAffrey 2004, 2).

省略号表示引文中被省去的词：

"The last time voters refused to endorse one of the senator's policies … was back in 1982 " (Laws 2005, 143).

当你把引用的材料与自己的文字结合起来的时候，就不必用省略号作为引文的开头了。

Benton raised eyebrows with his claim that "nobody in the mayor's office knows how to tie a shoe, let alone balance a budget" (Williams 2006, 12).

改写

你的论文有自己的修辞特征、节奏和结构上的连贯性。在论文的某章里插入许多引文会破坏文字的风格、减弱其影响力。用自己的语言改写或者重写文献原文是一个可以避免因采用一连串引文而产生混乱的好方法。

请记住，改写是用你自己的语言来写作，而不是近似复制地去抄原作者的语言。仅仅改换原文里的一些单词对任何人的作品来说都不公平，而且时常会造成呆板做作的文字段落。这种类型的借用实际上就是一种抄袭。把别人的材料完全融入到你的作品中，就要用自己的语言。

事实上，改写能增进你对原始资料的理解，因为在改写某段文字的时候你也得认真思考它的含义——也许比你只是逐字原文照搬来得更认真仔细。

改写时要避免抄袭

改写的内容要求和直接引用同样的注释。改写的语言或许是你自己的，但观点却
171 是别人的。如果没有以正文中的索引和参考文献的方式署明原作者，你就极可能受到抄袭的指控。

抄袭是指未适当地署明作者就使用了他人的文字或观点。虽然有的抄袭是故意的，某些作者明白这是一种学术剽窃的故意犯罪行为，但是绝大多数抄袭是无意识的，是由于作者不知道抄袭的多种形式或在给原始资料作注释时粗心大意造成的。抄袭包括：

- 直接引用而未署明文献来源。
- 改写资料但未署明文献来源。
- 改写的内容在语言和句法上与原始文献都极为类似。

有一种防止抄袭的办法就是注释清楚每一处援引了原始文献和改写了文献的地方（确保改写所用的语言文字都是你自己的）。要么是用引号，要么是用明显的段落，一定要使定稿中的每处直接引用都同你自己的文字明确区分开来。

哪种类型的改写资料应该署明出处呢？你在许多文献中都能找到的基本资料都不需要注释。例如，富兰克林·罗斯福在第四次被选担任美国总统后不久就去世了这个消息就不必注释，因为这是众所周知的。不过，在最近发表的一篇文章中，史密斯教授认为罗斯福的第四次当选总统加速了他的死亡这个观点就不是一个事实，而是一个基于史密斯的研究并由她所论辩的理论。如果你想要改写史密斯的观点，你就得像必须对其他文献来源都做判断和确认那样，署明这是她的作品。所有不是那么众所周知的资料，不论是事实的还是有争议的，都应该作注释。除了你自己的主要研究成果，取自文献原文的统计表、曲线图、表格和图表也都要注释。

第三篇

在政治学范围内实施研究

第九章

组织研究步骤

9.1 掌控好研究过程

撰写研究论文是技巧的集合，它集中了你作为细节的理解者、事实和理论的组织者以及清晰文字的作者需要的所有技巧。在事实和假设的双重基础上建构逻辑论证是政治学研究的方法，而最成功的政治学家就是掌握了这门研究艺术的人。 172

新学习写作研究论文的学生有时发现自己会被摆在面前的任务吓住了。毕竟，研究论文为研究过程增加了看似额外的复杂要求。同其他的说明性或说服性论文一样，研究论文必须通过精心组织和逻辑论证提出一个独创的论点。但是，它还要调查研究作者经验之外的论题。这意味着作者必须探究和评估新的资料，因此，这实际上也是一种在研究论题的过程中的自我教育。刚着手研究的研究人员有时觉得自己被任务的基本要求弄得不知所措，或被研究中使用的文献资料的权威吓倒。

当你开始一项研究课题时，似乎很难建立对你所承担的不同任务的掌控感。你可能连对去哪里找一个论点或最有用的资料都没有什么想法。如果不很谨慎地控制工作习惯，你可能会发现自己已经不知不觉地放弃了责任，让论文的论证不加选择地借用了一个或多个文献资料。

谁控制着你的论文？答案肯定就是你——不是给你布置任务的导师，当然也不是公开发表观点的作者和你试图求得观点的被采访者。如果你的论文所做的全部事情就是把不同的观点拼凑在一起，那它也没有什么用处了。要靠你来把一个独创的论点和对原始文献的审慎评估综合起来。当然，在课题研究的初始阶段，你对论文的许多要
173 素都不会很确定。例如，你可能还没有一个最终的主题句或还不是很清楚论证的具体形式。对于将要完成论文所需的步骤，你得建立起一定程度的控制。并且，如果你有规律、有计划地工作，在新观点出现时保持对新观点的开放态度，那么你的掌控感就会增加。下面是一些建议，以帮助你建立和保持对文章的掌控感：

1. 弄清你的任务。研究工作可能会仅仅由于作者没有认真阅读任务而进展不顺利。考虑到你会在课题上投入如此多的时间和精力，确保对导师要求你做的事有明确的理解，不失为一个好主意。如果你对课题任务的任何一个方面还不很明白，那就一定要向导师问清楚，不过你一定得先认真研读该项任务。即使是你的导师已经写给你了，你亲手重新写一下该任务就是一个很好的开始。在开始钻研课题之前，一定要认真思考下面的问题。

2. 你的论题是什么？任务或许给了你许多关于论题的具体信息，甚至允许你自由地思考并找出一个自己的论题。假设在政府课程中你正在学习影响美国外交政策的问题，教授可能会给你一个非常具体的任务（例如，一篇考查随着国际交流的衰退而产生的建立一项可行外交政策的困难的论文），或者他或她会让你自己选择论文将要论述的问题。你需要理解任务中提出的术语，还得靠它们来设计你的课题。

3. 你的目的是什么？就论题而言，无论给定你自由运作的程度如何，你都要密切关注你导师是如何表述这个任务的。首要的任务是描述当前政治局势还是表明某种立场呢？你是不是要比较政治制度，如果是，要达到什么目的？你是要澄清、说服、调查还是分析？为了确定课题的目的，就要在任务中找出此类描述性的术语。

4. 你的读者是谁？论文的写作方向深受所设想的写作对象的影响。假设你的导师是主要读者，那么还有哪些其他人会对你的论文感兴趣？你是为社区选民、地方长官或市议会写这篇论文的吗？一篇描述城市建筑整修计划的论文，如果是写给承揽商而不是写给本地商会或地方领导人的，那么这篇论文无可非议地会包含更多的技术术语。

5. 你要做何种类型的研究？你可能会做下面列出的其中一种研究，也可能两种研究都会做。

● **第一手研究。**第一手研究要求你找到第一手的资料，通常包括采访、问卷调查或民意测验。在第一手研究中，你得收集和筛选原始资料（那些未经研究者分析过的
174 资料），然后开始进行研究、选择、分类和思考。这些原始资料可能是专家或路人的见解、历史文献、著名政治家的公开信，或者是其他研究者收集来的资料。认真创立一个收集资料的方法是很重要的。你的目的是尽可能收集最准确的资料，这样无论是你还是其他使用你掌握的资料的作者，才能在此基础上做出可靠的观察报告。

● **二手研究。**二手研究使用已发表的第一手研究的资料。虽然第一手研究者会对某个社区进行民意测验，看看他们对近期的联合选举（bond election）结果的看法，

但是，二手研究者需要使用民意测验的结果材料来支撑某个具体的论点。换句话说，二手研究集中在对原始资料的诠释上。你在大学里写的大多数论文将基于你对二手资料的运用。

一手文献来源	**二手文献来源**
公开发表的瑟古德·马歇尔通讯录	一篇论述通信中表现出的马歇尔对媒体态度的杂志文章
对市长的采访	根据采访对市长做的性格分析
问卷调查得来的资料	一篇以问卷调查结果为基础论点的论文

6. 要保持谨慎的态度。无论你进行的是哪一类研究，你都必须谨慎对待研究结果。作为第一手研究人员，你无法对你的调查结果保持完全的客观。你不可能设计出一种可以获得绝对事实的调查问卷，你也无法确定采访中收集到的观点是否反映了采访对象准确和不变的看法。同样地，如果你进行的是二手的研究，就必须记住你所读的文章和杂志是根据作者的目的来撰写的，他们也是根据自己的目标来诠释这些一手材料的。你离一手资料来源越远，信息失真的可能性就越大。作为一个研究者的职责就是要尽可能地准确，这意味着你得时刻记住你的方法及其目的的局限性。

9.2 有效的研究方法

在任何研究课题中都会有混乱的时候。不过，建立一种有效的研究程序，能防止这种混乱把你弄得不知所措。你需要设计一个尽可能有条理的时间表，当然同时也要有足够的灵活性，以防你会感到被它羁绊住了。时间表能告诉你下一步该做什么，还有助于你避免走进死胡同。与此同时，时间表还能帮助你在工作中保持发现新观点和 175
新的策略所需要的聚焦点。

给自己充足的时间

你也许会感到似乎有很多原因会阻碍你的研究：不熟悉图书馆，其他任务的压力，截止日期看起来还挺遥远的等。但是不要让这些因素妨碍你的工作。研究是很花时间的。在图书馆里查资料会让时间过得很快，因此，找到某个资料所花的时间会是你预期的两倍。你不仅得给自己时间去找资料，还得有时间去阅读、消化吸收，然后把它融入你自己想法的情境当中。如果你推迟着手的时间，你很可能会发现自己被截止日期逼得发疯——一边要弄清楚某个作者的复杂论证，一边还得时刻留神时间到了没有。

下面这个时间表按完成事务的一般顺序列出了一个研究课题的步骤。请记住，每个步骤都取决于其他步骤，并且根据后续的发现来修订此前的决定也是可行的。例如，在做了背景阅读之后，你对论文目的的想法可能会有变化，一个事实也会反过来影响其他步骤。好的时间表的另一个长处就是它的灵活性。注意，这个时间表对第一手研究和二手研究都管用，你应当只采用那些与你的课题有关的步骤。

背景阅读

不论做的是第一手研究还是二手研究，你都得熟知这一领域已经有了哪些类型的成果。如果你不想做得太多，那么从查阅主要的参考文献开始着手，仍是一个好办法（见下文）。第十章、第十一章列举了许多网络上政治学家感兴趣的话题。你或许会发现即使对具体的地方问题来说，这些资料都是有用的，例如如何改组市议会或为地区公立学校的反吸毒运动筹措资金。

提醒 一定要非常小心，不要过分依赖综合性百科全书中的资料，诸如《维基百科》、《大英百科全书》或《科里尔百科全书》之类的资料。也许你只是想查阅一本百科全书从而了解某个你不熟悉的论题的概况，不过刚接触研究的学生往往倾向于从这些书中引用大段大段的内容（即使不是整篇文章），可这绝不是好的学术方法。导师布置给你研究论文这个任务的主要原因之一，就是让你了解政治学讨论过程中通常要查阅参考哪些类型的书籍和杂志。百科全书适合临时查阅对某个主题的概述；有时候，百科全书的文章末尾也会附有参考文献目录。但要写出一篇有价值的论文，你需要更多关于该论题的具体资料。一旦掌握了综合性百科全书中的内容，就进一步去研究其他文献资料吧。

176 收集材料的主要原则就是发挥想象力。弄清哪些与你研究有关的论题在综合性参考书目中能查找到。例如，如果你在找一篇关于筹集反吸毒运动资金的研究论文的介绍性文本，就可能去查阅类似《社会工作百科全书》之类的专门的索引工具。记住，可以在这类作品中查出后面附有参考文献列表的文章，里面有具体的书名和论文标题。

缩小论题和设立可行的论点

在寻找外部的文献资料之前，你应当弄清楚关于这个论题你已知的或者已经想过的东西，一个任务只有通过写出来才能很好地完成。你或许会希望通过第五章中描述的一两种写作前构思方法来弄清自己关于该论题的态度。你也可能会为你对这个课题所知道的或不知道的东西感到惊讶。这种自我询问有助于你发现一个有用的研究方向。

有关一篇美国政府课程的研究论文，分配给夏洛特·戈布尔的任务是：调查美国社会中对道德进行立法的基本意图的不同分类。她选择了教科书审查制度这个具体的论题。下面是她如何找到有效限制论题和论点的方法的。

总括性论题 **教科书审查制度**

潜在的论题 **地方审查制度运动是如何兴起的**

资助审查制度运动

教科书审查制度背后的原因

审查制度运动的结果

可行的论题　在本州内发起教科书审查运动的容易程度简直令人不安

第五章讨论过发现论点的具体方法。你不大可能在课题的一开始就提出一个很令人满意的论点。在寻找一个既有价值又能掌控的主要观点时，你需要一种能引导你自己穿越早期研究步骤的方法。头脑中存有一个有效论点（一个你自己目的的初步陈述），有助于你在查阅潜在的文献资料时选取对你自己最有利的资料。可行论点可能会随着你的研究而不断发展，而你也该随时准备好接受这种变化。在研究过程中，你不能过早地选定某个论点，否则就可能会失去完善它的机会。

列一份工作参考书目

在开始研究的时候，你总会找一些可能有用的已出版的文献资料，例如论文、书籍或专家访谈。这个可能有用的文献列表就是工作参考书目。有很多方法可以列出这样一份书目。图书馆里的编目和你研究领域出版的书目都能给你提供这些文献资料（下面列出了这样一些书目）。你做背景阅读用的综合性索引里或许也列有这样的参考 177
书目，你能找到的每一篇专业论文和每一部专著里都有作者采用的参考书目，这对你也许会有帮助。

你将在工作参考书目中选取一些条目，这些条目会出现在你论文终稿的参考书目里。在研究的早期，你并不知道哪些文献对你有用，哪些对你没用；不过，你得对有用的参考书目中的每个条目都有准确的说明，只有这样你才能分辨清楚哪些条目已经研究过了，哪些条目还需要再次查阅。列一份工作参考书目还能让你习惯使用规范的参考文献格式，这也是论文终稿中要求的格式。你在列可能有用的参考文献时，一定要囊括资料的所有要素，并使用恰当的格式和标点符号（第八章具体描述了政治学论文最常见的参考文献格式）。

写信索取所需的资料

在研究过程中，你或许需要查阅一些并不是即时可获得的文献资料。例如，在写反吸毒运动的论文时，你可能发现华盛顿特区的某个政府机构或公益性团体拥有一大堆可能有用的资料。或许你会发现你所在大学的图书馆或其他图书馆里都没有你需要的某本书，或者在其他州同等大小的某个城市的学校系统内部已经成功进行了反吸毒运动研究。在这些情况下，你很容易由于不易查阅到就忽视了潜在的文献资料。可是如果你忽视了这些资料，你就无法完成好你的任务。

按步骤获取所需的资料是十分重要的。在上面提及的第一种情况下，你完全可以写信给华盛顿特区的政府机构或公益性团体；在第二种情况下，你可以利用图书馆之间的馆际合作程序获得所需的书；在第三种情况下，你可以通过电子邮件、电话或网络查询追踪负责反吸毒运动的机构，向它们索要资料。记住，很多商业机构和政府机构都愿意同感兴趣的市民分享它们的信息；有的机构甚至有专门的雇员或某个部门负责与公众的交流。在索要此类资料的时候，越详细具体越好。最好是用几句话概述出你自己的课题，以便于回应的人弄清哪些资料对你会有用。

不要由于某些资料目前还不能获取到就不再试着去收集查阅，相反，一定要尽快开始查找和搜求这种远距离的资料，以便为经常会发生的迟滞留出余地。

评估书面文献资料

极少有其他的研究体验会比试图回忆起不能再查阅到的文献里的资料更让人抓狂了。你得制定一个行之有效的办法来检验和评估你的工作参考书目中的文献资料。下
178 面给出了关于准确汇编书面文献资料的方法的建议：

迅速判断一个文献的潜在作用

对书籍而言，你可以通过阅读前面的内容（导论、前言和序言）来找出作者的论点；你也可以仔细阅读每章的标题、书的护封和目录。期刊文章应当在导论中表明其目的，大多数情况下这部分内容长度控制在一页以内。这种初步的查阅能让你分辨出是否值得做更多细致深入的查阅。**无论你对这些文献资料做了何种判断，都要把它的标题页复印下来，**务必包含所有重要的出版信息（包括标题、日期、作者、卷号和页码）。在复印页写上其他没有打印出来的必要信息。如果没有这样的记录，那么在研究的后期，你可能会忘记你已经查阅过的某个具体文本，而去做重复的工作。

一旦你判定了某个潜在的文献值得仔细阅读，就去仔细研读。如果是一本书，还要想好是否值得花时间读完整本书。无论是哪种文献资料，一定不光要了解其总体论点，还要了解作者为阐明或证明论点使用的论证。你要对作者的论证有一定的感悟——副标题是如何起到（或没起到）对中心思想的逻辑支撑作用的。你是如何看待作者的逻辑和所使用的例证的？你可能需要多读几遍以得出正确的评价。

在阅读过程中，尝试着感悟文献资料论证的更广阔的背景。资料中涉及的其他作者的作品会指导你到哪里去查找更多的资料，并指明关于这个课题的一般的学术观点。如果你能把你正在阅读的文献资料看作不断进行的对话中的一个元素，而不是这个话题的决定性意见，那么你就能恰如其分地定位文献中的论证了。

使用复印本

期刊和大多数参考书都不能从图书馆借出来。在复印机广泛使用之前，学生只能在图书馆内使用这些资料，把信息记在读书卡上。虽然使用读书卡记录法有其独到的好处（见下文），但是复印更能节省你在图书馆里的时间，还能让你把原始资料带回家，这样你就能随意决定如何使用它了。

如果决定复印原始文献资料，你就得做到以下几点：

- 一定要遵守所有的著作权法。
- 务必准备足够的零钱来使用复印机。不要过分相信图书馆的零钱兑换机。这些机器久经磨难，经常会出问题。
- 复印所有必要的参考书目信息。如果你忘了复印这些内容，或许就不得不再去图书馆查证其出版日期或页码。

请记住，复印一个文献资料与查阅它是不同的。你还得花时间重新研读资料，理解并正确使用其内容。仅仅把资料收集在手边或者只是读上一两遍是不够的。你必须完全理解它。一定要保证有充足的时间来做这类评估。 179

读书卡片——过时的玩意儿？从许多方面来讲，读书卡片是一种过时的记录文献资料的方法；对初涉研究的人而言，读书卡片看起来不方便且不必要，因为这种每事一卡的做法最终需要把资料重新转引到研究论文中去。不过，在你决定彻底放弃读书卡方法之前，先考虑一下它的优点：

1. 使用读书卡片可以迫使你在阅读中创造性地思考。相较于单纯的阅读，把文献资料的语言转换成你自己的笔记语言能让你更彻底地理解资料。

2. 读书卡片能让你非常方便地整理和重新编排论据，从而找出一种最合理的论文结构。特别是在你设法整理论文的时候，即使是电脑也不能像读书卡片这样方便。

决定是否需要采访或调查

如果你的课题需要基础研究，你也许得用问卷调查的方式来采访你这个领域的专家，或者在选定的群组中开展一项调查。一定要尽可能仔细地为任何形式的基础研究做好准备。以下是一些要点：

进行采访

为每次采访设定一个目标，时刻记住你的有效论点的要求。采访在哪些方面有益于论文？写下你关于采访目标的说明。估算一下采访所需时间并告知采访对象。你应当按时到达采访地点并得体着装，保持谦恭有礼。

在采访之前，尽可能通过研究已出版的文献来了解你的论题。利用这些研究来设计问题。如果可以，了解一些采访对象的背景情况。这类知识会帮你与采访对象建立和谐的关系，还能帮你恰当地修改问题。采访时要随身带上问题的清单。不过，要准备好在采访过程中随时抛开这个问题清单，以便关注问题会产生的任何可能有价值的转向。

做好记录。确保身边有备用的笔。不要用录音机，因为它会使大多数受访者感到拘束。如果必须使用录音，要在采访前**征得受访者的同意**。采访结束后要附上感谢信，如果可以，还要送上使用了采访内容的论文。

设计和实施调研 180

如果你的研究需要进行问卷调查，请参见第二十章关于设计和实施调研、民意测验和问卷调查的指南。

起草论点和提纲

无论多么彻底地搜寻资料，也无论阅读得多快，你都不可能找到并理清每一个与课题相关的文献资料；尤其当课题是当前流行的或有争议的问题时，你更不该把研究过程拖得过长。你必须结束研究阶段，并着手把收集到的资料和你对资料的想法融合在论文当中，如果有需要也可重新进行研究。在课题的研究阶段，你已经考虑过有效论点，把它同已经找到的资料相校验，并思考完善论点的办法。最后，你得构想出一个既有趣味又有价值的论点，这个论点既可以很好地被限制在作业任务范围内，又可以高效地使用你收集到的大多数（即使不是全部）资料。

一旦你构想出了论点，最好是写出论文的提纲。在帮助你决定写作框架的同时，提纲还可以检验论点，促使你发现一些有利于完成中心任务所需的资料种类。第五章讨论了正式和非正式提纲所要求的结构。（如果你使用了读书卡片，你可以根据每张卡片的标题进行编排整理，并找出不同组别卡片之间的逻辑联系。用这种方法来尝试构建论文结构或许能引导你更进一步地完善论点。）

任何论点和提纲都不是板上钉钉的事。即使是已经开始写第一稿，甚至是在写终稿的时候，你仍有时间去改进论文的结构或目的。事实上，有的作者喜欢在写初稿后才列出提纲，然后研究初稿的结构，再决定该做哪些修改。你要**保持灵活性**，不断寻找一个更优的结构——给论点以更精巧的措辞。在写作的过程中，你始终都要不断检测你的想法。

写初稿

尽管已经为论文做了很多事前准备工作，你可能仍不情愿开始写初稿。把所有的资料和你的想法融合成流畅、通顺的论证，的确是一项很复杂的任务。把首次尝试仅仅当作打草稿，从而可以根据需要进行修改，这种想法也许会对你有帮助。另一个缓解不情愿的感觉的方法就是从你认为最有信心的部分开始写，而不是从导论开始写。你也可以按任何顺序来写初稿的章节，然后再把各部分串联起来。无论如何你都决定了要开始写论文——那就**立即开始**吧。

获取反馈

181 你自己理解了你的论证还并不够，得让其他人也能理解它。如果你的导师愿意看看你的初稿，你应该利用好这个机会，认真对待得到的每个建议以利于完善你的论文。即使让朋友或亲戚阅读你的初稿不会像其他熟知这一领域的其他人来阅读一样有帮助，但这些读者同样会对你有所裨益。无论如何，一定要认真掂量每个建议。记住，负最终责任的是你自己。

9.3 怎样做文献综述

你写研究论文的目的是给读者提供一个机会，增进他们对你所讨论的论题的了解。他们需要的是最新近、最准确的信息。不管你是要写一篇传统的图书馆研究论文，进行一项实验，还是准备分析某政府机构推进的某项政策，你都必须知道哪些东西已经被研究过了，这样做一来可以给读者提供广泛的和最新的信息，二来也可以在他们已知的基础上增加些新内容。例如，假设你的论题是田纳西州的福利管理机构，你就要准确地找出目前国家、州和地方的哪些政策影响着田纳西州的福利管理机构，以及这些政策是如何以及为什么被通过的详细说明。在查找这类信息时，你就是在做**文献综述**，就是仔细回忆和分析那些你精挑细选出来的、关于该论题的有用资料。文献综述能告诉你，在开始写论文、做实验或进行分析之前已有的关于该论题已为大家所知的信息。

为什么需要做文献综述呢？花大量时间和精力去准备一项研究，结果却发现你搜寻的那些信息已经被他人找到了，这简直让人感到尴尬。同样地，一份严密的文献综述能告诉你关于某个具体学科的很多东西，还能告知你目前的知识范畴，你研究的资料来源，**未知**事物的范例（这反过来会激发构成假设的念头），以前使用过的研究方法以及与你研究有关的概念的准确定义。

让我们来看一个范例。假设你决定了研究下面这个问题："选民态度是如何受负面宣传影响的?"首先，你需要对"负面宣传"作明确定义；然后，你需要找出一个衡量选民态度的方法；最后，你需要使用或找出一个区分、辨别态度是如何受广告影响的方法。如果你使用本章和其他章介绍的研究技巧，就首先要从这个步骤开始：去图书馆、或上网或通过其他方式查阅阐释了你研究的问题或类似问题的研究成果。你 *182*
会发现很多研究都涉及选民态度和广告对他们的影响。你在读这些成果的时候，头脑中就会形成一些模式。有的研究方法似乎比其他方法能产生更好的效果。有的研究成果会多次被其他成果引用——有的是为了证实，而有的则是为了推翻前面研究的结论。在阅读这些成果的时候，你也将不断做出选择，非常仔细地阅读与你的目标高度相关的内容，而只需浏览一下那些稍有相关性的内容。在阅读过程中，要一直问自己以下的问题：

- 关于这个论题，有多少已知的内容?
- 最好的有用资料是什么，为什么它比其他资料好?
- 在相关研究中成功运用了哪些研究方法?
- 进一步研究这一论题的有用资料来源是什么?
- 尽管有前面的研究，但还有哪些重要资料是未知的?
- 使用过的研究方法中，哪些方法对新的发现会最有效?需要新的研究方法吗?
- 怎么才能更准确地定义正在研究的那些概念?

你会发现这个过程和整体的研究过程一样，是循环的。与以上问题相关的洞见会激发对其他问题的新探索，而这些探索则会带来一系列新的问题，以此类推。

你的导师可能会要求你把文献综述当作论文的一章来完成。文献综述的文字可以是一页到数页长，但总要包含以下信息：

1. 哪些以前汇编或出版过的研究成果、文章或其他文献给所选论题提供给了最佳的有用资料?

2. 关于此论题，这些研究成果得出了什么结论?

3. 这些成果在方法论上明显的长处和弱点分别是什么?

4. 此论题还有什么值得发掘的?

5. 根据这些成果来看，开发此论题的新资料最有效的办法是什么?

你的文献综述应当由回答以上问题的内容构成，当然，不一定非要按照这个顺序。你自己研究项目的成功与否很大程度上取决于你是否认真而周全地回答了以上问题。

第十章

图书馆信息资源

在大学图书馆里，你可以找到大量关于写作、政治和政府的资料。事实上，资料会丰富得让你不得不先决定从哪里开始查阅，这倒成了一个重要的问题。本章将列出一些与政治和政府有关的重要参考信息，或许会对你开始研究项目有所帮助。 183

10.1 参考书目

参考书目：美国政府和政治

Barone, Michael, and Grant Ujifusa, *The Almanac of American Politics*. Washington, DC: National Journal. (《美国政治年鉴》) 年鉴。这份关于联邦政府和州政府以及公务员的信息纲要包括了对美国的州长、参议员和众议员的评论，按照他们所在州的字母顺序排序。内附索引。

Budget of the United States Government. Washington, DC: Government Printing Office. (《美国政府预算》) 年刊。由政府印刷局每年刊印的预算按当前具体的收益来组织安排联邦开支，然后详细说明了具体政府机构的预算。内附索引。

Congressional Quarterly Almanac. Washington, DC: Congressional Quarterly. (《国会季刊年鉴》) 年刊。这本刊物是对

国会每年会期立法的综述，内容按主题词排序（例如“经济与财政”，“政府/贸易”），内附三个索引：法案编号索引、唱名表决索引以及总索引。

Gimlin，Hoyt，ed. *Historic Documents*. Washington，DC：Congressional Quarterly.（《历史文件》）年刊。这部每年出版的系列丛书是近年政府文件的选集。文件的选编反映了编辑对重要事件的界定，文件按年月顺序汇编并且每五年对卷册做一次索引。

184 Graham，Judith，ed. *Current Biography Yearbook*. New York：H. W. Wilson.（《当代名人年鉴》）年刊。这一系列丛书中的文章（有的只有一页长度）概述了各个领域的杰出人物的传记。每个条目有一个参考书目列表。目录按行业编撰了索引。

Inventory of Information Sources and Services Available to the U. S. House of Representatives，1977. Westport，CT：Greenwood.（《美国众议院信息资源和可用服务详细目录》）本书列举了众议院使用的海量信息资源，包括公共的和私人的信息。内附总索引。

Key，Ernest. *Dictionary of International Biography*. Cambridge，MA：Melrose Press.（《全球名人传记辞典》）年刊。这本刊物含有许多领域有分量的人物的简要传记引文。书内不含索引。

Mooney，Louis，ed. *The Annual Obituary*. Detroit：St. James Press.（《讣告年鉴》）年刊。这本刊物刊载了一年内去世的名人的简要短评。每个条目分别有参考文献。各卷按专业分类索引。

Morris，Dan，and Inez Morris，1974. *Who Was Who in American Politics*. New York：Hawthorn Books.（《美国政治名人》）一卷本的索引介绍了全国范围内4 200多个不活跃的或已故的政治人物。简要的人物传记中描述和列举了他们担任的职务。无索引。

The National Cyclopedia of American Biography. New York：James T. White.（《美国名人传记百科全书》）年刊至 1978 年。这套丛书自 1888 年第一期开始，登载了美国各个领域的名人（在刊物出版当时还在世的）个人传记。内附按姓名排序的索引。

Plano，Jack C.，and Milton Greenburg，2001. *The American Political Dictionary*. 11th ed. Belmont，CA：Wadsworth.（《美国政治辞典》第 11 版）这本辞典包含了 4 000 多个与政治和政治学有关的名词术语的简要定义。重要的名词还作了深入的解释。内附索引。

Public Papers of the Presidents. Washington，DC：Government Printing Office.（《总统的公共文献》）这一系列政府出版物刊载了自赫尔伯特·胡佛以后的每位美国总统的文件和讲话稿，除了富兰克林·D·罗斯福的，他的文献是单独出版的。每位总统的文献和讲话稿独立成册。

Schwarzkopf，LeRoy，comp. *Government Reference Books：A Biennial Guide to U. S. Government Publications*. Englewood，CO：Libraries Unlimited.（《政府参考书目：美国政府出版物双年指南》）双年刊。这个系列的政府参考书目有一部分是

从 1968 到 1969 年间开始的。每个政府出版物的条目包括地址、出版信息和内容简介。条目按主题排序。

Troshynski-Thomas，Karen，and Deborah M. Burek，eds. *Gale Directory of Publications and Broadcast Media*. Detroit：Gale Research.（Formerly the Ayer Dictionary of Publications.）（《盖尔出版物和广播媒体名录》）年刊。每年的第一卷、第二卷都列举和简要评述了美国和加拿大出版的期刊、广播电视台以及媒体。条目按州和县排序。里面还有每个州的简要附录，包括人口和报纸、电视台的总数。第三卷包括一些索引、图表和地图。

United States Code. Washington，DC：Government Printing Office.（《美国法典》）这套大部头的多卷本出版物每六到八年修订一次，刊印了全国范围内现行的所有法律。内容分卷制作了索引。

Who Was Who in America，with World Notables，2002. 15 vols. New Provi- 185
dence，NJ：Marquis Who's Who.（《美国及世界已故名人录》，15 卷）这个系列的丛书刊载了当时美国国内和国际上已故名人的简要传记。每个分卷都有姓名索引。

Who's Who in America. New Providence，NJ：Marquis Who's Who.（《美国名人录》）年刊。这套每年出版的系列丛书包含了美国诸多领域在世的著名人士的简要传记，列举了他们的成就以及家庭和办公地址。内附有地区的和专业的索引。

Who's Who in American Politics. 2 vols. New Providence，NJ：Bowker.（《美国政治名人录》，2 卷）双年刊。这一系列丛书包括了当前活跃在美国国家、州和地方政府（包括美属地区：关岛、波多黎各以及维京群岛）的名人的简要传记。每位名人的信息包括其所属党派、担任职位、出版物、在各个组织中的会员身份以及宗教信仰。内附姓名索引。

Who's Who of American Women. New Providence，NJ：Marquis Who's Who.（《美国女性名人录》）双年刊。这套名人传记辞典全面概述了美国女性名人。无索引。

参考书目：国际政治和世界

Amnesty International. *Report on Human Rights Around the World*. Alameda，CA：Hunter House.（《全球人权报告》）年刊。本书概述了世界各国的人权状况报告。条目按国家字母顺序排序，这个册子用评论、示意图和图表等说明各国的死刑适用、选举权及其限制，以及少数民族待遇。无索引。

Banks，Arthur S.，ed. *Political Handbook of the World*. Binghamton，NY：CSA Publications.（《世界政治手册》）这个册子中的评论每年或每两年修订一次，概述了许多国家的政治史和当前政治局势，内容按所述国家字母顺序排序。评论概述了政党情况，列举了当前政府官员的姓名，讨论了诸如当地媒体之类的问题，还包括了当年重要的政治事件年表以及联合国会议。内附总索引。

Bowen，Thomas F.，and Kelly S. Bowen，eds. *Countries of the World and Their Leaders Yearbook*. 2 vols. Detroit：Gale Research.（《世界各国及其领导人年

鉴》，2 卷）年刊。这套有着 20 年历史的系列丛书刊载了大量取自美国国务院报告的、与一些选定的国家有关的信息。每个条目都有关于这些国家历史、民族构成以及当前政治状况的表格和述评。

Brune，Lester H.，2002. *Chronological History of United States Foreign Relations*. 2 vols. New York：Routledge. （《美国对外关系编年史》，2 卷）这套书以时间为线索，分别简要概述了美国外交政策史上的重大事件。书中还讨论了影响美国政策的国际政治事件。例如，1812 年 9 月 14 日的一个条目记录的是法国占领莫斯科。第二卷里包含了参考书目和总索引。

Central Intelligence Agency. *The World Factbook*. Washington，DC：Central
186 Intelligence Agency. （《世界各国概况》）年刊。这份中情局概略刊物刊载了各个国家的各类信息，主要供政府官员使用。大概的分类（既有用图表和示意图表示的，也有文字综述的）包括农业发展、进口信息、通货膨胀概况以及人口增长等。条目按国家的字母顺序排序。

Clements，John. *Clements' Encyclopedia of World Governments*. Dallas：Political Research. （《克莱门茨世界政府百科全书》）年刊。此刊物中的评论对历史事件、当前政府计划和经济外交事件以及其他话题进行了分析。每卷都有一张该卷刊物涵盖的时间段内发生的重大政治事件年表。内有附录和地名索引。

Demographic Yearbook. New York：United Nations. （《人口统计年鉴》）年刊。这套丛书发表了联合国的国际人口统计数据。文本采用了法语和英语两种语言。内附分类索引。

The Europa World Year Book. 2 vols. London：Europa. （《欧洲世界年鉴》，2 卷）年刊。这本刊物考查了世界各国当前的政治、经济和贸易制度的情况。书中内容按国家的字母顺序排序，每个条目里列举了被调查国家相关的重要统计数据的图表和表格。

Flanders，Stephen A.，and Carl N. Flanders，1993. *Dictionary of American Foreign Affairs*. New York：Macmillan. （《美国外交事务辞典》）这套书里的条目涵盖了 1776 年到 1993 年间与美国对外政策有关的名词术语、事件、文件，以及个人。附录 A 是一份很实用的美国外交事务年表。内附有参考书目，但无索引。

Hunter，Brian，ed. *The Statesman's Yearbook*. New York：St. Martin's. （《政治家年鉴》）年刊。此书分为两个主要部分：一部分讨论了国际组织，另一部分概述了世界各国，简述了各国历史和目前的经济、科技、教育和文化状况。每个条目都有一个参考书目表。里面有三个索引：地名和国际组织索引、作品索引以及人物姓名索引。

The International Who's Who. London：Europa. （《国际名人录》）年刊。这本刊物用每个人物一段话的形式刊载了世界各国的名人传记。无索引。

Kurian，George Thomas，2002. *Encyclopedia of the World's Nations*. New York：Facts on File. （《世界国家百科全书》）这是一套三卷本丛书，分别是《第一世界百科全书》、《第二世界百科全书》、《第三世界百科全书》。对每个涉及的国家，库瑞安都收集了许多方面的数据资料，包括能源、劳动力、教育、法律执行、历史、政府、人权和对外政策。这套书中包括了附录、参考书目和总索引。

Lawson, Edward, and Mary Lou Bertucci, 1996. *Encyclopedia of Human Rights*. New York: Taylor & Francis.（《人权百科全书》）此书讨论了从 1945 年到 1990 年众多关涉国际人权活动的话题，转载了许多重要的政府文件，如《难民地位公约》(1951) 的正文。附录包括国际人权文件年表和世界范围内的人权组织名单。内有分类索引。

Mackie, Thomas T., and Richard Rose. *The International Almanac of Electoral History*, 1991. 3rd ed. Washington, DC: Congressional Quarterly. A revision of the 2nd ed. (1982).（《国际选举史年鉴》，第三版）这一版刊载了 19 世纪晚期至今西方国家的选举结果（统计图表和文字分析两种方式）。内容按国家字母顺序排序。无索引。 187

Staar, Richard F., ed. *Yearbook on International Communist Affairs*. Stanford, CA: Hoover Institution.（《国际共产主义事务年鉴》）1991 年起改为年刊。这本年刊包含了共产主义在共产主义国家和非共产主义国家中的发展情况。国家按大地理区域来分类，然后按字母顺序排序。内附姓名索引和分类索引。

The World Almanac and Book of Facts. Mahwah, NJ: World Almanac/Funk & Wagnalls.（《世界年鉴》）年刊。这本年鉴发表了关于美国和世界事务的大量信息。里面有许多表格和图表。内附索引。

World Debt Tabbles: External Debt of Developing Countries. Washington, DC: World Bank.（《世界债务表：发展中国家的外债》）年刊。这卷刊物中的表格为世界银行提供了汇总数据，分类并分析了发展中国家的债务情况。无索引。

其他参考书目

The Index and Abstract Directory: *An International Guide to Service and Serials Coverage*, 1993. 3rd ed. 2 vols. Birmingham, AL: Ebsco.（《索引与摘要指南：服务和期刊订阅国际指南》，第三版，2 卷）这本指南涵盖了全文数据出版资料库中 35 000多种公开发行的期刊。条目按学科的字母顺序排序。里面还有美国国内的和国际的政治学期刊的名单。内附两个索引：标题索引和学科分类索引。

Montney, Charles, ed. *Directories in Print*. Detroit: Gale Research.（《出版指南》）年刊。根据 1994 年两卷版的简介看，卷 1“评述了在美国和世界各国出版的 15 900种指南、名录、要览，以及其他出版或未出版的通讯录”(vii)。每个条目都包括地址、传真号码、指南的价格和对其内容的描述。内容按学科分类。第 19 章包括了“法律、军队和政府”指南。卷 2 附有分类索引和标题/关键词索引。

Olson, Stan. *The Foundation Directory*. New York: The Foundation Center.（《基金会目录》）年刊。这本刊物列举和评述了 6 300 个基金会，这些基金都拥有 200 万美元以上的固定资产或每年给出 20 万美元以上的资助。基金会按所属州的字母排序，每个条目包括资金信息、捐赠人姓名、对基金目的和活动的简要描述以及基金干事的名单。附索引。

Wesserman，Paul，ed. *Consumer Sourcebook*. 2 vols. Detroit：Gale Research.（《消费者资料大全》，2 卷）双年刊。这本为消费者提供信息的指南根据所述机构的种类来排序。小标题包括“政府机构”、“信息中心”、“社团”和“媒体服务”。按机构名称、学科和各机构的出版物编制索引。

188 Wiener，Philip P.，ed.，1980. *Dictionary of the History of Ideas*. 5 vols. New York：Scribner's. Originally published in 1973－74.（《观念史辞典》，5 卷）1973—1974 年间发行了第一版。这一系列书中的评论讨论了促进人类文化形成和发展的观念。评论按主题的字母顺序排序，并作了粗略的小标题分类。例如，政治这个小标题内包含了 60 篇评论，主题有“权力”、“民主”、“自由的法律定义”、“自由主义”、“社会对女人的态度”。卷 5 由一个分类索引和一个姓名索引组成。2003 年弗吉尼亚大学把这一系列丛书数字化后上传到了网络上，并由该大学电子文本中心维护，网址为 http://etext. lib. virginia. edu/DicHist/dict. html.

Woy，James，ed. *Encyclopedia of Business Information Sources*. Detroit：Gale Research.（《商业信息资源百科全书》）年刊。这本指南涵盖了 1 100 余种商业门类的信息，其纸质资源和电子资源（如在线数据库）都是按照学科和调查结果来排序的。小标题包括“海关”、“政府出版物”、“法律”和“美国国会”。无索引。

政府和政治期刊

Clements' International Report. Dallas，TX：Political Research.（《克莱门茨国际报告》）这本时事通讯月刊刊登对当前国际政治和历史相关事件进行评述的论文。每半年有一期分类索引。

Congressional Digest. Washington，DC：Government Printing Office.（《国会文摘》）这本杂志选登有争议的论题，并刊登从不同角度对某个问题的论证。

Congressional Quarterly Weekly Report. Washington，DC：Government Printing Office.（《国会季刊周报》）这是一本介绍美国众议院和参议院所有重要活动的周刊。

Congressional Record. Washington，DC：Government Printing Office.（《国会议事录》）这是官方的、依法律规定强制发行的刊物，主要刊载国会的活动和官方文件。

Federal Register. Washington，DC：Government Printing Office.（《联邦公报》）每日发行的《联邦公报》刊印了联邦政府机构发布的法规和法律公告。

GPO Monthly Catalog of United States Government Publications. Washington，DC：Government Printing Office.（《美国政府出版物政府印刷局目录月刊》）这本刊物刊登了选自每年的《期刊增刊》和《美国国会期刊合辑增刊》的引文。刊物中的主题包括财政、商业和人口统计。

Library of Congress. *Monthly Checklist of State Publications*. Washington, DC: Government Printing Office. (《国家出版物目录月刊》) 这本目录按州的字母顺序排序，列举了国会图书馆前一个月收到的各州文件。有分类索引。

Office of the Federal Register/National Archives and Records Administration. *Code of Federal Regulations*. Washington, DC: Government Printing Office. (《联邦法规法典》) 年刊。正如每辑的导论所说，这部巨大的法典合辑每年修订一次，形成了“一套汇集了《联邦公报》内刊载的，由行政部和联邦政府机构颁布的一般法律 189
和永久性法律的法典”。法典分为 50 个“部门”，各部门下面再进行了细分。

PACs & Lobbies. (《政治行动委员会及院外活动》) 这本时事通讯半月刊汇总的是影响了竞选资金和院外活动的联邦发展情况。

U. S. Code Congressional and Administrative News. St. Paul, MN: West. (《美国法典国会法律汇编和行政新闻》) 年刊。这套刊物转载了当届国会制订的法律的选编。内附分类索引。

The United States Law Week: A National Survey of Current Law. Washington, DC: Bureau of National Affairs. (《美国法律周报：国家现行法律调查》) 这本时事通讯周刊概述了重要的法院判例，也刊载现行法律专题的相关文章。

World of Politics: Taylor's Encyclopedia of Government Officials, Federal and State. Dallas, TX: Political Research. (《政治世界：泰勒政府官员、联邦和州百科全书》) 这本时事通讯月刊登载了对不同政府机构和近期杂志讨论话题的讨论文章。每年出三次索引。

10.2　期刊索引

报刊索引

下面是有纸质或微缩胶片索引的主要报刊：

The Chicago Tribune《芝加哥论坛报》

The New York Times《纽约时报》

The Houston Post《休斯敦邮报》

The Times of London《泰晤士报》

The Los Angeles Times《洛杉矶时报》

The Wall Street Journal《华尔街日报》

The National Observer《国家观察者》

The Washington Post《华盛顿邮报》

The New Orleans Times-Picayune《新奥尔良皮克云时报》

期刊索引

America：*History and Life*《美国：历史与生活》（美国和加拿大关于生命的文章摘要、论文和评论引文。）

The American Humanities Index《美国人文学科索引》

Bibliographic Index《书目索引》

Biography Index《传记索引》

Book Review Index《书评索引》

Book Reviews in Historical Periodicals《历史学期刊书评》

Combined Retrospective《综合回顾》（这是一套政治学期刊的索引，1886—1974，6卷。）

Historical Abstracts《历史学摘要》

Humanities Index《人文学科索引》

An Index to Book Reviews in the Humanities《人文学科书评索引》

Index to U. S. Government Periodicals《美国政府期刊索引》

International Political Science Abstracts《国际政治学索引》

190 *The New York Times Biographical Service*《纽约时报传记服务》（这是一本摘自《纽约时报》的讣闻汇集月刊，按时间顺序排列，每辑的封面都有索引。）

PAIS International in Print《已出版的国际公共事务信息服务》（里面有对社会学和政治学类国际期刊文章的分类索引。）

Public Affairs Information Service：*PAIS*《公共事务信息服务：PAIS》

Reader's Guide to Periodical Literature《文艺类期刊读者指南》

Social Sciences Index《社会科学索引》

Sociological Abstracts《社会学摘要》

Ulrich's International Periodicals Directory，《乌利希国际期刊指南》（1993—94，5卷。）

United States Political Science Documents《美国政治学文献》

Urban Affairs Abstracts《城市事务摘要》

Weekly Compilation of Presidential Documents《总统文献每周汇编》（这是一本包括了当周总统的“评论、新会议、公报、声明”等一切公共言论的周刊）。

10.3 统计数据

Government Finance Statistics Yearbook. Washington，DC：International Monetary Fund.（《政府财政统计年鉴》）年刊。这套参考年鉴刊载了世界各国政府收支状况记录表。无索引。

Stanley, Harold W., and Richard G. Niemi. *Vital Statistics on American Politics*. Washington, DC: Congressional Quarterly Press.（《美国政治动态统计》）这份定期更新的参考文献中的图表和表格涵盖了大量与美国政治有关的话题的政治统计数据，包括媒体（用曲线图图示了从 1932 年起总统候选人的报纸支持率）、利益集团以及政治团体的地域和种族构成。内附索引。

Statistical Reference Index Annual: Abstracts. Bethesda, MD: Congressional Information Service.（《统计参考索引年鉴：摘要》）年刊。这本刊物是美国统计类出版物的指南，包括了私营机构和州政府的原始资料。其内容按发布报告的组织的类型排列，列举出的每种出版物都用摘要形式做了简要描述。附带的刊物包括四个独立索引：学科和姓名索引、分类索引、签发来源索引和标题索引。

Statistical Yearbook. New York: United Nations.（《统计年鉴》）年刊。这本年刊用法文和英文出版，概述了许多联合国报告中的数据，以便对 12 个月期间的世界社会经济学发展情况进行分析。内容按主题分类排列。无索引。

Statistical Yearbook. Paris: UNESCO.（《统计年鉴》）年刊。这本年刊里的统计图表涵盖了联合国教科文组织 200 个成员国教育、科学和文化生活方面的情况。材料是从联合国教科文组织的调查问卷答案（问卷是由大量的志愿者完成的）中提取的。正文用三种文字出版。无索引。

U. S. Bureau of the Census. *Statistical Abstract of the United States*. Washington, DC: Department of Commerce.（《美国统计摘要》）这本刊物概述了国家社会、191
政治和经济组织的统计数据，其中部分数据自 1878 年起。内附索引。

Vital Statistics of the United States. 2 vols. Hyattsville, MD: U. S. Deparunent of Health and Human Services.（《美国人口动态统计》，2 卷）年刊。这套两卷本的年刊公布的统计数据的主题各不相同。卷 1 是出生率：当年全国和地方范围内的出生人口统计数据表，以及美国人口保持率。卷 2 是死亡率：死亡人口统计。

Yearbook of Labour Statistics. Geneva: International Labour Office.（《劳工统计年鉴》）年刊。这本刊物展示了世界各国经济发展的统计表。内附国家索引。

各州不同的公共组织和私人机构也公布了它们的统计摘要和政治摘要。

10.4　政府机构

对于你将要写的其他科目（如生物、历史或外语）的大部分论文来说，图书馆是你能找到绝大多数（即使不是全部）所需资料的地方。作为一名政治学的学生，你也很可能从图书馆找到有价值的资料。不过，政治学的论题让你有机会从其他信息来源获取资料，因为很多政治学论题要求关于州政府、地方政府、美国政府和其他国家政府的近期资料。对此类命题或自选论题而言，政府机构、研究中心和公益性团体常常拥有比大多数学院和大学图书馆更新和更详细的资料。事实上，在大多数情况下，无论你选择了哪个论题，都可能有某个在公共机关或私人机构里供职的人已经就这个问题做过重要研究了。如果你正好能找到那个人，那么，比起在当地图书馆里查资料，你可以在更短的时间内掌握更多的资料。

例如，你是否知道美国参议员和众议员一直都接受国会研究服务部（CRS）的服务，而只要经众议员和参议员要求，与你所选论题相关的 CRS 资料也是可以提供给你的？此外，每个地方政府、州政府和国家政府都有专门的工作人员收集信息资料来帮助管理者进行决策。经要求，这些工作人员做的研究资料都是可以索取到的。

国家政府机构

Congressional Yellow Book：*Who's Who in Congress*，*Including Committees and Key Staff*. Washington，DC：Monitor Leadership Directories.（《国会黄皮书：国会名人及委员会和主要职员》）这本季刊（每年出版合辑）按州和地区分别介绍了参议员和众议员。它列举了各个国会成员的委员会职务，并给出了国会委员会和工作人员的地址和电话号码。各州的地图上显示了国会成员所在的地区。有工作人员索引。
192

The Government Directory of Addresses and Telephone Numbers. Detroit：Omnigraphics.（《政府地址和电话号码指南》）年刊。条目分别列出了国家、州、县和市政府官员的姓名、地址和电话号码。

Lauber，Daniel. *Government Job Finder*. River Forest，IL：Planning/Communications.（《政府工作发现者》）劳勃的双年编目提供了如何在国家、州或地方的政府部门找到工作的窍门。里面还有许多机构的指南列表。内附索引。

Office of the Federal Register/National Archives and Records Administration. *The United States Government Manual*. Washington，DC：Government Printing Office.（《美国政府手册》）年刊。这是《政府公报》的特别版，每卷对政府三个分支的所有机构以及外围机构和组织都做了简要评述。注解概述了每个机构的历史，描述了它的功能和活动。

Office of Management and Budget. *Catalog of Federal Domestic Assistance*. Washington，DC：Government Printing Office.（《联邦国家救助目录》）年刊。目录列举了政府计划向公民提供的社会和经济援助项目，并作了简要描述。内附索引。

Orvedahl，Jerry A.，ed. *Washington Information Directory*. Washington，DC：Congressional Quarterly.（《华盛顿信息指南》）这本指南每两年出版一辑，列举和描述了位于华盛顿特区的各类组织。此书的内容分为 18 章，标题如“国家安全”、“法律与正义”、“维权（advocacy）与公共服务”和“教育与文化”。书中有分类索引和姓名索引，以及外国大使馆和美国大使的地址列表。

Robinson，Judith Schick，1998. *Tapping the Government Grapevine*：*The User-Friendly Guide to U. S. Government Information Sources*. 3rd ed. Phoenix：Oryx（《探听政府秘密：美国政府信息资源用户友好指南》，第三版）罗宾逊的手册为查找政府公布的信息资料提供了实用的帮助，包括了对电子媒体的讨论，如激光唱片，数

据库和电子公告板。书中有章节讲述了从不同的政府部门获得信息的途径。内附索引。

国际机构

Yearbook of the United Nations. Dordrecht：Martinus Nijhoff.（《联合国年鉴》）年刊。这本刊物描述了联合国参与的各项世界事务。

10.5　私人研究机构

Baker，Deborah J.，ed.，2004. *National Directory of Nonprofit Organizations*. 17th ed. 2 vols. Rockville，MD：The Taft Group.（《国内非营利组织名录》，第 17 版，2 卷）这本名录简要列举了美国 167 000 个非营利性组织，列出了它们的地址、电话号码及其在美国国税局的申报纳税身份。卷 1 列举了年度收入在 100 000 美 193
元以上的组织；卷 2 列举了年收入在 25 000～99 000 美元的组织。两卷书中的内容都按组织名称的字母顺序排序。书中附有活动索引和地区索引。

Daniels，Peggy Kneffel，and Carol A. Schwartz，eds. *Encyclopedia of Associations*. Detroit：Gale Research.（《社团百科全书》）年刊。这本指南列举了大概 23 000个国内和国际组织的条目。内容按主题分了章节。有代表性的章节标题有“环境与农业组织”以及“法律、政府、公共行政和军队组织”。每个条目都包含了一个对该组织功能及其出版物的简介。内附索引。

Dresser，Peter D.，and Karen Hill，eds. *Research Centers Directory*. Detroit：Gale Research.（《研究中心名录》）年刊。书中列举并简要概述了 11 700 多个与大学相关的和其他的非营利性研究机构。条目按主题分了章节。主标题“私人和公共政策与事务”下面分了四个小标题。书中有分类索引、总索引以及一卷增刊。

Maxfield，Doris Morris，ed.，1993. *Charitable Organizations of the U. S.：A Descriptive and Financial Information Guide*. 2nd ed. Detroit：Gale Research.（《美国的慈善机构：财务信息指南》，第二版）这本指南概述了大约 800 个主要的公共慈善机构。指南中包括了每个机构的历史和目的、其活动和计划以及财务数据。内附三个索引：分类索引、地域索引和人员索引。

Wilson，Robert，ed. *American Lobbyists Directory*. Detroit：Gale Research.（《美国说客名录》）这本年刊列出了 65 000 多名登记在册的联邦和州的职业说客以及他们所代表的事务。书中附有说客索引、说客所属机构索引和一般分类索引以及专门索引。

Zuckennan，Edward. *Almanac of Federal PACs*. Washington，DC：Amward.（《联邦政治行动委员会年鉴》）年刊。这本指南概述了每个为美国参议院或众议院候选人募集了 50 000 美元以上竞选献金的政治行动委员会（PAC）。政治行动委员会按分属的不同目标团体划分章节，在章节内按字母顺序排序。每个条目包括对各个政治行动委员会目标和每年活动的简要介绍。内附姓名索引。

10.6 政治学期刊列表

Administration and Society
Administrative Science Quarterly
African Affairs
Africa Quarterly
Alternatives：A Journal for World Policy
American Behavioral Scientist
American Journal of International Law
American Journal of Political Science
American Political Science Review
American Politics Quarterly
Annals of the American
Academy of Political and Social Science
Armed Forces and Society
Asian Affairs
Asian Quarterly
194 *Asian Survey*
Atlantic Community Quarterly
Australian Journal of Politics and History
Australian Journal of Public Administration
Behavioral Science
Behavior Science Research
Black Politician
British Journal of International Studies
British Journal of Law and Society
British Journal of Political Science
Bureaucrat
Campaign and Elections
Canadian Journal of Behavioral Science
Canadian Journal of Political Science
Canadian Public Administration
Canadian Public Policy
China Quarterly
Communist Affairs
Comparative Political Studies
Comparative Politics
Comparative Strategy
Comparative Studies in Society and History
Conflict
Conflict Bulletin
Conflict Management and Peace Science
Conflict Studies
Congress and the Presidency
Contemporary China
Cooperation and Conflict
Daedalus
Democracy
Development and Change
Diplomatic History
Dissent
East European Quarterly
Electoral Studies
Environmental Policy and Law
European Journal of Political Research
European Journal of Political Science
European Studies Review
Experimental Study of Politics
Foreign Affaires
Foreign Policy
General Systems
German Foreign Policy
German Political Studies

Global Political Assessment
Governance: An International Journal of Policy and Administration
Government & Opposition
Government Finance
Growth and Change
Harvard Journal on Legislation
History and Theory
History of Political Thought
Human Organization
Human Relations
Human Rights Review
Indian Journal of Political Science
Indian Journal of Public Administration
Indian Political Science Review
International Affairs
International Development Review
International Interactions
International Journal of Political Education
International Journal of Public Administration
International Organization
International Political Science Review (Revue Internationale de Science Politique)
International Relations
International Review of Social History
International Security
International Studies
International Studies Quarterly
Interpretation: Journal of Political Philosophy
Jerusalem Journal of International Relations
Journal of African Studies
Journal of Applied Behavioral Science
Journal of Asian Studies
Journal of Common Market Studies
Journal of Commonwealth and Comparative Politics
Journal of Conflict Resolution
Journal of Constitutional and Parliamentary Studies
Journal of Contemporary History
Journal of Developing Areas
Journal of Development Studies
Journal of European Integration
Journal of Health Politics, Policy, and Law
Journal of International Affairs
Journal of Japanese Studies
Journal of Law & Politics
Journal of Libertarian Studies
Journal of Modern African Studies
Journal of Modern History
Journal of Peace Research
Journal of Peace Science
Journal of Policy Analysis and Management 195
Journal of Policy Modeling
Journal of Political and Military Sociology
Journal of Political Economy
Journal of Political Science
Journal of Politics
Journal of Public Policy
Journal of Social History
Journal of Social Issues
Journal of Social, Political, and Economic Studies
Journal of Strategic Studies
Journal of the History of Ideas
Journal of Theoretical Politics
Journal of Urban Analysis

Law and Contemporary Problems
Law and Policy Quarterly
Law & Society Review
Legislative Studies Quarterly
Mathematical Social Sciences
Micropolitics
Middle Eastern Studies
Middle East Journal
Millennium
Modern China
Multivariate Behavioral Research
New Political Science
Orbis：A Journal of World Affairs
Pacific Affairs
Parliamentarian
Parliamentary Affairs
Parliaments，Estates，and Representation
Peace and Change
Peace Research
Perspectives on Political Science
Philosophy & Public Affairs
Philosophy of the Social Sciences
Planning and Administration
Policy Analysis
Policy and Politics
Policy Review
Policy Sciences
Polity Studies Journal
Policy Studies Review
Political Anthropology
Political Behavior
Political Communication and Persuasion
Political Geography Quarterly
Political Psychology
Political Quarterly
Political Science
Political Science Quarterly
Political Science Review
Political Science Reviewer
Political Studies
Political Theory
Politics
Politics & Society
Polity
Presidential Studies Quarterly
Public Administration （Australia）
Public Administration （United States）
Public Administration Review
Public Choice
Public Finance
Public Finance Quarterly
Public Interest
Public Law
Public Opinion Quarterly
Public Policy
Publius：The Journal of Federalism
Quarterly Journal of Administration
Res Publica
Review of International Studies （formerly British Journal of International Studies）
Review of Law and Social Change
Review of Politics
Revolutionary World
Round Table
Russian Review
Scandinavian Political Studies
Science and Public Affairs
Science and Public Policy
Science and Society
Simulation and Games
Slavic Review
Slavonic and East European Review
Social Forces
Social Indicators Research
Socialism and Democracy

Social Policy
Social Praxis
Social Research
Social Science Journal
Social Science Quarterly
Social Science Research
Social Theory and Practice
Sociological Analysis and Theory
Sociological Methods and Research
Sociology and Social Research
Southeastern Political Science Review
Soviet Review
Soviet Studies
Soviet Union
Strategic Review
Studies in Comparative Communism
Studies in Comparative International Development
Survey
Talking Politics
Technological Forecasting and Social Change
Terrorism
Theory and Decision
Theory and Society
Third World
Urban Affairs Quarterly 196
Urban Studies
War & Society
Washington Quarterly: A Review of Strategic and International Studies
Western Political Quarterly
West European Politics
Wilson Quarterly
Women & Politics: A Quarterly Journal of Research and Policy Studies
World Development
World Policy Journal
World Politics
Youth and Society

第十一章

网络资源

11.1 网上的写作资源

197 本书的前几章已经给出了很多关于研究和写作的信息，但是网络可以给你提供更多资源。学院的在线写作实验室（OWL）是你开始网络搜索的绝好地方。例如，普渡大学在线写作实验室主页（http://owl.english.purdue.edu/）特别为**普渡社区**会员提供了许多有用的资源，如：

- 一对一**指导**。
- 实验室和课堂**讨论会**。
- 以英语为第二语言的**研究材料**。
- 英语练习会话组。
- 语法热线。
- 参考文献资料汇编。
- 电脑和打印机。
- 安静的学习空间。

不过，普渡大学在线写作实验室也为每个人提供了下列资源：

- 写作实验室时事通讯（包括在线获取过期刊物）。
- 教师专用的写作实验室和在线写作实验室资源，包括在新的英语 106/108 课程中使用的在线写作实验室。

- 跨课程写作资源。

你所在地的在线写作实验室也能指导你获得许多网络写作资源。

11.2 网上的政治和政府资料来源

再大的目录也无法涵盖网上潜在的政治、政府和政治学的资源。幸运的是，许多 198
网站专门致力于创造极好的资源链接列表。本章的目的就是帮助你找到一些好的网站，从而引导你找到对你的政府和政治研究课题有用的数千种信息资料。

关于政府和政治的网络信息资源可能主要为三个团体所掌握：

1. 政府机构。
2. 大学、私人利益团体和研究机构。
3. 新闻机构。

政府机构

美国政府网是着手搜索关于美国政府机构信息的极好地方（http://www.usa.gov/index.shtml）。这个网址的副标题是“政府变得便捷”（government made easy），而且，只需要几分钟的体验就能证明这种便捷，因为该网站不仅提供许多与众议员、参议员、立法机构、委员会和历史文献的直接链接，还链接了行政和司法部门，以及州和地方政府机构。

例如，只要点击美国政府网主页左边的“联邦政府”这个链接，就会进入一个有三个政府分支的链接页面。再点击链接标签“行政部门”，会弹出一个页面，里面是联邦政府行政部门各机构的链接。在撰写本书时，行政部门链接列表是以“总统行政办公室”开始的，紧接着的链接列表如下：

- 总统
- 副总统
- 白宫主页
- 总统行政办公室
- 总统的内阁

这些链接下面是一系列置于“行政部门”之下的链接，包括：

- 农业部（USDA）
- 商务部（DOC）
- 国防部（DOD）
- 教育部（ED）
- 能源部（DOE）
- 卫生与公共服务部（HHS）
- 国土安全部（DHS）
- 住房与城市发展部（HUD）
- 内政部（DOI）
- 司法部（DOJ）
- 劳工部（DOL）
- 国务院（DOS）
- 财政部
- 运输部（DOT）

● 退伍军人事务部（VA）

199 以上这些链接下面依次提供了一个链接列表，列出了本部门的各个机构。例如，在“国土安全部”下面的链接则是它的组成部门，如美国国籍和移民服务局、美国海关和边境保护局。

这一页面的另一个主要部分“独立机构和国营公司”提供了另一个链接页，列举了 64 个政府机构的链接，包括中央情报局（CIA）、联邦贸易委员会（FTC）、全国艺术基金会。“独立机构”下面的标题是“工会、委员会和促进会”（boards，commissions and committees）和“准公务部门”。这一页的最后一个链接是帮助你“了解更多关于行政部门的信息”。

每个美国政府网的链接都能让你轻松地找到具体某个部门、机构、委员会或局处的主页，而这些网页又会引导你进一步获得更多的信息。

当然，以上这些网址仅仅是政府网页的冰山一角。在本章结尾处，我们列出了一些有用的政治学网络信息资源。

如果你回到美国政府网首页，点击“司法部门”这个链接，你就会找到关于最高法院、地方法院、特别法院以及联邦司法中心、美国判决委员会之类的法院辅助机构的大量信息。并且可能正如你所期待的，点击美国政府网上联邦政府下面的“立法部门”这个链接，则会给你一个路径去查找关于美国参议院、众议院和其他一系列与国会相关的辅助机构的大量信息。

大学、私人利益团体和研究机构

另一个重要的政府和政治信息来源是大学、私人利益团体和研究机构。许多学院的政治学系提供的网址链接了数千个政治和政府网址。哥伦比亚大学的雷曼社会学图书馆网站就是很好的例子（http://www.columbia.edu/cu/lweb/indiv/lehman/guides/uspolitics.html）。

公益性团体也提供大量关于政治问题的信息。不过，搜索这些网址时，你必须清楚这些团体实际上都是为促进某项事业而成立的，一定要弄清它们是否能对某个具体问题保持客观的态度。下面是一个美国公益性团体的列表，不过这只是上百个团体中的极少部分：

美国退休人员协会（AARP）
大赦国际组织
基督教联合会
环境保护基金会
国际绿色和平组织
阿拉伯裔美国人全国协会
200 全国男女同性恋工作组织
全国妇女组织（NOW）
全国枪支协会（NRA）

全国生命权利委员会
计划生育委员会
塞拉俱乐部
越战退役军人协会

除了以上列表中的公益性团体，还有很多理论研究中心（智库）或私人研究机构，它们也提供高质量的政治、经济和社会分析。通过在先前提及的肯尼迪政府学院的网址上搜索智库，你也能找到部分此类机构的链接。

新闻机构

政府和政治信息的第三个重要来源是全世界数百个新闻机构。美国有线电视新闻网（CNN）、《美国新闻与世界报道》以及数十家其他重要的新闻企业都提供了大量的信息。例如，除了常规新闻报道之外，《纽约时报》还有一个由里奇·迈斯林（Rich Meislin）主持的名为“政治导航者”的专栏（www.nytimes.com/ref/politics/POLI_NAVI.html）。这个专栏包括了数十个很好的信息资源链接，里面有关于国内、国际、州和地方的政治事件、动态和资料来源。

11.3　网上的政治学资源

搜索政治学资源首先应该访问的网址就是美国政治学会的主页。美国政治学会是全球最大的政治学者协会，其网址是 http://www.apsanet.org/。这个主页上的链接指向数十个与政治学有关的部门、组织、会议、杂志和其他信息来源。

11.4　网络资源质量评估

你怎么能确定你在某篇杂志文章、某个网页或某本书上找到的材料是可信的呢？虽然这些材料已经公开发表，但这并不必然意味着它是准确的或公允的（fair）。在考虑选用任何原始材料之前，你都要先回答以下关于这些材料的问题：

- **作者是谁？**他或她是不是业内公认的专家？你能否找到任何作者的信誉保证？
从阅读文本内容来看，你体会到的作者对这一论题的个人态度或偏见是什么？假设你 201
正在研究你所在城市所有的市政工程大楼里全面禁烟的可行性，面对烟草公司资助的研究课题得出的数据和某个独立消费者团体资助的研究课题得出的数据，你会更信任哪一个呢？
- **出版者是谁？**读者普遍认为大学出版社比通俗报刊更具有学术可信度。大学出版社通常把它们要出版的资料提交给相关领域的专家作严格审阅。而通俗报刊并不总是这样做。因为通俗报刊比大学出版社更注重收益（大学出版社会得到所在大学的资助），所以通俗报刊发表的材料有时可能会为了销量而哗众取宠，牺牲其客观公正性。

- **你评估的资料来源里有没有包含参考书目？**如果没有，你怎么能知道作者的主张是基于坚定的学术立场的呢？
- **资料出版多长时间了？**一定要查清出版日期。1989 年以前出版的美俄关系的大量作品或许在此后 15 年期间大大地失去了其效用。
- **资料是为谁写的？**学者们通常都是为了具体的读者而写作的。为高中历史课的学生写的关于 19 世纪总统选举的书可能在某种程度上简化了资料，从而不适用于你准备给参议院工作人员作报告的文章。许多文章在前几段就表明了其目标读者，你需要弄清楚资料的作者是如何界定他或她的读者的。

对待网络资源也要像对印刷资料一样，你必须问清以上的问题，这是十分紧要的。网络资源的增长使得任何有电脑、有动机的人都能建一个网站，事实上只要是能想象到的主题都有人建了网站了。你怎么能知道你查阅的网站是否立场公正呢？是确有见地的学术知识，还是激情的、缺乏研究的偏颇主张呢？除了上面列举的那些问题，还有一个窍门就是查看一下网站的全球资源定位器上由三个字母组成的扩展名（全球资源定位器，通常称为网络地址）。“com”这个扩展名通常指商业（营利性）机构。“org”这个扩展名（通常）表示非营利性机构。扩展名“gov”表示美国政府机关。其他国家有各自的扩展名，如《法国世界报》的域名是 www. lemonde. fr. 。

最后，下面的域名扩展名可能会反映出网站的可信程度高低：

. com＝商业机构

. edu＝教育机构

. mil＝军队

. org＝非营利性机构

. gov＝美国政府

. net＝网络

第四篇

政治学中的批判性思考和实践

第十二章

书评和文章评论

12.1 书评

成功的书评要回答三个问题： 202

- 书的作者想要表达什么？
- 作者是如何清晰而有说服力地把信息传递给读者的？
- 这一信息本身是否值得阅读？

几个世纪以来，对于这三个问题，优秀的书评家们都回答得很好。读书评的人在购买或阅读某本书之前会想知道它是否值得去读、是否符合他们的个人目的。这些潜在的读者想知道此书的主题及其长处与短处，而且他们想尽可能便捷迅速地掌握这些信息。因此，写书评的目的是要帮助人们高效地决定是否购买或阅读一本书。你最直接的目标或许只是取悦你的导师和得到一个好成绩，不过当你专注于一本书的书评的读者（想要在选择购买或阅读某本书的问题上得到帮助的人）时，这些直接目标也极易实现。在实现写书评的主要目的这一过程中，你还能：

- 了解你评论的那本书。
- 了解政治学书评的专业标准。
- 了解撰写符合学术规范的书评的重要步骤。

最后的这个目标即学会合适地写书评，可能比你最初设想的更具实用性。首先，它能帮你迅速集中关注一本书的基本要素，并且从中提取出对你和他人有价值的信息。一些政府、商业和职场的最成功人士每周要快速阅读好几本
203 书，目的是为了获取知识而不是娱乐。然后这些读者会把书上的知识应用到他们的实质进步中去。但通常而言，快速阅读一本书对写书评而言却不是很明智的，因为快速的阅读会使你不能获得公正评价某本书的足够信息。不过，写书评能帮你熟练地从无价值的材料中快速收集有价值的信息。

此外，为了公开出版而写的书评还能让你作为其中的一分子去参与更广范围的知识分子和专业人士团体的讨论。法律、医学、教育、工程、管理和其他领域的专业人士经常被邀请写书评，以帮助其他人评估新出的出版物。

在写书评之前，你首先要阅读下面的范例。这是格里高里·M·斯科特（Gregory M. Scott）撰写的《政治伊斯兰：革命、激进主义或改革?》（约翰·L·埃斯波西托编）一书的书评。这篇书评发表在《东南政治学评论》（1998 年 6 月）第 26 卷，经授权在本章内引用。

> 看那庞大而专制的伊斯兰教幽灵的墓志铭！在对从巴基斯坦到阿尔及利亚的伊斯兰政治运动的调查中，《政治伊斯兰：革命、激进主义或改革?》一书有效地消除了伊斯兰的政治表达本质上是暴力和独裁的这一普遍观点。约翰·L·埃斯波西托本人和这本学术文集的作者团体的成就不仅值得宗教学和政治学专业的学生大力关注，还证明了此书要作出“开创性贡献”的自我断言。虽然书中没能辨明作为宗教信仰和文化传统的伊斯兰教是如何赋予穆斯林政治一种特殊的伊斯兰教特色的，但这本文集清楚地回答了书名中提出的问题：是的，政治伊斯兰不仅包括了革命和激进主义，还包括了节制和改革。
>
> 虽然 11 位撰稿人中有两位是历史学家，《政治伊斯兰：革命、激进主义或改革?》一书仍阐明了当代政治学在宗教方面的优点和弱点。此文集对经济和政治、文化与政治之间关系的说明，远胜于它对政治与宗教信仰之间微妙关系的解释。在总导论之后，前三篇文章探讨了作为非法反对党的政治伊斯兰，首先是对主要运动的概述，然后专门研究了阿尔及利亚和海湾国家。在题为《实现的预言：国家政策和伊斯兰教徒的激进主义》的文章中，丽莎·安德森为整本文集设定了一个方法的指导方针，她写道：
>
>> 与其去探究伊斯兰教的本质或为了预期目的而采用暴力手段这个假定的伊斯兰政治原则，我们不如采取一种不同的观点，仔细考查孕育了政治激进主义、极端主义或与政治原则无关的暴力的政治环境或制度环境。(18)
>
> 因此，不是去评估作为宗教的伊斯兰教是如何影响穆斯林政治的，相反，后面所有的篇章都转而着手考查许多伊斯兰国家的政治、经济和文化。这意味着此
> 204 书的标题稍许有些误导人：它讨论的是穆斯林政治而不是政治伊斯兰。当埃斯波西托主张“宗教的吸引力是一把双刃剑……它能提供或增强自我合法化，但它也能被当作判断反对武装和权威丧失合法性的标准”（70）时，他就已经把此书的结论归结为伊斯兰教信仰对政治过程的影响。

文集的第二部分以分析伊朗、苏丹、埃及和巴基斯坦几国不同的政治程序为特色。这些篇章清楚地表明，在常规的经济领域和意识形态流派中，伊斯兰教团体也可能处于不同的境况，而且，伊斯兰教也不必定是反对节制的、多元化的政治的。文集的第三部分考查了受关涉中东和平进程的哈马斯、阿富汗伊斯兰教徒和伊斯兰团体影响的国际关系。这些篇章对美国学生来说特别重要，因为这些章节提供了十分有说服力的文献资料证明了结论：许多伊斯兰团体的动机和要求与西方政治评论所暗示的情况相比，是相当节制和理性的。

此文集确实写得非常好。除了第二章以外的其他文章都避免了不必要的繁复的政治学术语。作为一本方法论的文集，《政治伊斯兰：革命、激进主义或改革?》是相当透彻的，对穆斯林政治的分析也是敏锐的，确实适合作为宗教学和政治学课程的补充教材使用。至于书中未曾涉及的内容，读者或许会认为，虽然此书已经完全达到了它的目的，但如果文集包含了以下的四章内容就能充作伊斯兰政治课程的主要教材了：

1. 对作为宗教的伊斯兰教的缘起和流派的历史回顾。

2. 对世界伊斯兰政治—意识形态流派（从自由主义的到宗教激进主义的）的概述。

3. 对世界伊斯兰文化不同流派的概述。

4. 尝试描述伊斯兰教的所有流派以何种方式（如果有的话）赋予政治不同于其他主要宗教的政治色彩。

书评的元素

政治学的书评包含了所有书评都具有的同样的元素。政治学书评不是小说类的作品，和小说的书评相比，在原则上较少关注作品的写作风格，更多地注重其内容和思想。你的书评应当主要包括四个基本元素，但不一定总按下面的顺序：

1. 吸引力（enticement）。
2. 考查（examination）。
3. 说明（elucidation）。
4. 评价（evaluation）。

吸引力

书评的第一句话就应该能吸引人们阅读你的评论。关于某本书内容简洁明快的概述就能吸引读者，因为它让读者知道你可以迅速清楚地说到点子上。读者知道他们的时间和努力不会白费，不用为了找到关于某书的内容而千辛万苦地理解你含混不清的文字。注意斯科特的开场白："看那庞大而专制的伊斯兰教幽灵的墓志铭!"使用大词汇显得有点夸大其词了，不过这能吸引人注意并准确归纳书评的精髓。你开放的陈述 205
可以是有魅力的和"吸引眼球的"，不过书评务必要简洁明快地对某本书进行准确的描述。

考查

你的书评应当能让读者参与到对某本书的考查中来。告诉读者某本书讲述的是什么。斯科特书评的最大优点之一就是他在第一段就立即准确地告诉你他认为此书的成果是什么。

评论一本书时，要写明书中到底写了什么，而不是你认为书中可能有或者应当有什么。不要去解释你会怎么去写这本书，而要说明作者是如何写这本书的。用清楚、客观的措辞来描述，并用足够的内容来阐释作者的主要观点。

说明

说明（或者说澄清）一本书对政治学的价值和贡献要详细阐释：（1）作者试图做什么；（2）作者的作品是如何努力做到符合当前政治学或学术研究一般原则的。注意斯科特是如何直接描述埃斯波西托想要做什么的："这本文集清楚地回答了书名中提出的问题"。在表明作者的写作目的之前，斯科特把作者的作品放入当前同类政治学作品的语境中，从而说明"约翰·L·埃斯波西托本人和这本学术文集的作者团体的成就不仅值得宗教学和政治学专业的学生大力关注，还证明了此书要作出'开创性贡献'的自我断言"。

书评的说明部分常常会提供作者相关的附加信息。在评论中斯科特并没有提供关于埃斯波西托的类似信息，但是以下这类信息也会有助于对埃斯波西托的了解。例如，埃斯波西托有没有同一主题的其他著作，他就某个特定话题阐述过的意见是否赢得了专家的美誉，或者是否有某种具体的意识形态偏见。例如，如果你知道了作者是哈马斯或巴勒斯坦解放组织的领导人，你对本书的理解可能会发生怎样的变化呢？在书评中纳入作者的信息能帮助读者理解这本书是如何与政治学所关注的更广范围的事务相一致的。

评价

一旦说明了某本书试图做什么，你就得告诉读者这本书在多大程度上达到了其目的。为了有效地评价一本书，你需要建立评价标准，然后把这本书的内容同这个标准相比较。你不必在书评中具体明确你的标准是什么，但要让读者清晰地感受到这些标准。你的标准应当根据所评论的书进行调整，而且可以按照对读者更有利的方式调整讨论的次序。不过，你最好考虑将以下几个方面纳入书评的评价标准中：

- 对政治和政府研究而言这个主题有多重要？
- 作者对这一主题的涵盖范围有多完整和透彻？
- 206 作者进行的分析有多仔细？
- 作者的评论方法有哪些优点和局限性？
- 作品的质量如何？是否清楚、准确和有趣？
- 同这一主题的其他作品相比，这本书怎么样？
- 这本书对政治学有什么贡献？
- 谁会喜欢这本书或从中受益？

当你根据这些标准作出评价时，要做到具体细致。如果你写道："这是一本好书；我非常喜欢它"，那么你等于没有说出任何让读者感兴趣或对读者有价值的东西。不过，请注意斯科特的书评是怎样把那本文集同他所描述的理想的伊斯兰政治课程的主要教材相对比的，这又会如何帮助他清楚地表达文集的内容和局限性："至于书中未曾涉及的内容，读者或许会认为，虽然此书已经完全达到了它的目的，但如果文集包含了以下的四章内容就能充作伊斯兰政治课程的主要教材了”。

有成效的政治学书评的质量

有成效的政治学书评应该：

- 为读者服务。
- 是公正的。
- 是简练和具体的，而不是含糊和笼统的。

时刻记住，要为潜在的读者而不是为你自己或书的作者写书评。从某种意义上说，将要阅读那本书的人就是你的客户。

你的读者需要的是对书的公正评价。不要对一本质量很次的书太过宽容，但也不要对解决一个非常复杂或困难的问题的努力过于挑剔。如果你有可能会影响到书评的偏见，要让读者知道这一点，但须简练地表明。不要把读者的注意力从书中的观点转移到你自己的观点上来，也不要因为作者的政治主张而攻击一部作品，更不要责怪作者没能写出一部与他或她的其他书不同的作品。

书评的读者对你的政治观点或其他观点不会感兴趣。你要试着欣赏作者的努力和目标，与作者产生共鸣，但也要保持足够的距离以辨别其错误。要试着尽量清楚地指出此书的优点和弱点。

写出的书评应当是有趣的、富于吸引力的，甚至是诱人的，但不能以牺牲准确性或贬低被评论的书为代价。要博学但不要冗长（博学是指展示大量的知识，冗长则是啰唆和含混不清）。你的目标是通过尽量简洁的文字展示关于书中内容、优点和缺点的大量知识。

正文前内容：在写书评之前

在坐下来写书评之前，你一定要先做好以下事项：

- **从你的导师那里获得进一步的指导。** 询问是否有除本书提及的要求之外的其他具体要求，如评论的页数或评论的内容等。
- **阅读要评论的书。** 只浏览了内容或者只读了书的护封就开始写书评会给作者造成巨大的伤害。要非常认真地阅读全书。 207
- **对该书作出回应。** 在阅读的时候，你要把自己对该书的反应以笔记的形式记录下来。把这些反应组织编排在吸引力、考查、说明、评价等几个分类中。
- **了解其主题。** 利用图书馆找到关于该话题的概述性著作。在书评、杂志或近期的这一主题的教材里都可能找到这种概述。
- **熟悉作者的其他作品。** 如果作者写有其他作品，要多加了解，直至你能够向读者简要地描述它们。
- **阅读其他政治学书籍的评论。** 许多政治学杂志都有书评板块，通常是在某个议题的结尾处。到图书馆去浏览一下一些杂志里的这类书评。你不仅能了解到从一篇政治学书评里能获得什么，还能找到很多关于如何处理和评价书籍的好主意。

格式和内容

本书第五章到第七章介绍的撰写论文的指南同样适用于写书评。不过，写书评还有一些特殊要求。首先，和一般政治学论文要求的标准信息一样，在标题页还要列举出所评论书籍的资料：书名、作者、出版地址和出版社名称、日期和页数。如下图所示，书名要用斜体或加上下划线，但不要同时使用斜体和下划线：

Shoveling Smoke
A Clay Parker Crime Novel

by

Austin Davis
San Francisco：Chronicle Books
2003. 256 pages.

reviewed by

Constance Squires
POL 213
Dr. Christopher Givan
Central Mideastern University
January 1，2006

反思性或分析性的书评

208 人文科学和社会科学的导师常常会布置两种类型的书评：**反思性书评**和**分析性书评。询问你的导师要求你写的是哪种类型的书评**。反思性书评的目的是为了使学生练习创造性地进行分析评价，而不受他人评论的影响。反思性书评包括本章内介绍的所有要素（吸引力、考查、说明、评价），但不包括其他阅读过此书的读者的观点。

分析性书评包括反思性书评的所有要素，但还要加上对其他评论家评论的分析。因此，分析性书评的目的不仅要评论这本书本身，还要评论它在学术界的反响。

写一篇分析性书评，就要在对书的概述后面紧接着加上一段书评分析。要准备这部分内容，你得利用图书馆里的《书评摘要》和《书评索引》这两本刊物，查找已经发表在期刊或其他杂志上的关于这本书的其他书评。当你在阅读这些书评时，请：

1. 列出这些书评中对该书的优点和弱点的评价。

2. 对这些评价进行简要概述，指出这些评论总体上是正面的还是负面的，然后列举一些最具代表性的评论。

3. 评价一下这些书评中的批评意见。他们对这本书的评价总体而言是否准确?

4. 写一篇两页以内的阐述与评价步骤 2 和步骤 3 提及的评论的分析，然后把它放在书评中有关该书概述的后面。

书评的长度

除非你的导师有额外的要求，否则一篇反思性书评应当保持在三到五页打印纸的长度，分析性书评应当为五到七页的长度。在任何情况下，简练、具体和精练的书评总比冗长的书评受人欢迎。

12.2　文章评论

文章评论是评价发表在学术杂志上的文章的论文。好的文章评论能告诉读者某篇文章想要表明什么观点，以及它是如何证明这一观点的。写文章评论能达到三个目标。首先，它让你充分理解一篇学术文章中包含的信息，并让你熟悉关于同一论题的其他信息。其次，当你试图批判地评价一位政治学者的作品时，文章评论也就为你提 *209*
供了一个应用和发展你批判性思考技能的机会。最后，在你试图表述所选文章的优点和弱点，以便读者清楚地理解它们的时候，也是在提高个人的写作技巧。

写文章评论的第一步是选一篇合适的文章。除非你的导师指定了某篇文章，否则你应当选择一篇学术杂志上的文章（如《美国政治学评论》、《政治杂志》或《东南政治学评论》），而不是流行刊物或杂志（如《时代》或《国家评论》）上的文章。本书第十章里有大量政治学期刊的列表，但你的导师或许也接受其他学科的学术刊物登载的文章，如历史学、经济学或社会学的刊物。

选择文章

另外三个因素也应当是你选择所评论的文章时要考虑的。首先，浏览文章标题直至选到一个你感兴趣的题目。如果你对某个题目感兴趣，那么写起评论来就更得心应手。每年都有上百篇有趣的杂志文章发表。例如，下面的文章就发表在《刺猬评论》（*Hedgehog Review*）2004 年春季刊（6∶1）上：

“宗教与暴力”

导论	宗教与暴力之谜
勒内·吉拉尔	暴力与宗教：是原因还是结果?
马克·杰根史迈尔	宗教是麻烦吗?

威廉·T·卡瓦诺夫	不作为之罪："宗教与暴力"的讨论所忽视的
斯拉维卡·杰克里克	波斯尼亚和黑塞哥维那的宗教、集体认同和暴力
哈立德阿布·埃法德	上帝名义下的言论、杀戮与爱
托马斯·库希曼	与维纳·达斯关于宗教和暴力的对话
詹妮弗·L·格迪斯	亚伯拉罕教信仰间的调停：彼得·奥科斯访谈录
贾斯汀·S·霍尔康博	安娜·雷恩斯蒂姆《前景和危险》一书评论
查尔斯·K·博林格	宗教与暴力：参考书目

要考虑的第二个因素是选择一篇与你当前知识水平相当的文章。例如，许多政治学课题采用了复杂的统计方法。你只有学过统计学才可能更好地评论它们。

210 要考虑的第三个因素是选择一篇近期的文章，最好是在近 12 个月内写作完成的。政治学中的大部分成果很快就被新的研究成果超越了。选一个近期的研究课题有助于确保你能在这个论题上的最新进展上作出评论。

撰写文章评论

一旦你选定并认真阅读了文章，你就可以开始写评论了，评论应包括五个方面的内容：

1. 论点。
2. 方法。
3. 支持论点的论据。
4. 学术贡献。
5. 可取之处。

论点

你的首要任务是找出并清晰阐明文章的论点。这个论点就是文章想要表达的主要观点。在 1997 年发表的一篇题为《不平等参与：民主未解决的困境》的论文中，APSA 主席、加利福尼亚州大学（圣迭戈校区）政治学研究教授阿兰特·里帕特（Arend Lijphart）清楚地陈述了他的论点：

> 低投票率是一个严重的民主问题，原因有五点：(1) 这意味着不平等的票数系统化地对境况较差的公民抱有偏见。(2) 不平等的票数意味着不平等的政治影响。(3) 美国的投票率尤其低，不过按适龄投票人口比例来算，其他大多数国家的投票率也偏低。(4) 中期投票、地区投票、地方投票和超国界选举（这些不那么显著但并不意味着不重要的选举）的投票率就更显不足。(5) 各地的票数都呈现下滑趋势。

不过，许多作者并没有清楚地提出他们的论点。在读了文章以后，自问一下你是否不得不去仔细追溯论点是什么。你要在文章评论中评价作者论点陈述的清晰度并陈述作者的论点。在继续写接下来的一些评论要素之前，考虑一下论题的重要性。作者是否写出了一些对公民或政治学家而言重要的、值得阅读的东西？

方法

在文章评论中，要认真回答以下问题：

1. 作者用了哪些方法来研究这个论题？换句话说，作者是如何支撑论点的？
2. 作者是否使用了恰当的方法？
3. 作者用于支撑论点的方法是否合理？
4. 作者是否正确地使用了所选择的方法？ 211
5. 你是否发现了作者在从事研究时的任何错误？

支持论点的论据

在文章评论中，要回答以下问题：

1. 作者提出了何种论据来支撑论点？
2. 所提出的论据优点何在？
3. 这一论据的缺点是什么？
4. 总体而言，支撑论点的工作做得如何？

学术贡献

这一步很可能要求你自己进行一些研究。利用本书第十章、第十一章中提及的研究资源，查阅近五年发表的、与你所选取的文章同一主题的文章和书。浏览所有标题并阅读大概六七篇看起来在这个论题上研究得很深入的出版物。在你的文章评论中，列举出在此论题上已出版的最重要的其他文章或书，然后，基于这些出版物，评价你所选文章对这个学科所作的贡献。

可取之处

在文章评论的这个部分进行总结。告诉读者以下事项：谁会从阅读这篇文章中受益？可以从中获得什么益处？这些益处的重要性和广泛性如何？要在文章评论中用论点的形式清楚阐明你对这篇文章的评价。论点可以像下面这样写：

> 阿兰特·里帕特题为《不平等参与：民主未解决的困境》的文章是近年来发表的讨论不平等参与问题最简练、最全面的文章。政治学家应当认真地直面里帕特的警告，因为他结论性地证明了不平等参与给美国民主带来的迫近的威胁。

在写这个作业的时候，也要按照本书第七章所列的论文格式。询问你的导师，文章评论该写多长。如果导师没有给出进一步的要求，那么评论文章就不要超过五页（打印纸、双倍行距）。

第十三章

为交流和实践写作

13.1 读者来信

212 读者来信既不是创造性写作的练习，也不是哲学思考的片段。它的读者与其说是编辑不如说是公众，因为你写信的目的就是为了能发表在报纸上，从而影响他人的想法。既然你的目的是发表，记住绝大多数读者来信事实上是作为对某篇近期发表在报纸上的具体社论、文章或信件的回应而发表的。因此，成功地撰写读者来信就要很好地：

- 指出近期出版的新闻、社论或信件中不准确的、错误的或误导的信息。
- 用新的信息补充、强化、驳斥或澄清近期发表的言论。
- 给当期杂志或近期发表的言论提供一个新观点。

如何找到论题?

在大学图书馆期刊室的书架上，你能找到最近几期的当地报纸。浏览一遍，找一些你特别感兴趣的文章或其他新闻。你能否从中找到对其拥有激情的内容？对其中的读者来信要特别留心。注意该报纸刊发的信件类型。是冗长的还是简短的？是保持中立和谐的还是有煽动性的？找一篇你个人感兴趣或者你认为所在社区的人们会感兴趣的新闻、社论或读者来信，并仔细阅读这篇文章。它试图表达什么观点？文章的优点和缺点是什么？文章的作者有没有遗漏什么重要的内容？你对这个话题有什么想要说的？你有什么新观点吗？明确一到两个具体观点，总体评论这个话题并具体评论你所 213
评论的那篇发表了的文章。别尝试去评论你所选文章中的每个论点，只关注一到两个论点即可。

如何着手写信？

开始要先写下你在信中要表达的观点的提纲（参见第五章）。你的主要观点不要超过三个，一到两个为最佳。不过，你需要用有说服力的论证、事实和对论题的清晰的解释来支撑你的观点。你必须使观点变得清晰并立即（也只有这时才能）为其辩护。因此，把主题句（参见第五章 90 页）作为信的首句是很好的做法。主题句就是你要表达的主要观点。无论是在主题句中，还是紧接着主题句，你都要明确回应的是哪篇文章或社论。

在主题句后面，你得简练地、有逻辑地为你的观点作论证。其他还有一些意见也是值得参考的。那种看起来考虑更周全、更平和的信比看起来太过极端的信更有效。一定要使你写的信能自圆其说，也就是说，读者不必查阅其他资料就能明白信的内容。此外，信不一定都是批判性的。它常常尽量积极地指出其他文章的优点和成功之处。

校正的重要性

你有没有读过试图说服你采取某个特殊行动（“给我投票”、“到乔的餐馆吃饭吧”之类）的读物（一篇文章、一张海报或一个广告），并发现它有明显的语法错误？“你是未来与参议员史密斯一起是安全的。”（“You're future is safe with Senator Smith.”）在作者是否粗心这一争论中，这个语法错误是如何影响了你的自信的呢？大多数人发现他们的注意力转向了错误之处——由于书写或打印错误的文字，使读者的思考重心转向了怀疑作者的智力或受教育程度。或许这看起来对你不公平，不过事实的确如此：文本中的小疏忽能毁了整个论证。在读者来信中，仅仅是一个打印错误或语法错误（“has”写成了“hat”，“its”写成了“it's”）就可能让编辑人员十分气恼，以致把你的信扔在垃圾桶里而不是发表出来。一定要仔细校对。

信的格式非常重要。你应当采用标准的商务信函格式。大多数信函的正文和各个地址都要求单倍行距打印，只在段落之间和信函的各要素之间才用双倍行距。此外，查看一下报纸的社论版，你可能会找到提交信函的具体指南和要求。用质地较好的纸张打印你的信。把信寄给报纸的编辑。你的联系方式中要注明你的姓名、地址、电话号码和电子邮件地址。报纸也许需要确认你的身份。在写完信之后，立即把它邮寄出去以保证其时效性和相关性。每天翻阅报纸看是否登载了你的信。如果一周以后还没收到回复，你可以写一封后续跟进信询问一下信函的状况。

读者来信范例

214 September 10，2005

Mildred K. Feswick
Editor
Freetown Daily News
P. O.，Box 2367
Freetown，TX 05672

亲爱的费斯维克女士：

教育是社会的基石，它理应获得比现在更多的公共支持。在 9 月 8 日星期四的《自由城每日新闻》第 10 版上登载了您的一篇题为《联邦政府在教育上投入过多》的社论。我希望您能重新考虑一下您的想法。

首先，请考虑一下教育深刻而广泛的意义。知识的获得不仅是为了使个人从了解自己和自己的文化中感到满足，还是为了给社会提供智力贡献。统计数据显示，受过教育的人比未受教育的人能做出更好的决策，能为社会作出更多的贡献。国家统计局清楚地证明了教育的效用。大学毕业生比高中毕业生的失业率低一半，而且大学毕业生的中位收入比高中毕业生的中位收入高 15 000 美元。尽管教育产生了如此的效用，创造了惊人的统计数字，政府却还坚持削减教育经费。

家长们都知道好的教育带来的机会和见识。在近期的民意测验中，98%的美国家长说想要他们的孩子读大学。不过，家长们越来越支付不起孩子读大学的费用。佩尔奖学金起初资助一个学生 75%的教育经费，现在最多只能资助 25%。研究表明，联邦助学金计划已在尽力资助那些不能支付大学费用的学生受教育。尽管有明
215 证说明教育是一项有利投资，但它仍旧不在许多立法者的优先考虑名单上。给公立学校和高等教育的投资由于其他计划的过度投资而不断削减。例如，司法政策研究所（一个位于华盛顿特区的研究和宣传组织）最近发表的一个报告显示，加利福尼亚州和佛罗里达州现在花在监狱上的资金比花在高等教育上的还多。报告还提到，监禁重犯的平均花费是每年 22 000～25 000 美元，相当于一些较好的人文学院的收费。如果我们能花大量资金防止人们出现犯罪倾向，我们就该能找到资金帮助人们过上更有生产力和更能实现其抱负的生活。

布什总统已经带头削减了教育管理计划。他的“不让任何孩子掉队”计划不是给公立学校提供充足的资金，而是撤销了那些不能达到联邦标准的学校的资金。如果学校从一开始就有充足的资金，那么这一政策可能是合理的，但它们从来就没有充足的资金。许多公立学校的老师甚至得自掏腰包购买学校的文具用品。

教育是国家未来经济的关键。我们有较为强大的经济力量，是因为我们的教育制度在培养有竞争力的毕业生方面世界领先。因此，很容易看出“联邦政府在教育上投入过多”的言论已经被联邦资助教育的益处这一详尽的分析驳倒。相比其他开支而言，给教育留出的资金太少是我们国家缺少对未来的考量的明证。当今世界，教育比以往更加重要。除非我们在训练头脑上加大投入，不然我们的愿望可能落空。教育是未来成功的催化剂。

Sincerely，
Jeremy M. Scott
3251 Matlock Roar ＃22
Mansfield，TX 76063

13.2 专栏文章

专栏文章是关于某个话题的观点的陈述，或者是对经常会出现在报纸“专栏版”(在社论版的反面页）的社区关心话题的讨论。它既不是社论（由报纸评论人撰写)，也不是读者来信（大多是对先前发表的某篇文章或社论的回应)。相反，它是精心策划和精心撰写来吸引注意力的文章，主要目的是激发报纸的部分读者思考，最终目标是影响他们的观点。与读者来信不同的是，专栏文章常常既是创造性写作的练习，又是哲学思考的片段。与读者来信相同的是，专栏文章的读者也是大众。成功（发表出来）的专栏文章通常表现出以下部分或全部特征： 216

- 一个激进的、有煽动性的或至少是独特的观点。
- 一个普通话题的新视角。
- 一个连贯的、相关的主题。
- 事实和逸事。
- 幽默或讽刺。

如何找到论题?

你可以像寻找读者来信的题目一样开始寻找专栏文章的题目。在大学图书馆期刊室的书架上，你能找到最近几期的当地报纸。浏览一遍，找一些你特别感兴趣的文章或其他新闻。你能否从中找到对其拥有激情的内容？对专栏文章要特别留心。注意它们的主题、格式和处理问题的方式。注意文章的长度。找一篇你个人感兴趣或者你认为所在社区的人们会感兴趣的话题。明确一到两个你想阐述的具体观点。

如何撰写专栏文章?

与写读者来信一样，在写文章之前也要先列出主要观点的提纲（参见第五章）。文章的主要观点不要超过三个。你要用有说服力的论证、事实和对论题的清晰解释来支撑你的观点。你必须使观点变得清楚并立即（也只有这时才能）为其辩护。因此，把主题句（参见第五章 90 页）作为文章的首句是很好的做法。主题句就是你要表达的主要观点。

在主题句后面，你得简练地、有逻辑地为你的观点作论证。其他的意见也是值得参考的。虽然专栏文章的观点通常比读者来信的观点更激进，但是，仅仅冲击人们的
217 视觉或表达没完没了的讽刺的文章不可能是有效的，也不容易发表。你可能会很戏剧化地来吸引读者，但也一定要确保做出理由充分、论争有据的论证。要确保文章能自圆其说，也就是说，读者不必查阅其他资料就能明白文章的内容。别忘了校对和检查拼写、语法错误。与读者来信一样，仔细的校对是专栏文章成功的绝对必要因素。

文章格式非常重要。你应当像写大学学期论文一样来组织专栏文章的格式。此外，查看报纸的社论版，你可能会发现投专栏稿件的具体指南和要求。用质地较好的纸张打印你的文章。在给编辑的附信中写上你的姓名、地址、电话号码和电子邮件地址。报纸也许需要确认你的身份。每天翻阅报纸看是否登载了你的文章。如果一周以后还没收到回复，你可以写一封后续跟进信询问一下信函的状况。

专栏文章范例

在 2004 年圣诞节专栏文章中，《纽约时报》让人又爱又恨的保守派专栏作家莫琳·多德（Maureen Dowd）斥责了布什政府在伊拉克战争中的做法。

毁灭的圣诞前夜①

作者：莫琳·多德

《纽约时报》，2004 年 12 月 23 日

正如尤吉·贝拉会说的，在伊拉克，未来将不复如从前。

既然选举已经结束，我们的领袖认为稍尝试着诚实点也就不会出错了。

布什总统最后承认，伊拉克人是不能拯救他们自己的国家的，当然，这意味着美国对其驻军并无撤军计划，驻军数很快会达到 150 000 人。

新闻机构把这个故事作为开始，即使总统只不过说了些这一年里每个人都知道的事。白宫的伊拉克政策已经从一个全然的谜题变成了有限制的、变相的故意泄露。布什先生承认了伊拉克的安全武装明显不是完美的，所以他不必承认这一

① 文章发表在 2004 年 12 月 23 日的《纽约时报》上，经《纽约时报》授权引用。

真相：现在伊拉克的境况如此糟糕，没人知道我们如何能、何时能撤出。

如果这一惨败能引起世人的关注，它就不会再发生了。

约翰·麦凯恩以前在竞选时为布什增加了极大的可信度，并为总统和他的战争作了担保，而他现在承认他对唐纳德·拉姆斯菲尔德没有信心。

而拉米昨天承认他的感情受到伤害了，因为人们谴责他对事实感觉迟钝，即他在没有适用的装备、器械、后援和准备的情况下就傲慢地把军队送入残杀的陷坑之中——一场罪恶、持久的暴乱。

郁闷的国防部部长进一步承认，圣诞前夕在摩苏尔捐躯的美国子民的确是在 218
与看不见的敌人争夺着并不存在的武器，我们也并未向布什先生保证过的民主盛世进发。

“我认为在选举后指望出现一个和平的伊拉克可能是个错误。”拉姆斯菲尔德先生说道。

他也已经不光彩地承认他写给伊拉克阵亡士兵家属的慰问信都是机器签名的，因为他在“核战争狂”的声明中说道，“我已经授意今后我会亲自签署每一封信”。这让人想起导致这一糟糕境况的短浅目光。

即使什叶教徒主导的政府会进一步疏远逊尼派——即使伊拉克可能由受伊朗影响的阿亚图拉统治，布什一帮人在2月的选举中下的赌注也太大了。那可能意味着伊拉克或许会有一名由我们承认其合法却憎恨我们的领袖。

国际选举观察员说，亲自参与并掌控选举实在太过危险了；他们将从阿曼、约旦的安全性来进行“评估”选举。这难道不像是坐在城里的酒吧里当足球比赛的裁判吗?

政府希望伊拉克人一旦明白他们有了自己的政府就会有一个转机，他们就会意识到值得为他们的国家奋斗。但这个所谓的转机最近已经被证明是几乎无法实现的了。

从萨达姆被捕到保罗·布雷默的离职，以及费卢杰的被袭，已经有太多假的和平地平线。

即使是三周前摩苏尔基地指挥官接到“贝鲁特式”袭击的警告后，在所谓安全地带吃午饭时美国军队也不能保证他们驻军的安全，因为伊拉克安全武装及其后勤人员已经被叛乱武装的间谍渗透了。

那些假定能使我们在伊拉克获得一些吸引力、在基础活力上有所改变的每一个里程碑、每一个事件来了又去，却没能让安全性有任何改善。《洛杉矶时报》昨天报道说，一个主要的美国承包商、Contrack 国际公司基于“对持续增长的国家暴力及其对重建的影响产生了新的担忧”，撤回了重建伊拉克的数百万美元资金计划。

布什一帮人认为想进去就进去、想撤出就撤出，这能吓倒伊朗人和叙利亚人，然后在几个月内撤走我们的大部分军队。

但是，现在我们进来了，而北约盟国、承包商和选举监督机构却想要撤出了。

除了他极少的坦诚外，布什先生仍没有对我们说实话。正如他在星期一的记者招待会上所说，“自由的敌人”知道“民主的伊拉克将会是对他们野心的决定性打击，因为自由的人们绝会选择在极权下生活”。

当然，他们可以选择在神权政治下生活。美国人就是如此。

13.3 致议员的信

219 议员，特别是美国参议院和众议院的成员，每天都会收到许多来信。虽然你可以写信祝你的参议员生日快乐或抱怨他的着装，但大多数给议员代表的信是为了两个目的：(1) 影响她或他对当前在议的提案的决定，从而给特定的某方投票；(2) 要求议员的工作人员提供某项服务，如提供信息或帮助解决与某政府机构相冲突的问题。只要你高兴，你可以在信里写任何事情，但我们这个任务的目标是帮助你写前一种类型的信，也就是说，一封要求议员在即将进行的立法中采取特定方式投票的信。

致议员的信在写得很有说服力并代表了选民观点的时候最可能有影响力。因此，信应当写给你的参议员或众议员，而且你应当主要把它视为一种说服练习。影响立法者投票的信有许多特征。首先，它们简洁明了。政府官员们非常忙，他们每天要接收大量的信息，没有耐心读那些说不到点子上、长篇大论的信。其次，好的信件只说一件事，能清楚地表明作者想要议员做什么，并阐明和论证这一事情的必要性。最后，涉及国会当前商讨法案的信件要提供一个对该法案的简要概述，这看起来好像不必要，但国会每年要考虑数百个法案，而且经常有许多法案看起来是同时提出了同样的议题，并且你也愿意准确地向议员解释他们所要投票的是什么，这能节约他们的时间。

如何找到论题？

最好从国会图书馆的主页 THOMAS (http://thomas.loc.gov/) 开始着手，它提供了在线搜索引擎和现行法律的全文。想一个你个人感兴趣的话题。你是学护理专业的吗？你可能想看看与卫生保健有关的立法。你是音乐爱好者吗？有没有什么影响音乐产业或影响你在网上获取音乐的途径的立法通过呢？有没有什么在议法案可能会影响你所在的国会选区呢？无论你对什么感兴趣，明确一到两个关键词并键入 THOMAS 立法搜索引擎，然后你就能看到与所搜索词语相关的立法的列表。当你确定研究某个感兴趣的国会当前正在商讨的法案，就利用 THOMAS 国会记录搜索引
220 擎，输入法案名称，你就会找到国会进行过的赞成或反对正在讨论中的法案的演讲记录。下一步，决定你是赞成还是反对这个立法，并写下支持或反对理由的初始清单。

如何写信？

首先，信中要使用正确的称呼语。本章末尾附有正确称呼语格式表。在信的一开

始就准确地告诉议员你想要他或她做什么，以及与法案的哪个部分相关。信中一定要包括以下内容（你能在“国会摘要在线”上找到某个法案的这些内容）：

- 法案名称（如《2008年环境公正法案》）。
- 对法案加以说明（如“要求联邦机构制定和执行提高环境公正的政策和行动，以及其他目的”）。
- 法案编号（如 H. R. 2200）。
- 法案当前的状况（如提交商业及行政法专门委员会）。

接下来，阐明立法者主要关心的两个问题。对受到议员关注的每个法案而言，他或她都必须回答两个问题：（1）“这一立法所要解决的麻烦或问题是否迫在眉睫？”（2）“如果需要立法，讨论中的具体法案是不是解决这问题的最好方法？”你需要做两方面的论证来回答这两个问题：（1）那个问题或麻烦的确需要（或的确不需要）立法；（2）具体的法律提案恰当地解决了（或没有恰当地解决）这一问题或麻烦。

适当列举一些事实、例子或逸事，包括任何个人经历或你与该问题或麻烦的相关情况。你不必提供立法者决策所需的全部信息，但要提供足够的信息使他或她对这个问题感兴趣，并进一步去考查和认真思考。信的格式与标准商务信函相同，当然，还要仔细校对你的终稿。

致议员的信范例

221

October 5，2008

The Honorable Stephanie Herseth
1504 Longworth House Office Building
Washington，DC，20515

亲爱的何塞斯议员：

我写信给您，恳请您投票赞成《2008年环境公正法案》（H. R. 2200，目前由商业及行政法专门委员会商讨），这是一部“要求联邦机构制定和执行提高环境公正的政策和行动，以及其他目的”的法案。在全国各地的保留地和不合格居住区，美洲原住民、拉丁裔人和黑人已经忍受了太久不健康的环境。在我所居住的地区，旧采矿区排放的有毒废料已经导致20多名儿童患病。

在全国各地，受巨型工业的工厂和矿穴产生的空气和水源污染影响的绝大多数人们占有的资源最少，最没有政治势力来处理这些问题。例如，在洛杉矶，超过70%的非洲裔美国人和一半以上的拉丁裔人居住在污染最严重的地区，而只有1/3的当地白人住在这个区域。再如，在内布拉斯加州的南奥马哈市，肉类加工业的工人正在为恢复城市公园的活力和提高工厂内的卫生健康状况作斗争。由于废料堆、工业设施和化学物品贮藏设施等在低收入社区采取的防护措施比在高收入社区采取的少得多，因此低收入社区的人们更经常地过度暴露在更多毒素和危险物质面前。令人遗憾的是，大企业的首脑们认为这些社区是无关紧要的，拒绝承认住在这些社区的人们的尊严，也不尊重他们作为美国公民的宪法权利。

为此我们可以做些什么呢？第一步是解决联邦政府机构内部和机构之间的问题。最近的环境与卫生政策研究已经表明，大多数联邦政府机构（包括环境保护局）都不是十分明白美国公民长期都得不到环境公正。此外，当下也没有恰当的途径对此加以调整并由此使现行环境公正的努力生效。

《2008 年环境公正法案》为纠正这一问题做了大量的工作。除了把联邦政府机
222 构的注意力集中到少数民族、低收入者和美洲原住民群体的环境和生命健康状况之外，这个法案还采取了许多保护美洲原住民环境正义的积极措施，即：

- 确保所有的联邦机构都开展促进环境公正的行动。
- 增强联邦政府机构之间的合作与协调。
- 为少数民族、低收入者和美洲原住民群体提供更多接触公告信息的途径和参与环境决策的机会。
- 缓和对人类健康和环境有重大影响的联邦计划的负担和收益的不平等分配。
- 约束联邦政府机构，使它们对所有社区的工程和计划的后果负责。

不胜感激您对这项紧急事务的支持。

Sincerely，
P. Charles Longbranch Ⅲ
18 Lake Charles Way
Passamadumcott，SD 57003

13.4　正确的称呼格式表

这个表格是从《国防部写作材料手册》（2004 年 3 月 2 日，行政与管理主任，国防部部长办公室）附录 6 改编而来的。它提供了大量对公务人员正确的称呼格式，包括地方、州、国家和国际各级政府机构民选的和非民选的公务人员。

称谓	信中和信封上的地址	抬头和落款
The President	The President The White House 1 600 Pennsylvania Avenue，NW Washington，DC 20500	Dear Mr. /Madam President Respectfully yours，

续前表

称谓	信中和信封上的地址	抬头和落款	
			223
Spouse of the President	Mr. /Mrs. (full name) The White House 1600 Pennsylvania Avenue, NW Washington, DC 20500	Dear Mr. /Mrs. (surname): Sincerely,	
Director, Office of Management and Budget	The Honorable (full name) Director, Office of Management and Budget Washington, DC 20503	Dear Mr. /Ms. (surname): Sincerely,	
The Vice President	The Vice President 276 Eisenhower Executive Office Building Washington, DC 20501	Dear Mr. /Madam Vice President: Sincerely,	
The Chief Justice	The Chief Justice The Supreme Court Washington, DC 20543	Dear Chief Justice: Sincerely,	
Associate Justice	The Honorable (full name) The Supreme Court Washington, DC 20543	Dear Justice (Surname): Sincerely,	
Judge of a federal, state, or local court	The Honorable (full name) Judge of the (name of court) (address)	Dear Judge (surname): Sincerely,	
Clerk of a court	Mr. (full name) Clerk of the (name of court) (address)	Dear Mr. /Ms. (surname): Sincerely,	
Senator (Washington office)	The Honorable (full name) United States Senate Washington, DC 20510-(+4 Code)	Dear Senator (surname): Sincerely,	
Speaker of the House of Representatives	The Honorable (full name) Speaker of the House of Representatives U. S. House of Representatives Washington, DC 20515-(+4 Code)	Dear Mr. /Madam Speaker: Sincerely,	
Representative (Washington office)	The Honorable (full name) U. S. House of Representatives Washington, DC 20515-(+4 Code)	Dear Representative (surname): Sincerely,	
Resident Commissioner	The Honorable (full name) Resident Commissioner from Puerto Rico U. S. House of Representatives Washington, DC 20515-(+4 Code)	Dear Mr. /Ms. (surname): Sincerely,	224

续前表

称谓	信中和信封上的地址	抬头和落款
Delegate	The Honorable (full name) Delegate from (location) U. S. House of Representatives Washington, DC 20515-(+4 Code)	Dear Mr. /Ms. (surname): Sincerely,
Members of the Cabinet addressed as Secretary	The Honorable (full name) Secretary of (name of Department) Washington, DC (ZIP+4 Code)	Dear Mr. /Madam Secretary: Sincerely,
Attorney General	The Honorable (full name) Attorney General Washington, DC 20530	Dear Mr. Attorney General: Sincerely,
Deputy Secretary	The Honorable (full name) of a department Deputy Secretary of (name of Department) Washington, DC (ZIP+4 Code)	Dear Mr. /Ms. (surname): Sincerely,
Head of a federal agency, authority, or board	The Honorable (full name) (title) (agency) Washington, DC (ZIP+4 Code)	Dear Mr. /Ms. (surname): Sincerely,
President of a commission or board	The Honorable (full name) President, (name of commission) Washington, DC (ZIP+4 Code)	Dear Mr. /Ms. (surname): Sincerely,
Chairman of a commission or board	The Honorable (full name) Chairman, (name of commission) Washington, DC (ZIP+4 Code)	Dear Mr. /Madam Chairman: Sincerely,
Postmaster General	The Honorable (full name) Postmaster General 475 L'Enfant Plaza West, SW Washington, DC 20260	Dear Mr. /Madam Postmaster General: Sincerely,
American Ambassador	The Honorable (full name) American Ambassador (city) (city), (country)	Dear Mr. /Madam Ambassador: Sincerely,
Foreign ambassador in the United States	His/Her Excellency (full name) Ambassador of (country) Washington, DC (ZIP+4 Code)	Dear Mr. /Madam Ambassador: Sincerely,
225 Secretary General of the United Nations	The Honorable (full name) Secretary General of the United Nations New York, NY 10017	Dear Mr. /Madam Secretary General: Sincerely,
United States Representative to the United Nations	The Honorable (full name) United States Representative to the United Nations New York, NY 10017	Dear Mr. /Ms. (surname): Sincerely,

续前表

称谓	信中和信封上的地址	抬头和落款	
State Governor	The Honorable (full name) Governor of (state) (city) (state) (ZIP Code)	Dear Governor (surname): Sincerely,	
State Lieutenant Governor	The Honorable (full name) Lieutenant Governor of (state) (city), (state) (ZIP Code)	Dear Mr. /Ms. (surname): Sincerely,	
State Secretary of State	The Honorable (full name) Secretary of State of (state) (city), (state) (ZIP Code)	Dear Mr. /Madam (surname): Sincerely,	
Chief Justice of a State Supreme Court	The Honorable (full name) Chief Justice Supreme Court of the State of (state) (city), (state) (ZIP Code)	Dear Mr. /Madam Chief Justice: Sincerely,	
State Attorney General	The Honorable (full name) Attorney General State of (state) (city), (state) (ZIP Code)	Dear Mr. /Madam Attorney General: Sincerely,	
State Treasurer, Comptroller, or Auditor	The Honorable (full name) State Treasurer (Comptroller) (Auditor) State of (state) (city), (state) (ZIP Code)	Dear Mr. /Ms. (surname): Sincerely,	
President, State Senate	The Honorable (full name) President of the Senate of the State of (state) (city), (state) (ZIP Code)	Dear Mr. /Ms. (surname): Sincerely,	
State Senator	The Honorable (full name) (state) Senate (city), (state) (ZIP Code)	Dear Mr. /Ms. (surname): Sincerely,	
Speaker, State House of Representatives, Assembly or House of Delegates	The Honorable (full name) Speaker of the House of Representatives (Assembly) (House of Delegates) of the State of (state) (city), (state) (ZIP Code)	Dear Mr. /Ms. (surname): Sincerely,	226
State Representative, Assemblyman, or Delegate	The Honorable (full name) (state) House of Representatives (Assembly) (House of Delegates) (city), (state) (ZIP Code)	Dear Mr. /Ms. (surname): Sincerely,	
Mayor	The Honorable (full name) Mayor of (city) (city), (state) (ZIP Code)	Dear Mayor (surname) Sincerely,	

续前表

称谓	信中和信封上的地址	抬头和落款
President of a Board of Commissioners	The Honorable（full name） President，Board of Commissioners of（city） （city），（state）（ZIP Code）	Dear Mr. /Ms. （surname）： Sincerely，

第十四章

批判性思维训练

或许你已经发现，大学除了为你做许多别的事情以外，还帮你增加知识，提高交流技巧，明确你的基本价值观。下面的练习能提供一种同时达到这三种目标的方法。写这类文章能帮你学会：（1）批判地观察；（2）理解政治权力的隐喻（metaphor）；（3）明确你的基本价值观；（4）提高向他人说明自己想法的能力。

14.1 政治观察导论

利用简单的问卷调查，心理学家可以轻松地证明，很少有人能准确回忆起就在分发问卷之前发生的事情及其细节。大量证据表明，太多的人从今天活到明天，却几乎什么都没有观察到。或许我们能做得更好些。

成功的科学家们一致认为，精确、持续、细致的观察激发发现。古希腊哲学家亚里士多德（公元前384—322年）、德国物理学家爱因斯坦（1879—1955年）和瑞士心理学家让·皮亚杰（1896—1980年）持久地改变着我们看世界的方式。令人吃惊的是，他们的成果既不是因为偶然发现了隐藏的神秘现象，也不是激发了天才独有的理性程序。相反地，他们只是采取了最简单可行（或许也是最困难）的方法。他们仅仅是在日常生活中观察呈现在他们面前的事物（也是在我们每个人面前的）。不过，他们比我们通常的做法付出了更多耐心、专心和细心。

爱因斯坦就是一个明证。他彻底改变了他同时代人对时间和物质这两个宇宙最本质概念的定义。他还告诉我们，寻常就是非凡的关键。爱因斯坦年轻时候曾在瑞士日
228 内瓦一个专利局当文员。在上下班的火车上，爱因斯坦不是看报纸，而是望着车窗外，长时间盯着客车窗外闪过的电线杆。有两个星期，他每晚在家盯着茶叶飘落到茶杯底。一遍又一遍，一小时又一小时，一天又一天，他不断搅起茶叶，只为了观察它们飘落到杯底的运动。如果能观察到爱因斯坦那时候的举动，我们可能会认为他神经不正常或有毛病。但正是这种对日常生活过程长时间的观察使他产生了改变命运的众所周知的洞见。

让·皮亚杰的思考和行为类似爱因斯坦。作为发展心理学的创始人，皮亚杰重构了我们理解儿童工作、玩耍、交流和成长过程的方式。在连续几个月每天都定时拿着笔记本坐在校园里，耐心地写下看到和听到的每样事物之后，皮亚杰构想出了他的理论。数以亿计的母亲或许都爱自己的孩子，但是据我们所知，没有哪个母亲像皮亚杰在校园观察他的对象那样清楚地看懂她们的孩子。

早于爱因斯坦和皮亚杰两千多年的亚里士多德，在提出了现在所谓的政治研究科学方法以后，被尊为政治学之父。他的导师柏拉图用演绎法论证正义和好的政府。相反，亚里士多德为了弄清什么是好的政府，决定不从纯理性而是从他周围存在的现实政府来考察。亚里士多德的不朽巨著《政治学》开篇就写到“观察告诉我们……”。他成功地考察了当时地中海世界的350多个城邦并加以分类，政治学家们从那时起就沿用了他的例子。

14.2 观察练习：竞选广告

现在该你来观察政治了。利用下面的指南并按照本书前面几章要求的论文格式，写一篇十页纸（双倍行距）的论文。

1. 在网上找到这个网址 http://livingroomcandidate.movingimage.us/index.php。在这个网站你能找到从1952年到2004年总统竞选候选人的电视广告。

2. 浏览网站提供的信息，多看几个不同年代的广告，以便熟悉各种类型的竞选广告。

3. 挑选出六个广告，每位候选人不超过两个。

4. 自己做一整套笔记（不是为了交给导师看），至少针对所选的六个广告回答以下问题：

a. 哪个政党制作的广告？

b. 广告表现的是谁？

229 c. 广告到底说了什么？

d. 广告用了什么表达观点的“技巧”（如幽默、讽刺、反语、担忧、教育或诽谤

等)?

e. 某条广告具体的目标是什么（除了使某个候选人当选以外）?

f. 广告对涉及具体竞选的候选人到底想要暗示什么?

g. 广告对涉及具体竞选的事件到底想要暗示什么?

h. 在何种程度上，广告的信息是“积极的”，也就是说，用积极的或肯定的方法描述某人或某件事呢?

i. 在何种程度上，广告的信息是“消极的”，也就是说，用不赞同的或不乐观的方法描述某人或某件事呢?

j. 广告的准确性如何?

k. 广告的真实性如何?

l. 广告的效果如何?

m. 你用什么标准来评价广告的效果?

n. 关于赞助此广告的候选人，此广告告诉了你什么信息?

o. 广告告诉了你它所针对的候选人的哪些信息?

p. 广告告诉了你关于美国政治的什么内容?

5. 现在，运用你通过回答以上问题激发起来的观察力，写一篇关于你评估和比较过的广告的论文。在写论文的过程中：

- 描述这六个广告（选举年代、赞助广告的候选人、广告内容）。
- 比较广告运用的技巧。
- 比较广告的效果。
- 说明这个观察练习告诉了你美国政治的什么内容?

14.3 寓言分析写作指南

《韦氏新版大学词典》把“寓言”定义为“通过虚构的象征性人物和行动表达人类生存的真理，或概述……一种此类表达的例子（一个故事或一幅画）……一种符号表征”。寓言经常以比喻的方式出现（《韦氏词典》：“一个表明了道德态度或宗教原则的虚构短故事”）。

我们绝大多数人都是在几乎不能理解其含义时就熟悉了寓言。我们的父母常常在我们能自己阅读或能在生活中应用寓言之前就读他们最爱的寓言故事和儿童读物给我们听，如《三只小猪》、《金凤仙与三只熊》、《小红帽》等。

成功的哲学家（所有天生的观察者）意识到寓言是帮助人们的头脑捕捉到所观察 230
事物的工具。亚里士多德的导师柏拉图、哈佛大学政治学家约翰·罗尔斯以及法国哲学家米歇尔·福柯已经给我们提供了强有力的寓言（概述如下），让我们有机会不仅更好地理解政治世界，而且还可以澄清自己的基本价值观。

在写政治寓言分析论文的时候，你要完成以下任务：第一，阅读政治寓言和下面三节（14.4、14.5 和 14.6）中的每篇寓言后面的“思考题”。第二，选一个寓言作为你分析的重心。第三，写一篇 5～7 页的关于所选寓言的论文，其中要：

1. 概述寓言。
2. 准确辨明作者想要表达的意义。
3. 解释寓言的寓意。
4. 把寓言的寓意应用到美国和当今世界政治中去。
5. 运用每篇寓言后附的“思考题”，但不要让你的思维局限于此。

14.4 寓言一：柏拉图的哲学王

柏拉图（公元前 427—前 347 年）（政治哲学之父）用虚构的对话形式记录了他的导师苏格拉底最具影响力的思想，即苏格拉底与他同时代最杰出的雅典人的对话。虽然很多对话都讨论了政治问题，但柏拉图最重要的政治著作包含在《理想国》中，这一篇里苏格拉底讨论了正义和在社会中如何达到正义。在《理想国》第二卷，格劳孔（苏格拉底假想的对话者之一）坚持认为（也是通常大众接受的正义标准），当一个人被迫去做某些事情的时候正义才是理性的：

> 他们说，行不正义事在本性上是善，遭受不正义是恶。但其恶大于善。因此，当人们干了也遭受了不正义之事，而且不能只要一样而避免另一样时，他们认为最好相互间协商二者都不要，因而有了法律和公共契约。而法律允许的事被他们定义为合法的和正义的。这就是正义的本质和起源。这就是极善与极恶的折中——所谓极善，就是行不正义事而不受罚；所谓极恶，就是遭了不正义而无力报复。正义就是二者的折中点，它为人们所接受，不是因为它代表善，而是因为它代表更少的恶，是由于人们无力行不正义而为人赞赏。任何值得被称之为人的人如果能够拒绝，他都绝不会屈从这样的契约，除非是他疯了。苏格拉底，这就是众所周知的正义的本质和起源。
>
> 231 既然那些行正义事的人并非自愿，而是因为他们无力作恶，这就已经很清楚了。如果我们这样来假设：假如同时给两个人以行正义和不正义的权力去做他们想做的事，我们留心来看，哪种欲望更能引导他们。我们立马会发现行正义的人和行不正义的人都在追逐利益，走的都是本性认为对自己善的那条道，而且只有在法律的强制下才会转到正义的道上来。我们假设赋予他们最彻底的自由，即我们所说的吕底亚的克里萨斯王的祖先裘格斯具有的那种力量。根据传说，裘格斯是为吕底亚王放牧的牧羊人；有一天起了大风暴，而后地震在他放牧的地方把大地震开了一条大口子。他大吃一惊，下到那裂口里去。在那里他看到很多奇物，还看到一匹开了窗的空心铜马。他弯腰往窗户里一看，看到一具比人还高的尸体，尸体身上除戴着一枚金戒指外别无他物。他把金戒指取下来就爬出裂口去了。根据惯例，牧羊人们每月要聚集一次，向国王汇报羊群的情况。裘格斯带着金戒指去参加集会，他坐在人们中间，碰巧把戒指上的宝石转向了手心，旁人立即就看不见他了，他们以为他走了就开始谈论起他来。他十分震惊，又把宝石往

> 外转，别人又能看见他了。他试了许多次，都是同样的结果——把宝石往内转就隐身，往外转又现身。于是他设法被选为朝廷的信使，到了国王身边以后，他勾引了王后，与王后共谋杀害了国王，夺了王位。假设有两只这样的魔戒，正义者戴一只，不正义者戴一只，难以想象有着卑劣本性的人能坚守正义。当在市场上能随意取走喜欢的东西而不被看见的时候，没人能够收得住手；或者是能串门入户与他喜欢的人偷情；又或杀人劫狱；总之像身处人群的全能的神一样，就没人能坚守正义。那时正义的行为就和不正义的行为一样，二人最终也都会一样的。我们可以说，这个有力的证据可以证明，人的正义不是因为自愿或他认为正义对自己有任何好处，而是不得已。因为无论何地，任何人只要认为自己行不正义而能安全无恙的话，他就会行不正义之事。每个人都相信不正义远比正义对个人更为有利，而像我所假设的那样争论过的人都会肯定这个说法。如果你能相信有人会掌握了隐身的力量而从不做错事，也不碰他人的东西，他肯定会被旁人看做头等傻瓜，虽然当着外人的面人家还会夸赞他。人们都不隐身，是怕自己可能吃不正义的亏。就说到这里。（Jowett http://classics.mit.edu/Plato/republic.3.ii.html）

思考题

1. 如果你有裘格斯的戒指，你会怎么做？ 232
2. 人们在多大程度上是实质上不正义的？
3. 人们在多大程度上是由于惧怕处罚而不做不正义之事的？
4. 如果格劳孔是对的，社会该如何建构？
5. 如果格劳孔是错的，社会该如何建构？

14.5 寓言二：罗尔斯的无知之幕

已故哈佛大学政治学家罗尔斯（1921—2002 年）在他的作品中复兴了对正义和好的政府的古老探求，其中最著名的是《正义论》一书。在这本书中，罗尔斯提出了一套特殊的关于正义、平等和自由的定义。值得本次写作练习关注的是罗尔斯用来回答苏格拉底在《理想国》中提出的问题“什么是正义?”的寓言。罗尔斯回答道：“正义即公平。”

罗尔斯提出，在某种程度上，为了理解作为公平的正义如何能在社会中实行，我们必须假设我们身处一个可以称作“无知之幕”的寓言之中。首先，我们假设一个“原初的平等状态”。

> 在作为公平的正义中，原初的平等状态相当于传统的社会契约论中的自然状况。当然，这种原初状态不是对某个真实的历史状况的想象，更不是文化的原始状况。这被理解为一种纯粹假设的情境，是设计来引出一个特定的正义概念的。

> 这种情境的本质特征是无人知道他在社会中的位置、他的阶级出身或社会地位，也不知道他天生的资质和能力、智力、力量等。我甚至会假设人们不知道自己善的观念或他们特殊的心理偏好。正义的原则是在无知之幕背后得以选择的。(Rawls 1971)

看看我们是否明白罗尔斯此处想要表达的内容，让我们用一种常见的、罗尔斯不曾用过的宗教暗喻很随意地复述一遍。假设你已经身处天堂排在投生的队伍中。跟排在你前后的灵魂一样，你将变成下一个胎儿，不知道会出生在哪里。你不知道你会出生在马萨诸塞、乌克兰还是刚果。你不知道你的母亲会是好莱坞明星还是吸毒成瘾的妓女，也不知道你的父亲会是百万富翁还是街头的流浪汉。你不知道你的智商将是
233 150 还是 50，你将会有阿诺·施瓦辛格的体格还是四肢瘫痪，又或者你会长得像汤姆·克鲁斯还是卡西莫多。当你在衡量几率时，大天使米迦勒告诉你和其他待出世的灵魂，你们有机会建构一个你们将生活其中的社会结构。

思考题

1. 假设你是有身体或智力残障的人，为了建构一个能保护你自己利益的社会，你会提出什么具体的宪法法案呢？
2. 假设你是穷人，为了建构一个能保护你自己利益的社会，你会提出什么具体的宪法法案呢？
3. 假设你是体格或智力出众的人，为了建构一个能保护你自己利益的社会，你会提出什么具体的宪法法案呢？
4. 假设你是富人，为了建构一个能保护你自己利益的社会，你会提出什么具体的宪法法案呢？
5. 为了建构一个能直接保护以上各条中各类人利益的社会，你会提出什么具体的宪法法案呢？

14.6　寓言三：福柯的环形监狱

法国哲学家米歇尔·福柯（1926—1984 年）写下了许多卷他称作系谱学的作品。他不是对追溯家族谱系感兴趣。相反，他是试图探索政治权力在社会中显现的模式。他最感兴趣的是分辨政治权力如何产生和运用，以及人们是如何看待政治权力并受其影响的。他的研究引导他得出结论：政治权力比大多数人设想的更普遍。福柯为了证明他的原理，提出了一个寓言式的环形监狱理论。

18 世纪英国功利主义哲学家杰里米·边沁发明了一个真实的实体环形监狱，目的是想要改革英国的刑罚制度。正如福柯在《规训与惩罚》(1995) 一书中写道的，1791 年，边沁提出了一个新的比 18、19 世纪采用的监狱系统更人道、更高效的监狱设计：

边沁的环形监狱是本文的建筑学模型。我们知道它的理论基础：外缘为环形的建筑；中间是座高塔；塔上安装巨大通透的窗户，正对着环形建筑的内侧；环形建筑分隔为许多单人囚室，每个囚室都贯穿环形建筑的内外两侧。囚室的每个小间有两扇窗户，一扇在内侧，正对着高塔的窗户；另一扇对着外面，让光线从一头透向 234
另一头。然后，所需要做的就是安排一个监管人员在中心塔上，分别在单人囚室里关一个疯子、一个病人、一个罪犯、一个工人或一个学生。靠着逆光的效果，只要准确地映衬在灯光下，人们就可以从塔中观察狭小的环形囚室里的囚犯。囚室就像很多小笼子、小剧场，而里面的演员是独自一人，完全个体化又随时可见。环形结构形成的单独空间使得外面能持续地观察并能立即分辨清楚。简言之，它改变了传统囚牢的原理；或者更确切地说是改变了传统囚牢的三个功能——囚禁、遮住光线和隐藏，它只保留了第一个而消除了后两个功能。充足的光线和监管者的眼睛比黑暗更能观察囚徒，因为黑暗说到底还是保护被囚禁者的。可见性只是个圈套。

首先，作为一种负面结果，这至少可以避免像戈雅所画的或霍华德描写的那样密集成群、呼号不绝的人群，那种混乱将被分隔监禁代替。每个人都被牢靠地监禁在小隔间里，监管者可以从前面看到他；但两侧的墙使他无法跟其他人联系。他能被人看见，却看不见别人；他是被监视的对象，却绝不是交流的主体。安排给他的房间正对着中间高塔，给他一个纵向可见性；而分隔开的环形建筑、独立的隔间也意味着没有横向可见性。这种看不见两侧的设计就是秩序的保证。如果住在隔间里的是罪犯，那里不会有密谋的危险、集体越狱、新的犯罪计划以及相互的坏影响；如果里面住的是病人，也不会有传染的危险；如果是疯子，也没有让他们暴力相向的风险；如果是学生，那就没有抄袭、吵闹，没有喋喋不休的交谈，没有时间的荒废；如果他们是工人，那儿也不会有暴乱、偷盗、联盟，也不会有任何降低工作效率和质量或造成事故的混乱。紧密联系的大众、多重交流的集合点、融合的众人和集体效应被摧毁，由分隔开的众多个人的集合体代替之。从监守人的角度看，它被可计算和监视的多样性取代；从囚犯的角度看，则伴随着分格独居和被监视的孤寂（Bentham，60－64）。

因此，环形监狱的主要作用是：造成囚犯的一种焦虑状态和持续的可见状态，从而保证了权力的自动运作。这样安排为的是使监视具有持续性（即使事实上监视并不是连续的），且完善的权力应当趋于使实际的运作不再必要；这种建筑应当是创造和保持一种独立于权力行使者之外的权力关系的运作机制；总之，囚犯应当被一种权力局势（power situation）制约，而他们本身就是这种权力局势的载体。为达到这个目标，囚犯受监守人的监视既是太多又是太少了：说太少了，是因为重要的是使囚犯知道自己随时能被看见；说太多了，是因为实际上囚犯不需要一直受监视。有鉴于此，边沁提出一个准则：权力应当可见但又无法确 235
知。所谓可见是指囚犯一直都得看着随时监视着他的中心高塔的轮廓。所谓无法确知是指囚犯在任何一刻都不知道他是否正在被监视。为了使监视者在和不在的情况无法被囚犯确知，囚犯在囚室里不能见到监视者的一丁点影子，边沁不仅设计了在中央观察厅挂满百叶窗，还设计在大厅里面安装了角度恰好交错的垂直隔

> 板。因为极轻微的声响、一丝光线、甚至是半开的门缝中透出的些许光亮都会暴露出监视者是否在塔中，所以大厅中各个隔间之间没有安门而是设计的曲折人字形进出口。环形监狱是一种分解观看/被观看二元统一体的机制：在环形建筑中的人是完全被看见，却看不见任何东西；在中央高塔上，监守者则可以看到任何东西却绝不会被别人看到。
>
> 这是非常重要的机制，因为它使权力自动化和非个性化。权力不再体现在某个人身上，而是体现在对于肉体、表面、光线、目光的某种统一分配上，而这种安排的内在机制能够产生制约每个人的关系。君主借以展示其过剩权力的典礼、礼节和标志都变得毫无用处。这里有一种确保不对称、不平衡和差异的机制。因此，由谁来行使权力就无所谓了。几乎随机选出的任何人都能操作这个机器，即使总管不在的时候，他的亲属、朋友、客人甚至仆人都能顶替他（Bentham，45）。同样地，他怀有什么样的动机也是无所谓的，他可以是出于轻浮者的好奇心，也可以是出于孩子的恶作剧，或是出于哲学家想参观这个人性展览馆的求知欲，或是出于以窥探和惩罚为乐趣的人的邪恶心理。匿名的和临时的监视者越多，被囚禁者越会被惊扰，也越渴望知道自己是否被观察。环形建筑是一个神奇的机器，无论人们出于何种目的来使用它，都会产生同样的权力效应。
>
> 一种虚构的关系自动地产生出一种真实的征服。因此，无须使用暴力来强制囚犯改邪归正，强制疯人安静下来，强制工人埋头干活，强制学生专心学问，强制病人遵守制度。让边沁也感到惊讶的是，环形监狱结构会如此轻便：不再有铁栅，不再有铁镣，不再有大锁；只需要实行明确的隔离和妥善地安排门窗开口。旧式厚重的“治安所”（house of security）及其城堡式建筑，将会被具有简单、经济的几何造型的“明辨所”（house of certainty）取代。在某种意义上，权力的效能、权力的强制力转向了另一个方面，即它的应用层面上。隶属于这个可见领域并且意识到这一点的人承担起实施权力压制的责任。他使这种压制自动地施加于自己身上。他在权力关系中同时扮演两个角色，从而把这种权力关系铭刻在自己身上。他成为征服自己的本原。因此，外在权力可以抛弃其物理重力，而趋向于非肉体性。而且，它越接近这一界限，它的效应就越稳定、越深入和越持久。这是一个避免任何物理冲撞的永久性胜利，而且胜利的结局总是预先已决定了的。（Foucault 1995，200－203）

思考题

236 1. 福柯的环形监狱寓言与边沁真实的环形监狱不同。它不是一座监狱，而是讲的社会本身。

2. 作为社会成员，我们在多大程度上被环形监狱控制着？

3. 作为社会成员，我们在多大程度上充当着环形监狱的守卫？

4. 虽然我们是“自由”社会的成员，在个性表达上我们真正享有多少自由？

5. 能做什么事情来加强我们自我个性表达的自由？

第十五章

初级政策分析：意见书

“X备忘录”

1946 年 2 月 22 日，美国驻莫斯科大使馆公使衔参赞、职业外交官乔治·凯南（George F. Kennan）给海军部部长詹姆斯·福里斯特尔（James Forrestal）发了一封电报。电报引起了福里斯特尔的兴趣。凯南写道：“结果是 1947 年 1 月 31 日，为了得到他私下的教诲，我送给他一篇讨论美国政策方面一个大问题的苏联力量的本质的论文”（1967，354）。

凯南的论文匿名发表在《外交事务》1947 年 7 月刊上。作者署名为“X”。“X 文章”就成为了最著名的意见书。在文章中，凯南描述了两个战后权力中心（以苏联为首的共产主义阵营和以西方为首的资本主义阵营），并主张在战后疆界内对东欧社会主义国家实行政治“遏制”，这一遏制方案成了冷战后期美国对外政策的基石。

凯南在他的回忆录中指出，他的声明中涉及军队和政治遏制的部分被沃尔特·李普曼和其他人误解了。类似的观点也被其他人讨论过。不过，事实上是凯南令人印象深刻的论述（关于美国对外政策应保持在竞争中的中心地位）在 30 余年的时间里决定了美国对外政策的核心。不是所有的意见书都有如此影响。不过，它们对国内政策和对外政策的形成都有着日常的、持续的重要影响。意见书是政策分析中的基础训练。作为政治学专业的学生，你有必要了解撰写高效的、有影响的意见书所必需的技巧。

15.1　什么是意见书？

意见书是一种建议。它是给决策者提供解决问题（problem）的建议的文书。在
238 意见书中，作者针对如何解决某个具体问题提出了某种意见。虽然意见书没有明确的格式或表现形式，但成功的范例都：

- 清楚地阐明了具体的问题。
- 评估了解决问题的各种方法和途径。
- 推荐了解决问题的行动方针。

在商界和政界，每天都会产生数百封意见书。企业经理和公务人员（总统、州长、市长、市政执行官、局长以及其他人）随时都要面对问题。他们常常向工作人员咨询关于问题的信息以及解决问题的建议。有时候，下属会通过撰写意见书，以清楚、准确并具说服力的姿态提供所需的信息。意见书在向委员会或董事会主管做报告时特别有用。

意见书的目标

成功的政治学意见书都具有共同的目标和宗旨：说服某位公务人员采取某个解决问题的具体行动。

公共管理者就是问题解决者。他们主要的责任就是做出解决问题的决策。帮助决策者做决定的人则负责给决策者提供正确可用的相关信息。因此，意见书完全是实用的写作。实际上，它既不是空论的也不是总括的。它有非常具体的中心目的：为了解决某个具体问题。在思想交流中，纯理论的论文和总论性主题的文章有它们的位置，但不是在这里。这种写作的目标是说服某位公务人员采取你推荐的某个行动方针。你不能推荐一个你自己都不相信的方案，而如果你确信自己推荐的是解决问题的最佳方案，你就需要说服决策者施行之。否则你的作品就毫无价值了，反而会浪费时间和精力。

15.2　选定一个意见书题目

一般原则

几个考量因素都会影响到政治学课程中意见书的选题。首先，所选题目必须是公务人员和政府官员当前面临的问题。虽然有的意见书常常是写给私人事务经理的（如

商业机构或研究机构），但政治学的意见书一般处理的是公务人员和政府官员所面对的问题和政策。

意见书选题的第二个限制因素是这类文章需要论述当前的问题和事件，而非历史问题。当你写的文章是关于有待解决的问题时，你就已经参与到政治和政府的情境中来了。讨论当前问题的意见书要比讨论已决定了的问题的意见书更能引发人的兴趣。如果意见书真的呈交给了合适的政府官员，就有可能真的影响公共政策。对已解决问题的分析最好放在历史课上来用。 239

选题的第三个要求是意见书的题目应当有恰当的范围。学生常犯的错误是选题太过复杂或题目的要求超过了学生们现有的专门知识和技巧水平。对学生撰写意见书来说，写跟最低级政府相关的话题是不错的选择。即使是地方政府也要处理许多涉及社会、经济和环境因素等各方面的问题。总体而言，在联邦范围内，政府层级越高，其服务的利益群体越多，需要解决的问题也就越复杂。此外，比起州政府和华盛顿的信息，人们常常能更容易也更快地获得地方资源信息，而且地方政府官员更容易亲自接触到，因此你可以直接参与当地政府的活动。不过，无论考查的是哪个层级的政府，意见书题目都要锁定在狭小的范围内。

下面是一些题目的例子。哪些题目适合用来撰写美国国家、州或地方政府或政策分析的意见书？哪些题目又太含糊或太复杂了？

1. 麦迪逊北消防站的设备故障。
2. 言论自由。
3. 平衡预算修正案。
4. 万德弗高中的校规问题。
5. 华盛顿县不恰当的预算程序。
6. 堕胎。
7. 密苏里州立法者个人财务问责制的缺失。
8. 俄亥俄州教育部无效的积极行动程序。

以上列表中，题目2、3、6都太含糊或太复杂了。

撰写意见书的第四条指南是避开立法问题。请记住，论文的目的是提出足够清楚的信息，以便让公务人员做出决策，而不是试图去论证法律的基本原则。例如，堕胎的道德、伦理、合法性、立法和历史等方面的问题更适合放在法律书状中，而不是写成意见书。因此，宪法性法律的论题最好留在这个主题的课程（参见第十九章）中去讨论。不过，司法行政方面的问题（如法庭备审案件程序或监狱超容量等）常常是非常有趣的意见书题目。

个人兴趣

选择意见书的题目有两个主要途径。其一就是选择与自己兴趣有关的题目，也可以是与你未来的职业有关的题目。政府的政策在某种程度上会影响到每个职业，且会直接影响很多职业。你可以通过问自己这样的问题来找到题目：“我的职业目标和兴 240

趣是什么？政府以怎样的方式来影响到我？”例如，许多大学生都受到政府助学贷款政策的影响。又如，假设你想成为一名教师，你或许会调查你母校所在地区的学校质量或州政府和联邦政府某个具体的教育政策或问题；假如你是一名有抱负的运动员，你可能想要研究一下美国奥运政策的某个具体方面；而如果你计划读医学院，你或许会想看看医疗报销方面的问题。

一旦你根据个人兴趣选定了某个总题目，缩小论题的最好方法就是联系一位与这个主题有关的行政官员，让他/她明确一个他/她所在机构当前面临的相关问题。记住，意见书的目的是阐明一个问题并提出解决问题的最佳方案。阐明一个当前问题的最好办法就是让正在着手处理这个具体问题的公务人员来阐述它。例如，如果你对飞机制造感兴趣，联系一名这个领域的政府雇员就是很好的开始。你或许可以从查阅电话簿开始，里面包括了下面标题内的各个条目：

有用的号码
政府办公室，市
政府办公室，县
政府办公室，州
政府办公室，联邦

然后，你就选一个合适的号码，打电话给该办公室。自我介绍后，你要说明自己正在写一篇政治学的课程论文，并请求预约这个机构的公共信息官员。如果他们没有负责联络的专人，你就说明论文题目并请求同这个机构里对这一问题了解最多的人通话。大多数公职人员都会花时间跟打电话来索取信息的市民通话的。接到你电话的第一位官员或许会让你联络其他人，你一定要继续联络被推荐联系的人，直至找到能跟你面谈的那个人为止。

时事

假设你不幸未能根据兴趣找到一个题目，第二个选题途径就是选一个与时事相关的题目。报纸、电视和广播每天都会提出一些各层级政府决策者当前正在面对的现实问题。你可以通过联系文章或广播中提及的政府官员和其他人来调研这个问题。

报纸文章

241 你所在地的报纸每天都会刊登可以充作意见书题目的标题，而周日版常常会详细讨论一系列问题。报纸有时会集中关注社区问题和本周某一天的活动。

15.3 为意见书进行调研

不同于大多数从图书馆开始的传统研究课题，意见书调研是从政府官员开始的。

因为意见书调查的是政府当前关注的问题，所以图书馆里没有太多最具相关性的信息。相反，有不少资料以顾问、政府雇员或对某具体问题感兴趣的市民团体撰写的技术报告的形式出现。通过首先联系相关公务人员，你可能发现，该机构的工作人员收集了大量绝好的可用资料，并会很乐意应要求提供给你。通过询问，你能明确进一步的信息来源。在和你联系的政府雇员交谈时，咨询一下对所调查问题直接相关的个人姓名和组织名称。给一部分信息来源打电话索要更多资料。

采访

你通常会发现，很有必要采访一下公务人员、利益集团的代表和技术专家，以便获得撰写意见书所有必需的信息资料。

其他信息来源

由于论文的目的是帮助当前的政府决策者做出决策，因此你提供的资料必须尽可能地可靠。报纸和新闻杂志上的文章（作为附带说明的除外）通常不很准确，因此不能作为主要的信息来源。同样不能作为大学水平的论文资料来源的还有百科全书上的文章。恰当的资料来源包括政府文件和报告、学术杂志上的文章、私人顾问的技术报告和直接的采访资料。当然，资料来源的数量会随着主题而变化，但总体而言，政治学硕士论文正文每页至少应当引用三个资料来源（关于如何为意见书寻找资料的更多说明，参见第六章、第七章）。

15.4 意见书的内容

意见书的格式要按照第七章提供的指南来写。

注：意见书的范围比其他论文作业要具体得多，因为意见书具有狭窄得多的目 242
标：帮助忙碌的决策者尽快做出正确的决定。第七章给出的意见书格式已经被证明是很好用的，它能准确告诉决策者他们需要知道的借以作出决策的内容：（1）问题的本质和范围；（2）可以解决问题的各个方案的相对优点；（3）解决问题的最佳方案。意见书的主要任务不是为学生提供表达创造性的机会，相反，它是对解决问题、清楚和准确交流等方面精确性的训练。

意见书的内容

每篇意见书都要包括五个基本要素：

1. 标题页。
2. 概述论文的提纲页。

3. 论文正文（或主体）。
4. 信息来源资料文献。
5. 附录。

标题页

按照本书第七章中标题页的写作指南来写。

提纲页

意见书的提纲页需要特别注意，因为意见书的读者很可能是需要迅速掌握信息的人。论文标题页后紧接着应当是单倍行距打印的占据一页的提纲。提纲页可代替意见书中不必要的内容目录。提纲要写成完整句，概述在正文中有更完善表述的中心概念。提纲可以由正文中主要章节首段话的主题句连缀而成。

提纲的目的是让决策者尽快理解文章要讨论的主要事由。因此，每句话都必须清楚定义、精心撰写。要做到只需阅读这一页纸的提纲，决策者就能对整个问题、主要的可选择解决方案以及你的建议有彻底、清晰的总体印象。提纲要放在文章正文内容之后。因此，应当在写完正文之后再写提纲，并把正文中的论述话题放入提纲中。

提纲（以及意见书的正文）应当以“问题是……”这几个字作开头。此外，每篇意见书提纲都应如下面的范例所示使用相应的字体。当然，可能的解决方案的数量会因文章所论述的具体问题而异。

243 **内容提纲**

Ⅰ. 问题是：橡树岭社区公园的停车、野餐和厕所等设施已经严重损坏，且数量也已经不能满足公众的需要。
   A. 该公园是作为大众健身 B 级设施于 1943 年建成的。只在 1967 年夏天做过一次整体翻修。
   B. 据公园管理部门评估，增加 10 000 平方英尺的新停车场、14 种运动场设备、17 张新的野餐桌和维修现有的设备大概需要 43 700 美元。

Ⅱ. 详细考虑了三种可能的解决办法：
   A. 一是什么都不做。随着损坏的增加，社区居民会越来越少使用该地方，但前提必须是没有立即可供支出的公共基金。
   B. 另一个解决办法选项是立即维修所有需要修理的东西。社区居民会立刻感到高兴并增加对设施的使用。这就需要 43 700 美元的资金。资金来源包括：(1) 社区发展固定拨款；(2) 增加的不动产税；(3) 收益公债券；(4) 城市一般收入。

C. 第三个解决办法是，设定一个跨度为 5 年的优先事务列表，把城市一般收入与第一年 20 000 美元的公债结合起来使用。

Ⅲ. 本报告建议市政会采用第三种解决办法选项即 C 方案。收益/成本分析表明，如果立即进行基本的修缮，居民将会得到满足。在 5 月 15 日的会上，市政会应该（1）通过一项决议，致力于 5 年内每年从城市一般收入中拿出 5 000 美元来专门从事这项工作；（2）批准在 1995 年 11 月选举中将一个 20 000 美元的公债议题交公众投票。

正文

论文的正文（或称主体）应当按照下面所示的纲要来写： 244

意见书正文

Ⅰ. 对问题清楚简明的界定
- A. 对问题背景的陈述
- B. 对问题范围的描述

Ⅱ. 可能的解决方案
- A. 第一个可能的解决方案总是不采取任何行动
  - 1. 评估这一选项的益处
  - 2. 评估这一选项的代价
- B. 不采取行动之外的第一个选项
  - 1. 评估这一选项的益处
  - 2. 评估这一选项的代价
- C. 不采取行动之外的第二个选项
  - 1. 评估这一选项的益处
  - 2. 评估这一选项的代价

Ⅲ. 分两部分准确阐明推荐的某个具体行动方案：
- A. 政策建议
- B. 方法建议

决定论文正文中阐述的信息数量的两个主要规则如下：第一，内容必须足够做出好的决策。所有必要的事实都要阐述出来。如果漏掉了关键事实，决策者很可能会做出糟糕的决策。绝不要仅仅因为重要的事实看起来支持了另一个与你的建议相悖的方案，就把它省略掉。把自己当做意见书读者的工作人员来写这篇文章。作为一个工作人员，你的任务就是向上司报告情况，而决策则是他或她的责任。决策者在考察所有事实的基础上选择了与你意见相悖的建议，要比根据不足的信息作出错误的决策好得多。

第二，决定意见书长度的原则是省略掉无关紧要的材料。只收录对当前作出具体
245 决策有帮助的信息。例如，假设论文论述的是佐治亚州亚特兰大市的犯罪率，除了一些与亚特兰大问题直接有关的内容，全国犯罪统计数据就没什么用。除非理论上的分歧对城市减少犯罪的能力有所影响，否则犯罪原因的理论讨论就完全没有价值。

参考文献

意见书中所有的资料来源都要按照第八章中的指南恰当地引用。

附录

附录可以向读者提供意见书正文中所述重要事实的补充材料。对许多区域发展和公共工程项目而言，一张地图和图表往往是极有用的附录。你应当把它们附在论文最后，紧挨着参考文献页。不要附上整篇政府报告、杂志文章或其他出版物，而是要选择性地附上图表、曲线图或其他内容。资料的来源应总是明确写在附录页上。

第五篇

政治学常见论文

第十六章

美国政府和国际关系分析论文

16.1 政治学研究论文的初步选择

任何政治学研究论文的第一步都是做出三项初始选择的过程： 246

1. 论文题目。
2. 论文目的。
3. 研究方法。

美国政府和国际关系的论文题目

在开始之前，你可能会发现，回顾一下本书第五章中关于选题和缩小论题的部分十分有用。如果还没找到论题，你或许愿意浏览下面的列表，找寻让你感兴趣的东西。

美国政府和政治方面的论题

责任	法官任命	国会的领导权与规则
积极行动计划	竞选	美国宪法
宪法的修正	城市和村镇	1787 年制宪会议
当今的美国政党	公民权	宪法权利

247 美国政治文化
郡县
犯罪与法律执行
民主当前的问题
民主的定义
民主的发展
正当法律程序
经济政策
教育政策
选举
法律的平等保护
平等权
联邦行政体系
联邦司法制度
联邦制
财政政策
言论自由
集会自由
宗教信仰自由
新闻出版自由
国会与总统
国会选举
州长
卫生政策
美国政党史
总统任期史
政府间关系
美国宪法解释
立法者的任务
司法权力
司法审查
法律的实施
说客
媒体与政治
货币政策
金钱与政治
政党与民主
规划
政治意识形态
各州的政党
利益集团的力量
总统的权力
隐私
立法程序
财产权
公众舆论
公众的政治参与
规章
结社权
被告权
社会政策
社会福利事业
州选举和地方选举
州政府和地方政府
州宪法
州法院
州议会
国会的结构和权力
总统机构的构成和权力
最高法院
利益集团的类型
选举权

美国国际关系方面的论题

盟国
无政府状态
军备控制
大气层
弹道导弹
两个民族的国家
生物多样性
生物武器
资本筹集
资本主义
权威危机
文化能力
防卫
依附政策
威慑力量
对外交流
外交豁免权
外交使团
裁军
双重霸权
历史上的国际体系
人权
人道主义干涉
相互依存
国际法
国际货币制度
国际组织
国际安全
国际体系
干预

战争起因
化学武器
联盟
沿海和海洋区域
协作
集体霸权
集体安全
常规武器
合作
自由主义者
重商主义
军事能力
多种族国家
多民族国家
国家安全
民族自治
民族主义
单一民族国家
非政府组织
经济一体化
环境
金融
森林
淡水
全球主义者
全球化
霸权体系
非战斗人员
核武器
和平主义
维和行动
多元论者
政治能力
政治经济
贫困
权力
现实主义者
难民
伊斯兰教
正义
正义战争理论
国土
法律 248
宗教
安全
社会建构主义
治国术
战略
技术能力
恐怖主义
贸易
跨国犯罪
武器扩散
世界政府

研究论文的目标

政治学研究论文一般是出于以下四个原因中的一个或几个而写作的：

1. 说明。
2. 评估。
3. 预测。
4. 说服。

在选择了论题之后，你需要决定论文为何而写。你是否想要说明堪萨斯州的共和党人的投票行为，或谁从当前的国家预算程序中受益，或最高法院为何选择某些案件而不是其他的案件作判决？

又或，你是否想要评估 2008 年堪萨斯州选举竞选广告的效用，或当前国家预算程序的效用，或最高法院案例选择的公平性？

又或，你是否想要预测 2012 年堪萨斯州竞选广告的效用，或 2010 年国家军费开支预算，或最高法院什么时候会重新审核“罗伊诉韦德案”？

又或，你是否想要说服共和党停止使用 2012 年堪萨斯州选举中毫无特色的竞选广告，或国会增加 2010 年军费开支预算，或最高法院重新审核“罗伊诉韦德案”？

无论如何，一定要向你的导师问清楚你写论文的目的是什么。

政治分析

249 要达到以上任何一个目的，通常都需要某种类型的描述和分析。你可能想写一篇单纯描述的论文。你可以简单回顾一下当前的文献资料，比如说，关于当前货币政策的政治影响或者与当前武器扩散相关的关键问题，然后描述一下与这些问题相关的现行政策。但如果你试图说明当前文献的优点和弱点，你将发现你至少得做一些分析。要评估、说服或预测的话，分析也是十分必要的。因此，绝大多数的政治学研究论文都是分析性的。

让我们从基础开始。政治学家最常从事三项活动。他们收集资料、加以分析并进行解读。这听起来容易，而且好像一个线性过程，当然事实上也确实如此。一个线性过程就是一个步骤紧跟着另一个步骤，一次只进行一个步骤。不过，比较政治的程序比此要复杂得多。三个步骤中的每一个都同其他两个步骤存在紧张关系并持续相互影响。例如，你在分析数据的时候发现资料不够，于是又要回过头去收集更多资料。又如，你正在解读资料，发现分析得还不够充分，于是再去采用其他统计方法来进行分析，诸如此类。这个复杂的过程有时又被称为一个循环过程，因为与那种简单的从这一步到下一步的线性过程相反，它涉及过程中三个基础步骤之间复杂的交互作用。因此，政治学过程可以图示如下：

由此我们可以说，可把政治学描述成一个循环过程，这一过程中资料的收集、分析和解读这三个步骤能帮助我们了解大量政治的、社会的、经济的、文化的事件、实践和制度。

16.2 撰写分析性论文的步骤

你将发现，在写论文之前，去大学图书馆里浏览一些政治学期刊文章很有帮助。在本书的172～175页有一个这类期刊的列表。写一篇横断面研究的论文要求完成下列七个步骤：

1. 选择或明确你想要研究的变量。
2. 进行文献综述。
3. 构想一个研究问题和一个假设。
4. 建构或采用一套方法。

5. 资料收集。
6. 数据分析。 250
7. 撰写论文。

步骤一，选择或明确你想要研究的变量

例如，如果你选择评估 2008 年总统选举中堪萨斯州的竞选广告的效用，你的自变量（参见本书第四章）可能就是为各方候选人播放的竞选广告的数量，因变量则可能是每位候选人所占的得票数百分比。

步骤二，进行文献综述

请参阅本书第九章中关于如何进行文献综述的总体要求。记住，你不仅要寻找与你已经选择好的变量相关的资料，而且同时还要寻找用于研究那些变量的方法体系。其中，好文章更有保障的资料来源是 *JSTOR* 和 *EBSCOHOST*。

步骤三，构想一个研究问题和一个假设

研究问题是对你在该研究课题中想要找出的东西的清楚陈述。利用我们的范例，你论文的研究问题可能是：

“2008 年堪萨斯州的竞选广告数量是如何影响总统选举投票的?”

假设则是一项对研究最终将发现什么东西的学术猜测。做这类猜测能帮你更清楚地集中在想要发现的内容上。范例论文可能的假设是：

“在 2008 年总统竞选投票中的胜出者是提供了最多竞选广告的那个人。”

步骤四，建构或采用一套方法

这可能是研究中最难的步骤。你或许会找到一套在你做过的其他类似研究中已经使用过的方法。你可能想回顾一下本书第三章、第四章中提到的定量研究法和政治研究的其他方法。

步骤五，资料收集

下一步，你就需要确定资料来源了。“文献综述”（步骤二）一节中列举的资料来源可能是一个很好的开端。集中关注学术文章、专著和政府机构，你就能汇集起与当前研究相关的资料。不要迟疑，一定要问你的导师你所收集到的资料质量如何以及新的信息资料来源是什么。你找到的许多资料都能汇编成图表和表格（参见本书第七 251
章），因此，在图表和表格前后恰当的地方要用一段文字说明其数据。

步骤六，数据分析

数据分析将像你具备的统计学知识那样复杂。你会发现找到一些近期与你所从事的研究类似的学术研究课题将大有裨益，考察其所使用的数据分析方法，并采用最适合你的方法。

步骤七，撰写论文

论文由三个要素构成：(1) 研究结果；(2) 对研究结果的分析；(3) 进一步研究的范围。在论文的研究结果部分，你要尽可能明确地进行说明，只需要准确说明资料告诉你和没有告诉你的、与你试图回答的研究问题相关的内容，解释得越少越好。在这一部分，要清楚地阐明资料说了什么，而不是资料意味着什么。

论文的解读部分是论文最重要也是最棘手的部分。文章的价值就体现在你得出的结论的有效性上。要保持谦逊。不要得出没有资料支撑的结论。试着尽可能准确地阐述你从收集到的资料中得出的结论。

结尾部分是进一步研究的范围，你可以写得比解读部分更全面。在这一部分，你可以假设如果有更多更好的资料，能得出什么样的结果。你可以提出新的、将来能有助于理解你所选课题的研究问题和研究范围。

第十七章

比较政府

17.1 如何比较政府

现在你已经有了一个良好的开端。你已经做了一个非常明智 252
的选择：选择了研究比较政治，在所有的学科中，鲜有比这更具挑战性、更有回报和更能获益的课题了。要回答当今世界一些最紧迫的问题，比较政治能提供最靠谱的答案。什么样的政府最可能在伊拉克的战乱中幸存下来？几乎没有任何民主体验的阿富汗人民怎么能懂得民主、把它作为自己的利益，并帮助其对抗塔利班残酷的极权主义暴力？在研究课程中，你得努力应付这些以及其他类似的重要问题。

你在写一门比较政治课的课程论文时，教科书已经介绍过这门充满吸引力的次级学科到底包含些什么内容。因此本章将帮你运用你目前的知识来做出决定，这一决定将产生一篇有意义的、有益处的论文。

正如第十六章里提到的，让我们从基础开始。最简单的问题是：比较政治学家在做什么？三件事。他们收集资料、加以分析并进行解读。这听起来容易，而且好像一个线性过程，事实上也的确如此。一个线性过程就是一个步骤紧跟着另一个步骤，一次只进行一个步骤。不过，比较的政治程序比此要复杂得多。三个步骤中的每一个都同其他两个步骤存在紧张关系并持续相互影响。例如，你在分析数据的时候发现资料不够，于是又要回过头去收集更多资料。又如，你正在解读资料，发现分析得还不够充分，于是再去采用其他统计方法来进行分析，如此等等。这个复杂的过程有时又被称为一个循环过程，因为与那种简单的从这一步到下一步的线性过程相反，它涉及过程中三个基础步骤之间复杂的交互作用。因此，比较政治学过程可以图示如下：

253

由此我们可以说，可把比较政治学描述成一个循环过程，这一过程中资料的收集、分析和解读这三个步骤帮助我们了解大量政治的、社会的、经济的、文化的事件、实践以及全世界的其他现象。

为了给你正要着手的任务提供一些背景内容，你或许有必要了解一下专业水平的两个主要的比较政治专业的团体：从业者和专业学者。实际上，美国有数百名比较政治专业的活跃从业者，如国务院和商务部、中央情报局和军队的雇员等。他们通过两种途径从事其专业研究。首先，他们统计出关于选举、政党、运动的数据，以及其他许多能让他们自己或别人分析的现象。其次，他们不断阅读其他从业者和专业学者撰写的研究课题，从中查找能帮他们解决当前正要解决问题的资料。然后他们把这些信息应用到真实的情境中，如应用到谈判中，掌握政治运动动向，或者缓和与其他国家的纷争等。

学院派比较政治学者常常出现在大学和研究机构里。学院派比较政治学有什么优势呢？近十年内的研究成果已经变得越来越理论化和定量化。在近期对这一分支学科的概述中，斯坦福大学的政治学者戴维·莱廷（David D. Laitin）创造了学院派比较政治学者中最近广泛使用的名为“三重式研究法”的“新共识”（new consensus），这种新方法说明了他们是如何收集、分析和解读资料的。

“三重式研究法”的第一部分采用了一系列横断面的和历时性的统计学方法。横断面研究是选择政治的某些方面来进行研究，如国家政治经济的结构、政党的种类和意识形态或精英群体中权力的集中等，然后比较这些因素是如何影响国与国之间的政治发展的。横断面研究常常要比较许多不同的国家。历时性研究考查达成共识的方法、解决冲突的技巧或权力的集中之类的事物在特定的历史时期内是如何发展的。

“三重式研究法”的第二部分是形式化，这意味着要构建和测试规范化模型。政治学中规范化模型不是穿着男式小礼服的克里斯蒂·布琳克莉①。如果是那样的话，那就会多出许多政治学家了。规范化模型是复杂的统计学方法论，有的是从计量经济

① 克里斯蒂·布琳克莉（Christie Bringkley）是美国时尚界知名模特，其身着男式小礼服的杂志封面照风靡时尚界数十年。——译者注

学中借用和改良而来的，这种方法解释或预测了政治体系中某些变量（如大量的移民、经济衰退或选举权的扩充等）的效用。

莱廷“三重式研究法”的第三个组成部分是叙事。最简单地说，叙事就是故事。254
不过，在比较政治学中，“叙事”一词有着更特殊的含义。政治学叙事是指试图解释资料的含义和能从资料中得出的结论。统计结果中有没有什么反常现象（自相矛盾的或相互抵触的）？什么能解释这些反常现象？资料是支持还是反驳关于人们在具体政治局势下如何相互影响的特定理论？此类问题都会在比较政治学的论文中提出来。

17.2　比较政治学论文的要素

与政治学的其他分支学科一样，比较政治学的论文也没有固定格式。你的导师可能会给你的任务以具体的指导，那将能帮你达到他或她的目标。一定要问你的导师，本章所列的论文任务能否作为课程论文使用。

在本章里，你会找到如何撰写一篇初级的横断面研究论文的指南。说这是一篇横断面研究论文，是因为你要选择政治的某些方面，然后比较这些因素是如何在不止一个国家里影响现象的。说这是初级的研究，是因为：(1) 你不会亲自收集原始资料，而是利用其他人收集的资料；(2) 你不会建构或应用规范化模型；(3) 你进行的统计相对来说是较简单的。论文的目的是比较在三个不同国家里，两个政治变量之间是如何交互影响的。下面的资料将解释如何选择恰当的研究变量和国家。

开写之前

你将发现，在写论文之前，去大学图书馆浏览一些比较政治学期刊对你极有帮助。在本书 172～175 页，你会找到一份列有 200 多个发表政治学文章的学术杂志名单，其中包括特别专注于比较政治学的杂志，如《比较政治研究》、《比较政治学》和《社会和历史比较研究》。你还会发现有许多杂志专门从事区域研究，如《亚洲事务》、《大西洋季刊》、《东欧季刊》、《当代中国》和《太平洋事务》。通过浏览近期文章，你很快便能更好地了解比较政治学家研究的内容、使用的方法和研究成果。你还能从学院图书馆的网络门户上找到许多（如果不是绝大多数）此类在线刊物。

撰写初级横断面比较政治学论文的步骤

撰写横断面研究论文要求完成以下八个步骤：255

1. 选择要研究的变量。
2. 选择要研究的国家。
3. 进行文献综述。
4. 构想一个研究问题和一个假设。

5. 建构或采用一套方法。
6. 资料收集。
7. 数据分析。
8. 撰写论文。

步骤一，选择要研究的变量

你有大量可供选择的变量。咨询你的导师，在选择和定义变量上得到他或她的帮助总不失为一个好办法，这在某种程度上很可能产生有趣的和重要的结果。虽然一个详尽无遗的列表可能太过宽泛了，但你或许能发现下面的“比较政治现象表”很实用。表中有许多比较政治学家经常研究的不同类型的变量，以及你可能感兴趣的各种变量的范例。

比较政治现象表

分类	变量	变量的意义或效用
权力	占有和排斥	谁掌握权力，而谁又被排除在权力之外？
	集中和分散	权力集中和分散到什么程度？
	正当与腐败	现存的权力在何种程度上被视为正当的或腐败的？
民族国家	民族主义	总体而言，民族情感有多强烈？民族情感在哪个群体中最强烈？在哪个群体中最弱？
	凝聚力	政治的、社会的和经济的结构与程序在多大程度上能产生一个强大的、有凝聚力的国家？
	国际环境	总体而言，邻国、周边地区和国际体系是如何影响国家的生机与活力的？
制度	立法	谁制定法律？而立法的程序又是什么？
	行政	谁执行法律？法律执行的效率如何？
	司法	谁解释法律？法官在国家政治中扮演什么角色？
256	官僚机构	官僚机构是如何组织和领导的？其作用和效率如何？它的腐败情况如何？
	军队	军队的规模、力量、装备和效率是怎样的？它扮演了怎样的政治角色？
	中介	哪个机构（如教会、社交俱乐部、工会）在政府和人民之间扮演中介的角色？其作用如何？
民主	宪法及其机构	宪法和依法成立的政府机构和程序有多民主？
	程序	设计用来实现民主的程序在多大程度上成功实现了其任务？
	价值	当今社会有多少和多少种真正的自由、正义和平等？
参与	选举程序	选举有多大范围？频率和公开程度如何？
	选举参与	有多少人参与选举？哪些群体的参与多过其他群体？
	政党	有多少政党？它们分别代表了什么意识形态的、种族的和经济利益的群体？
	利益团体	主要的有影响的利益团体是哪些？它们分别代表了什么利益？
	运动	有没有什么有影响的社会或政治运动？它们有什么影响？
	分歧	分歧在多大程度上能被容忍？当前有多少种分歧被表达出来了？是怎样表达的？

续前表

分类	变量	变量的意义或效用
政治文化	传统	社会中主要与政治相关的传统和习俗是什么？
	种族划分	主要的种族群体是什么？在政治中扮演了什么角色？
	宗教信仰	主要的宗教信仰是什么？在政治中扮演了什么角色？
	教育	教育的程度和质量如何？教育系统是如何影响政治的？
意识形态	自由主义	这个社会是如何定义自由主义者和保守主义者的？各个派别的力量如何？
	社会主义	政府拥有国家的生产资料的程度如何？社会主义政党和团体的影响力如何？
	威权主义和极权主义	威权主义和（或）极权主义意识形态在多大程度上影响权力机构和政策？
经济	工业	国家的工业基础的范围、内容和影响是什么？
	商务	商品经济的范围、内容和影响是什么？
	资源	国家的主要资源是什么？谁控制了资源？
	发展	国家总体经济发展状况如何？

257

从以上列表中选择两个你认为会相互影响的变量，或者与你的导师一起协商选择其他变量。例如，你可能对研究宗教信仰与政治凝聚力之间的关系感兴趣。你或许想要弄清楚在不同社会中，某种宗教信仰对政治凝聚力的贡献或损害。

步骤二，选择要研究的国家

第二步是选取三个国家，并分别考查你所选的两个变量在这些国家的相互关系。为实现本课程任务的目标，你可能会发现，选择三个地理上相似（如果可以，最好是毗邻）的，且至少有一个共同变量的国家更为合适。例如，假设两个变量分别是宗教信仰和凝聚力，你或许想要选择三个都位于中东的、以伊斯兰教为主导的国家。这样的话，你就能减少可能影响结果的中介变量的数量。

步骤三，进行文献综述

参阅本书第九章中关于如何进行文献综述的总体要求。记住，你不仅是寻找与正在研究的国家和变量的相关资料，而且同时还要寻找已选定的变量的资料，以及用于研究那些变量的方法。既然如此，就请仿照我们使用的范例，你将会对查找的某类信息特别感兴趣，例如：（1）宗教信仰与社会凝聚力的总体关系；（2）伊斯兰教与凝聚力的具体关系；（3）用于判断宗教信仰与凝聚力之间关系的方法体系。

虽然使用谷歌或者雅虎也可能发现一些好的资料来源，但你若是使用了大学里认购的专业学术数据库，在某个重要的课题上（如方法论和宗教信仰）你会发现更多更好的资料。其中比较有保障的资料来源是 *JSTOR* 和 *EBSCOHOST*。由于关于你所要研究的国家有太多资料，你最好从以下的地方开始研究：

美国国务院——各国——背景说明：

http://www.state.gov/r/pa/ei/bgn/

中央情报局——世界实况资料手册：

https://www.cia.gov/cia/publications/factbook/index.html

258 美国——国家信息

http://www.un.org/Pubs/CyberSchoolBus/information3/menu/advanced.asp

步骤四，构想一个研究问题和一个假设

比较政治学教材给你提供了关于比较政治学研究问题和假设的信息，因此我们就不在这里重复了。只要你能记住一个研究问题是对这一课题中想要找出的东西的清楚陈述就达到目的了。利用我们的范例，论文的研究问题可以是：

“伊斯兰教是如何影响埃及、利比亚和突尼斯的国内政治凝聚力的?”

假设则是对你的研究最终将发现什么东西的学术猜测。做这类猜测能帮你更清楚地集中在你想要发现的内容上。我们范例论文可能的假设是：

“温和的伊斯兰教徒会对政治凝聚力有贡献，而极端的教徒则会削弱政治凝聚力。”

步骤五，建构或采用一套方法

这可能是研究中最难的步骤。首先，你需要明确你想衡量的是什么。在我们的范例中，你必须定义“政治凝聚力”，这样你才能确定对其进行量化的衡量标准。其中一个衡量标准可能是“政治暴力事件的数量和范围”，另一个衡量标准可能是“分离主义者活动的强度和数量”。每个变量你至少要确定三到六个衡量标准。

步骤六，资料收集

正如第十六章中提及的，下一步需要确定资料来源。“文献综述”（步骤三）中列举的资料来源都可以是很好的开端。集中关注学术文章、专著和政府机构，你就能汇集起与当前研究相关的资料。不要迟疑，一定要询问导师你所收集到的资料质量如何以及新的信息资料来源是什么。你找到的许多资料都能汇编成图表和表格（参见本书第七章），因此，在图表和表格前后恰当的地方要用一段文字说明其数据。

步骤七，数据分析

你的资料分析将像你具备的统计学知识一样复杂。你最多能汇集起仅仅表现了你所研究国家的对比情况的图表。如下图：

259

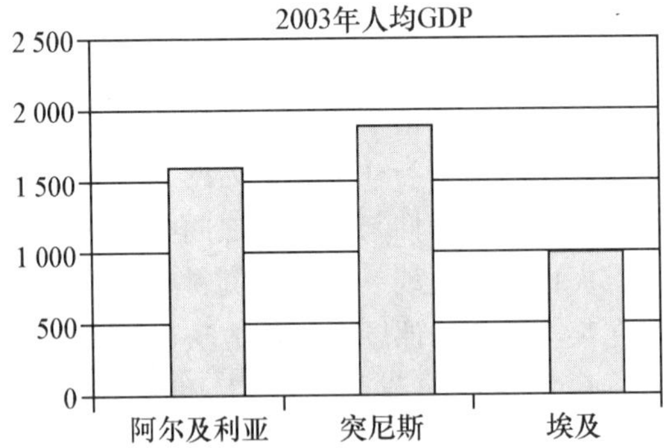

你会发现找到一些近期与你所从事的研究类似的学术研究课题将大有裨益，考查他们所使用的资料分析方法，并采用最适合你的那些方法。

步骤八，撰写论文

正如第十六章中提到的，论文的叙事由三个要素构成：（1）研究结果；（2）对研究结果的分析；（3）进一步研究的范围。在论文的研究结果部分，你要尽可能明确地进行说明，只需要准确说明资料告诉了你和没告诉你的，与你试图回答的研究问题相关的内容，解释得越少越好。在这一部分，要清楚地阐明资料说了什么，而不是资料意味着什么。

论文的解释部分是论文最重要也是最棘手的部分。文章的价值就体现在得出的结论的有效性上。要保持谦逊。不要得出没有资料支撑的结论。试着尽可能准确地阐述从收集到的资料中得出的结论。

结尾部分是进一步研究的范围，你可以写得比解释部分更为全面。在这一部分，你可以假设如果有更多更好的资料，能得出什么样的结果。你可以提出新的、将来能有助于理解你所选课题的研究问题和研究范围。

第十八章

政策分析论文

18.1 政策分析的基础

什么是政策分析?

政策分析是对某个决策的构成要素的考查，而这一考查是为了使某人在给定情况下（在某个政策之下）遵循一系列规章和原则活动而作出的。这种分析是在地方、州、国家和国际层面的政府中实施的。最引人注目的自然是总统委员会作出的报告。总统创设委员会专门进行政策分析，这意味着总统委派了一群人来研究关于某个论题或问题的可行的政府政策，并汇报他们的成果和建议。

政策分析在行动：布朗洛委员会报告（1937）

很多总统委员会已经研究了大量的课题，包括犯罪、贫困和暴力。其中最著名的一个，也是影响最深远的一个，是1937 年的总统行政管理委员会，其中路易斯·布朗洛（Louis Brownlow）是布朗洛委员会中三个主要的作者之一。

罗斯福总统委派布朗洛委员会找出提高行政机构运转效率的方法。委员会认为“在当前的美国政府中，主要行政长官的效力受到限制和约束……行政部门的工作安排得很糟糕；管理机构软弱无力，也不合时宜”。作为对这些问题的回应，委员会向总统作出以下五个方面的建议：

1. 为了处理大量增加在总统头上的行政管理职责，白宫应当扩充工作人员。

2. 政府的管理机构，特别是那些处理预算、效能研究、人事、规划的部门应当大大加强并发展成为行政长官的左膀右臂。 261

3. 考核制应当向上、向外和向下推广，覆盖所有非政策决定的岗位；文官体系应当重组；应当为全国最有才能的人创造机会，形成职业生涯的吸引力。

4. 政府所有的行政部门应当彻底改革，把当前100个机构重组在一些大的部门下面，这样每个行政行为都会找到其责任部门。

5. 财政制度应当根据最佳的政府和私人的实际进行全面修订，特别是要参考财务记录、决算报告和国会行政的问责制（President's Committee 1937，4）。

18.2 政策分析研究计划

本章包括了两种类型论文作业的指南：政策分析研究计划和政策分析研究论文。研究计划是对在撰写研究论文期间实施的研究的表述。之所以在这里收录了这个作业任务，是因为那些希望成为政治分析家的学生会发现，当他们在政府机构工作或为政府机构提供咨询时，在得到同意或投资之前，他们几乎总是被要求先提出他们期待进行的这项研究的计划并解释或证明其合理性。

研究计划的目的

研究计划是一项营销工作。他们的目的是“售出”需要完成某项研究课题的信念。作为“出售”程序的一部分，你必须提交一篇完成了以下七项任务的政策分析研究计划书：

1. 证明该项研究是必要的。

2. 表述课题的目的。

3. 解释如何完成课题。

4. 说明完成任务所需要的资源（时间、人员、器材、设备等）。

5. 设计一个日程表，说明课题何时开始、何时结束，并标明这期间的重要时间点。

6. 准备一个课题预算，具体列出资金成本和政府机构需要支付的总金额（如果有的话）。

7. 详细说明研究课题将得出什么结果，将会进行什么样的研究，将持续多长时间，包括它将包含什么内容。

研究计划的内容

262 **概述**

在形式上，政策分析研究计划包括以下四个部分：

1. 标题页（你可以按照你的导师或公共机构的要求来做，或者使用第七章中演示的格式）。

2. 提纲页（这相当重要，也必须正确完成，参见第七章中的指南和范例）。

3. 正文。

4. 参考文献页。

下面是政策分析计划书的内容提纲：

Ⅰ. 政策分析课题的必要性
- A. 现行政策问题的初步论述
  - 1. 对现行政策的缺陷或问题的论述
  - 2. 政策问题简要的历史回顾
  - 3. 政策问题的法律体制和机构设置
  - 4. 政策问题的特点，包括其规模、范围和重要性
- B. 政策分析的必要性

Ⅱ. 所提议的政策分析课题的目的
- A. 说明现行政策的问题
  - 1. 更完整的问题定义
  - 2. 更好的问题质和量的评估
  - 3. 更精确的政策问题发展规划
- B. 对现行相关公共政策的准确评估
  - 1. 对当前可用的主要公共政策的评估
    - a. 对主要政策的说明
    - b. 对主要政策的法律基础的说明
    - c. 对该政策发展历史的说明
    - d. 对该政策所处环境的说明
    - e. 对现行政策实施情况的描述
    - f. 对政策作用和效能的评估
  - 2. 对可用的次要公共政策的评估
- C. 对现行政策的替代者的评估
  - 1. 对可能的替代政策的阐述
  - 2. 分别评估和比较现行政策与替代政策的预期成本和收益

Ⅲ. 所提议的政策分析课题的方法体系
- A. 课题管理方法
- B. 研究方法

C. 资料分析方法

Ⅳ. 研究所需要的资源

A. 资料资源

B. 人力资源

C. 资金资源

Ⅴ. 政策分析研究课题日程表 263

Ⅵ. 政策分析研究课题预算

Ⅶ. 政策分析研究课题成果

18.3　政策分析论文

定义：政策分析论文

政策分析论文通过考查现行的和潜在的政府政策来评估某一决策。这是为帮助决策者选择一个解决某具体问题的最佳政策而写的文件。撰写一篇政策分析论文，你应当：

1. 选择并清楚地定义一个具体的政府政策。
2. 认真说明该政策设计想要解决的社会的、政府的、经济的或其他的问题。
3. 描述问题产生和现行解决问题的政策得以产生的经济、社会和政治环境。
4. 评估解决问题的现行政策的效果或政策缺位的影响。
5. 明确可供选择的用于解决问题的替代政策，并评估每个替代政策在经济、社会、环境和政治方面的成本和收益。
6. 提供所有考查过的政策的比较概况。

各级政府每天都会写出许多政策分析论文。公务人员总是受到提出新政策或改变旧政策的挑战。如果他们有现行的正式政策，他们也想知道其效用如何。然后他们还想知道有什么可供选择的其他政策，他们应当做什么来改进现行政策，以及那些改变会产生什么后果。人们总是在不同情境下评价政策。政策分析有时是被列入常规的机构预算程序来实施的。他们帮助决策者判断哪些政策能继续使用，哪些不能继续使用。它们在范围上可能很窄，例如只是决定城市公园设施的运行时间。它们也可能很宽泛，例如决定国家如何向公民提供卫生保健或安全防卫。

政策分析论文的目标

成功的政策分析论文都有共同的目标：告知决策者该如何改进某个特定领域的公共政策。

民选官员专职从事公共政策制定的工作。州和国家的立法者聘请工作人员持续不断地调研公共政策事务，并找出改进法定政策的途径。在国家层面上，国会研究服务

264 部不断为众议员和参议员寻找资料。国会每个委员会都聘请了工作人员，帮助评价现行法律并为制定新的法律确立选项。州议会也雇用其自身的研究机构和委员会工作人员。数百家公共利益团体和研究机构也为立法者和其他决策者提供信息资料。

政策分析论文跟意见书一样，完全是实践性的写作。它既不是理论的也不是总论性的。其目标是明确和评估可供某个具体问题采纳的政策备选项。

政策分析论文的内容

政策分析论文包括六个基本要素：

1. 标题页。
2. 摘要。
3. 目录，包括表格和图表列表。
4. 正文（或主体）。
5. 资料来源的参考文献。
6. 附录。

正文的限定因素

向你的导师询问课程上布置的政策分析论文作业要求的页数。本科生水平的此类论文通常要求 20～50 页（双倍行距打印）的长度。

论文主体的资料数量受两个主要原则限制。首先，内容必须足以作出很好的政策评估。所有理解某一政策及其替代者主要优点和缺点必备的事实都必须包含在内。如果你的论文漏掉了对决策十分关键的事实，那么决策者就很可能作出糟糕的决策。

绝对不要仅仅因为重要的事实看起来支持了一个与你自己想法相悖的建议，就把它省略掉。你的责任就是尽可能清楚地表述事实，而不要从某个特定角度带着偏见去评价它。

决定政策分析论文长度的第二个指导原则是省略掉无关紧要的材料。只收录对当前作出具体决策有帮助的信息。

政策分析论文的格式

标题页

政策分析论文的标题页应当遵照第七章中提供的格式。

摘要

把摘要（一页长度，单倍行距打印）放在标题页后面。摘要由精心撰写的句子构
265 成，表达了正文中有全面表述的中心概念。此摘要的目的是让决策者尽快明白所讨论的主要意见。每句话都必须清楚定义、认真撰写。要做到使决策者只需阅读这一页的摘要就能清楚、彻底地明白整个政策问题之所在，并弄清可行的替代政策的价值和成本。

目录

政策分析论文的目录必须根据论文正文的编排来写，也应当符合第七章中所示的

格式。

正文

政策分析论文应当根据下面的提纲来写：

Ⅰ. 对现行政策的描述

A. 清楚、简明地陈述现行政策

B. 简要地对现行政策作历史回顾

C. 描述现行政策要解决的问题，包括对其范围和重要性的评估

Ⅱ. 现行政策的环境

A. 描述影响现行政策的起因、发展和实施的社会因素和自然因素

B. 描述影响现行政策的起因、发展和实施的经济因素

C. 描述影响现行政策的起因、发展和实施的政治因素

Ⅲ. 现行政策的作用和效能

A. 现行政策对它当初的设计初衷完成得如何

B. 政策对赋予它的权力和资源执行得如何

Ⅳ. 现行政策的替代选项

A. 现行政策可能的修正选项以及各项修正案费用和收益的预算

B. 现行政策的替代选项以及各项修正案费用和收益的预算

Ⅴ. 各政策选项之间的比较概述

上面提纲中列举的所有政策分析的要素在大多数政策分析教材中都有具体表述。一定要同你的导师讨论提纲，确保你已经明白了每项任务。

参考文献

政策分析论文中所有的资料来源都要按照第八章中的指南恰当地引用。

附录 266

附录可以向读者提供政策分析论文正文中所述重要事实的补充材料。对许多区域发展和公共工程项目而言，一张地图和图表往往是极有用的附录。你应当把它们附在论文最后，紧挨着参考文献页。不要附上整篇政府报告、杂志文章或其他出版物，而是要选择性地附上图表、曲线图或其他内容。资料来源应总是明确写在附录页上。

第十九章

法庭之友书状

19.1　如何为美国最高法院撰写法庭之友书状

267 当人们在美国最高法院各执一端的时候，各方代理人准备的书面文件称作依据书状（briefs on the merit），这种文件说明争端的实质并为自己所代表的一方提出辩护论证。大法官阅读依据书状，听取口头辩论，召开会议讨论案件，然后写出判决书。判决书既宣布了法庭判决，又包括了完全不同意或部分不同意该判决的大法官的观点。提交最高法院裁决的案件通常对许多人也十分重要，虽然他们并非这一具体案件的直接当事人。这是因为最高法院的判决包括了所有下级法院在判决同类案件时都必须遵循的原则和指导方针。例如，"罗伊诉韦德案"之所以出名，不是因为它允许某人脱离得克萨斯州法律的限制享有堕胎自由，而是因为它提出了州法律不能以保护胎儿为由限制妊娠三个月以内的妇女堕胎的法律原则。

由于最高法院的案例对不直接涉案的人也十分重要，因此有时身处某个具体案件进展之外的团体和个人也想在判决之前让法院听到自己对这一案件的看法。但是，直接去拜访法官并试图影响他们，让他们用特定的方法来判决某个案件是非法的。我们知道，通过拜访、打电话或写信的方式直接影响政府官员称作游说。当人们想影响国会对某项法案的运作时，就通过写信给议员或亲自同他们交谈来游说他们。不过，游说最高法院大法官被视为非法，因为法庭被认为应当基于宪法内容来判案，而非基于社会上任何个人或团体的政治喜好。

不过，局外人也有办法向最高法院表达他们的观点。法庭邀请一批感兴趣的人（通常是机构）提交法庭之友（amicus curiae，拉丁语，意为“法庭之友”）书状。提 *268* 交法庭之友书状的一群人通过向法庭提交了可能对判决有用的信息资料就成为了法庭之友。正如法院所解释的，“给法庭带来了未被各方知悉的相关事项的法庭之友书状对法院的工作帮助很大。没有达到这一目的法庭之友书状仅仅是给法庭工作人员和机构带来负担，而这类文件是不受欢迎的”（*Rules of the Supreme Court* 1990，45）。

1971年夏，最高法院开始复核“罗伊诉韦德案”。这个案子中，罗伊由于违反了得克萨斯州一条除为拯救母亲生命之外禁止堕胎的法律而被捕。罗伊辩论说，得克萨斯州法律是政府对宪法赋予她的隐私权的暴力侵犯。许多国家机构为这个案件递交了法庭之友书状。作为国家穷人健康问题立法计划、国家福利权利组织和美国公共卫生协会的代理律师，艾伦·L·查尔斯和苏珊·格罗斯曼·亚历山大提交了一份支持堕胎权的法庭之友书状。下面是查尔斯和亚历山大收录进书状中的论点摘要，在此作为范例帮助你写出自己的法庭之友书状。

法庭之友书状

论点摘要

一位要求堕胎的妇女是在主张她受宪法保护的某些基本权利，其中包括婚姻家庭隐私权、个人权利和性权利；总而言之，是是否选择孕育孩子的权利。这些权利被得克萨斯州以挽救母亲生命为名而限制堕胎的法律剥夺了。为了替这种剥夺行为辩护，得克萨斯州必须证明一种不可抗拒的权益存在；而事实上没有任何不可抗拒的权益能支持得克萨斯州的堕胎限制法。

得克萨斯州保护妇女健康权益的理由不再能支持对堕胎的限制。现今实施终止妊娠的医学手段比让妇女妊娠和分娩的手段更为安全。任何州不允许非婚性关系的权益应当由惩处此类关系的法律来保全，而不是由间接的、过于宽泛的对堕胎的禁止来做到。无论如何，都没有证据表明堕胎限制制止了此类关系。得克萨斯州假定的扩充人口的权益在今天也缺乏任何可行性；其他各个领域的政府政策也已直接地与此针锋相对。而假定的所有胚胎都有发育和被分娩的权益也并非处处得到宪法和其他法律的支持。

由于这个限制，得克萨斯州法律否定了穷人和非白人妇女平等的合法堕胎权。在得克萨斯州，事实上在美国其他每个州也一样，对白人、有支付能力的病人来说，他们比穷人和非白人更容易接受堕胎手术，这是无法抵赖的事实。由医 *269* 生、社会学家、公共健康专家和律师进行的研究都得出了同样结论。其原因不仅是经济方面的，也就是说，不仅因为堕胎是医疗市场上昂贵的商品，因此富人才有望获得更多的堕胎机会。其原因还在于为穷人提供卫生保健的机制，这一机制使得与有支付能力的人处于同样境况的穷人和非白人不能享有合法堕胎的权利。结果，极高比例的穷人都只得求助于高感染率和高死亡率的非法堕胎。

> 这在很大程度上要归咎于堕胎限制法，如得克萨斯州的法规。关于在哪种情况下可以进行合法的堕胎这一问题，立法者作出了外行的决定，并把是否处于这些法定情况的判断权授予了医生和医生委员会，且威胁他们如果他们赞成堕胎的话会被处以重罪。与享有特权的妇女不同，穷人和非白人妇女支付不起同情他们请求的医生和医院的费用，支付不起用以确定他们接受治疗的合格情况必要的会诊费用，而是在很大程度上必须依赖与自身没有私人联系的公立医院和医生。而公立医院和医生又是在政府眼皮底下运作的，还接受政府补贴。由此产生的结果的歧视性是显而易见的。
>
> 堕胎仅限于挽救母亲生命所必需，这就不合理地把一部分妇女排除在外了。对她们而言，堕胎对保护健康是必要的，抑或她们所怀的是畸胎，或是由于遭受性侵犯而怀孕的，或者在经济上、社会上或情感上没有抚养孩子的能力，或者她们的家庭会因为新添一个孩子而导致严重混乱，而这种被排除在外的怀孕情况在穷人和非白人中最为严重。
>
> 在没有任何不可抗拒的权益的情况下，得克萨斯州的堕胎限制使穷人和非白人受到严重歧视，排斥了穷人和非白人妇女的平等权，而这项平等权是受到宪法第十四修正案的平等保护条款保护的（Charles 1971，5-7）。

范围和目的

本章中的任务是为某个已经由美国最高法院受理的案件写一篇法庭之友书状。你要自己写书状，自己论证这个案件应当如何判决。当然，你不必完全都是独立创作。你可以查阅其他书状中的论证，加入你自己的论述，并用谨慎的措辞撰写成整篇书状。在完成此任务的过程中，你也要达到五个学习目标：

1. 熟悉法律文书的资料来源、格式和内容。
2. 熟悉书状的准备程序。
3. 熟悉当前法院审理的案件的细节。如果跟踪这个案件的最新报道，你最终会知道法院的判决结果。
4. 足够深入地了解最高法院的一个案件，并能把真实的法庭之友书状融入你自己的论证中。
5. 学会如何写一篇清楚、逻辑性强、有效和有说服力的论证文章。

270 请记住，你的目的是**说服**最高法院作出某种判决。在开始之前，阅读一下本书第二篇，特别是如何能写得清楚和有说服力的那一部分。

总体考量和格式

书状向最高法院提供关于某个特定案件的事实，并论证案件应当如何判决。《最高法院规则》中阐明：“书状必须安排筹划紧凑、有逻辑性，有恰当的标题，简练，没有繁冗的、不相干的、不重要的和诽谤性的内容。不符合本段内容的书状将为法庭所忽略和撤销”（1990，28）。最高法院还要求递交法庭之友书状的人提供一份许可声明，这可以作为：（1）论争双方都同意或都不同意的递交书状的证据；（2）否定书状的理由以及即使没有递交书状者的许可，最高法院也应当考虑书状的理由。

当然，为政治学课程作业而写法庭之友书状时，你不必真的把书状递交到最高法院，所以你不需要写许可声明。这里介绍这种声明的信息，以便当你在研究中遇到时能明白其目的。

询问你的导师作业要求的页数。最高法院对真正的法庭之友书状（除去问题陈述页、分类索引、典据列表和附录页）的限制是 30 页，单倍行距打印。不过，根据导师的要求，你的书状要用双倍行距打印以便阅读，且不超过 15 页。因为这一任务的核心目的是让你了解案件中要做的论证，所以你的书状可以比真正提交给法院的书状要短。真正的书状要求的细节比你需要知道的多得多。在读真正的法庭之友书状时，运用你自己的判断选择你认为对法院理解情况最重要的资料，并把这些资料用自己的语言写在你的书状中。

恰当地组织书状格式十分必要。递交给最高法院的书状通常是专业打印的，《最高法院规则》中包括了这一程序的指导性说明。不过，最高法院也接收打字稿，而你的法庭之友书状也要符合法院关于打字稿更多的要求，并适当加以调整，以便你的导师有足够的空间写评语。因此你必须按下面的具体说明来准备法庭之友书状：

- 白纸黑字，纸张为 8.5×11 英寸标准，双倍行距单面打印。
- 正文和脚注用 12 点字号打印。 271
- 字体要尽量接近真正的书状所用的字体。
- 左页边距为 1.5 英寸，其他三边页边距各为 1 英寸。
- 按照导师的要求来装订。

你要交一份书状给你的导师。递交任何论文的时候，自己保留一份副本以防原件丢失总是很明智的（最高法院要求，其直接司法管辖下的案件要提交 90 份书状，从低级法院提交的上诉案件要提交 40 份书状）。

19.2　撰写法庭之友书状的资料来源

你会在图书馆和网络上找到关于法庭之友书状的资料来源。当你在图书馆做研究时，你需要两本杂志，这可以在有些大学图书馆和大多数（如果不是全部）法学院的图书馆里找到：

- 《美国最高法院案件预览》（*Preview of United States Supreme Court Cases*），这是美国律师协会公共教育科的出版物；
- 《美国法律周刊》（*The United States Law Week*），由国家事务局有限公司出版。如果你所在大学图书馆找不到这两本杂志，你可以通过馆际合作索取复印件，或请求导师要求系部或图书馆订阅。

撰写法庭之友书状的网络资源

本书第十一章对政治学的网络资源做了简要介绍。如果你不熟悉网络或对网上的政治学资源不熟悉，在开始之前你或许需要阅读第十一章里的指南。网络提供了很多与宪法和国际法有关的资料。

为了在网上找到最高法院当前处理的案件，你可以查阅康奈尔大学法律信息研究所（LLI）的网站（http://supct. law. cornell. edu/supct/）。在这个网页上，你能找到一个题为“本期讨论案件”的链接。仔细阅读链接的当前案件，然后选择一个你最感兴趣的。

撰写法庭之友书状的步骤

选择一个案件和一个立场

利用最近几期《美国最高法院案件预览》和《美国法律周刊》，或在合适的网站
272 上选一个案件，并决定你支持论证的哪一方。你选择的案件必须满足以下两个要求：

1. 必须是你个人感兴趣的。
2. 必须是法院尚未判决的案件。

获取法庭之友书状的副本

下一步就是获取上诉人的诉状、被告的答辩状，以及其他所有可能获得的你所支持方的法庭之友书状和一份相对方的法庭之友书状。我们有三种获得法庭之友书状的途径。你可以亲自去美国最高法院书记员办公室（地址如下所示），在那里你可以影印书状（工作人员是不会把书状邮寄给你的）：

Office of the Clerk
Supreme Court
1 First Street，NE
Washington，DC 20543
电话：(202) 479-3000

第二个获取书状的途径是从撰写书状的组织的正式出庭律师那里索取；《美国最高法院案件预览》中列举了他们的姓名、地址和电话号码。《美国法律周刊》也提供了部分案件的此类信息，但不是全部。如果这类杂志都没有提供这些信息，你可以通过给最高法院的工作人员发邮件或打电话索要这些信息。一定要提供你所感兴趣的案件的名称和编号。

当你联系正式出庭律师的时候，告诉他们下面的内容：
你的姓名和地址；
你所在的学院或大学；
你的作业的性质；
你所感兴趣的案件的名称和编号；

你想要获得他们的法庭之友书状的副本的愿望；

你对他们帮助的感谢。

第三个获取书状的途径是（如果可能的话），从网络的相关资源上下载。

撰写论证提纲

阅读你收集到的书状中的论证部分，然后构建一个论证提纲，表述你认为最重要的论点。提纲通常应当有 2～6 个主要论点。遵照第五章中关于撰写提纲的指南，并认真阅读第九章。在继续写正文之前把你的提纲交给导师，咨询一下导师的意见。

撰写论证 273

根据你建构的提纲撰写论证。你的文字应当是清晰的，完全集中于论点。遵照本书第一部分的写作指南。每段的第一句话都应当表明主要论点。

《最高法院规则》表明，书状的论证必须“清楚地展示所提及的事实和法律要点，并［引用］所依据的权威规定和法规”，它还应当“尽可能简短”（1990，27）。除了遵照你导师对页数的限制以外，论证的长度还应当受两个因素的限制。首先，内容长度必须足以帮助法院做出明智的判决。要阐明做出判决所有必要的论证。像法院工作人员那样来写这篇论文。无论在哪种情况下，你都不能做出错误的或误导性的陈述。要有说服力，但一定要真实。你不必为相对方做论证，但你所陈述的事实必须是你知识范围内最准确的。

决定论证长度的第二个指南是省略无关紧要的材料。只收录那些能立即有助于最高法院作出判决的信息。

《最高法院规则》要求，一篇法庭之友书状应包括一个“结论，详细说明人们寻求的特殊救济”（1990，27）。阅读你收集到的书状的结论，然后写下你自己的结论，保留其格式但要结合你所代表的群体的论证来写，并使结论保持在两页的长度。

撰写论点摘要

写完论证之后，撰写摘要，这应当是几段清楚地包含了许多主要论点的文字。它应当是一份简报（不超过双倍行距打印的三页纸内容）。本章开始部分收录的“罗伊诉韦德案”的论点摘要是很好的范例。

根据《最高法院规则》，书状应当包括一篇“论点摘要，应恰当地分段，要简明扼要但又准确明了，应是书状主体中所作论证的缩写。仅仅复述论证中的主题句是不够的”（1990，27）。

通过提取每段的主题句并把它们连缀成新的段落，论点摘要就能轻松地汇集起来了。主题句比主标题包含了更多信息。把完整句按逻辑顺序组合起来，就能形成一篇书状内容的完美摘要了。论点摘要应当不超过双倍打印的两页长度。

第二十章

民意调查报告

20.1 民意调查报告的范围和目的

274 用最简单的词语表述，民意测验就是用来计算喜好度的方法。当我们在选举日进行民意调查时，投票办公室就会根据人们在选票上画圈的结果为候选人（有时是法律或其他事务）计算其受喜好的程度。然后工作人员会把结果传达给地方、州或国家公务员。问卷调查是通过民意测验方式来判断一系列说法或问题的受喜好程度的方法。例如，假设民意测验是为国家福利计划而进行的，问卷调查就会由一系列问题构成，如“你认为社会福利应该增加还是减少?”或“你是否相信社会福利系统中存在很多欺诈行为?”

撰写你自己的民意调查报告为的是达到两个目的。首先，你将学会如何建构、实施和解读一个民意测验，以及在规则范围内进行研究的各种手段。因此，你将开始学习一种在职业生涯中真正实用的技巧。为了使自己的服务更有效和更为人所需要，大大小小的公共或私人机构经常对公众的需要和喜好展开民意测验。其次，在撰写调查报告的过程中，你可以通过了解民意测验程序的优点和缺点来领会如何彻底地、批判性地评估民意测验。

在本章中，你将学会如何建构和实施一个简单的民意测验和如何在调查结果中应用一些基本的数据分析和评估技巧。你的导师或许想要增加额外的任务（如其他统计步骤），而你的政治学方法教材会告诉你更多关于民意测验的程序。不过，下面的指南也会提供创建和解读一个民意测验所需的信息。

20.2　撰写调查报告的步骤

集中研究一个具体论题

撰写调查报告的第一步是选择一个集中关注某一具体事件的论题。虽然全国性的 275
民意测验有时涵盖了很广的论题，但是把调查问卷限制在一个狭小的事件上将让你获得褒奖，即使这仅是因为你在清楚、确定的观点中表现出了一个论题内在的复杂性和难度。精确度在清楚了解公众意志方面是十分重要的。

民意调查通常研究关于地方、州、国家或国际政治问题，论题的数量几乎和日报上的文章标题一样多。选择当前新闻正广泛讨论的事件往往会增加调查报告读者的兴趣。

构想研究问题和研究假设

一旦选定了一个论题，你的任务就是明确你想知道人们与这一论题相关的哪些意见。例如，假设你选择了环境问题，你可能想知道人民对环境质量的关切程度。问题必须谨慎措辞。如果仅仅是问“你关心环境质量问题吗”，可能绝大部分被调查者都会给出一个肯定的回答。但这到底能告诉你什么呢？它有没有揭示人们关心环境问题的深度和强度呢？你是否知道被调查者关于某个特定的环境问题会如何投票呢？关于空气污染、水质量和土地利用等问题人们是否有不同意见呢？要找到答案，你就必须设计更多具体的问题。本章的下面几节将帮你做这些工作。

不过，要设计这些具体问题，你首先需要构建一个研究问题和一个研究假设。在继续之前，请阅读第四章中建构和测试研究假设的内容。

研究问题就是问研究者想知道什么。有些全国性民意测验提出的研究问题为：

- 总统当前的支持率是多少？
- 哪类选举人可能会喜欢自由贸易协定？
- 美国人最关心的社会问题是什么？

不过，政治学课程调查报告的研究问题应更为具体，并限定在一个狭窄的论题上。可以考虑以下问题：

- 被调查者是否赞成普遍手枪登记立法？
- 被调查者在多大程度上认为他们的个人政治行为（如投票或写信给议员）会真 276
正影响政治程序？
- 调查对象对提高男同性恋权利的立法是什么态度？

选择一个样本

民意测验问卷调查通常是为了弄清一大群人（如美国选民、工会会员等）对某个特定问题的看法而实施的。一般而言，了解这些群体中每一个人的观点并无必要且成本太高。因此，绝大多数问卷调查只询问被研究群体中一小部分具有代表性的人。问卷调查的元素是被研究的个体单元。个体单元可能是利益团体、公司或教派，但最常见的是单个选民。统计母体则是研究问题涵盖的个体的数量总和。假设研究问题是“卡拉韦拉斯县的选民是否赞同将1%的营业税用于高速公路的改善”，那么统计母体就是卡拉韦拉斯县的全体选民。样本是抽出来回答调查问卷的母体中的一部分。代表性样本中的个体数量比例要与母体中的个体数量比例相同。换句话说，假设卡拉韦拉斯县的母体中有14%的西班牙裔和52%的妇女，那么代表性样本中也要有14%的西班牙裔和52%的妇女。非代表性样本则不具有与母体相同的个体数量比例。

所有样本都是从样本框中抽取的，同样也是问卷调查母体中的一部分。为了准确地代表母体，样本框应当包括对研究问题有价值的所有类型的个体（如青年、妇女、西班牙裔等）。假设母体是卡拉韦拉斯县的选民，样本框可以是一所小学的学生家长（登记在册的选民）。层级是同一母体中同类个体的集合。卡拉韦拉斯县选民的层级可以分为30岁以下选民、妇女选民、工会会员选民或西班牙裔选民。分层样本中包括了与母体中的比例不同的各层级受试者的数量。例如，如果问卷调查的目的是判断西班牙裔妇女的观点，那么卡拉韦拉斯县母本的分层样本可能特意地只包括西班牙裔妇女。

因此，卡拉韦拉斯县事务的问卷调查研究设计可以建构如下：

研究问题：卡拉韦拉斯县的选民是否赞同将1%的营业税用于高速公路的改善？

研究假设：卡拉韦拉斯县55%的选民会赞同将1%的营业税用于高速公路的改善。

个体：登记选民个体。

母体：卡拉韦拉斯县的登记选民。

277 **样本框：**从卡拉韦拉斯县的选民登记册中随机抽取的500名登记选民。

样本：卡拉韦拉斯县的选民登记册中随机抽取的500名登记选民中，接受电话问卷调查的人。

准确代表母体需要多大的样本呢？这个问题不好回答，但有两个主要原则。首先，仅从几率而言，大样本比小样本更能代表母体。其次，取样的目的是要获取包含了母体中所有层级的代表性个体的样本。

你会发现，如果把需要撰写调查报告的课程的班级当作样本来使用，那就方便得多了。但这种样本选择的缺陷就是你所选的课程班级也许不能代表你实施问卷调查的学院或大学。不过，即使是这样，你仍然能学到实施问卷调查的程序，这正是此练习的主要目标。

注：民意调查询问人们的观点。被调查的人被称为研究的受试者（human subjects）。许多学院和大学都有关于受试者研究的规定。有时候，政府机构会设置制度审查委员会之类的机构来审查研究计划，以保护受试者的权利。你或许有必要获得这类委员会或你所在学院的许可，以便实施你的问卷调查。一定要遵守你所在大学关于受试者研究的所有规定。

设计调查问卷

研究问题是你设计调查问卷的主要指南。开始写问题的时候，问问自己关于这个论题你到底想知道什么内容。假设你的研究问题是"政治学专业的学生是如何看待政府在规范堕胎问题上扮演的角色的"。例如，如果你问"你是否赞成堕胎"，你可能会从 70%的被调查者那里得到否定的答案。如果你接着问"你是否赞成制定堕胎限制"，则可能有 81%的被调查者会给出否定的答案。这些答案看起来是互相矛盾的。通过询问更多的问题你或许会得出结论：即使大多数被调查者认为堕胎是令人遗憾的事，但只有少部分人想认定其为非法。但这些资料还不足以构成对人们观点的清楚写照。根据法律对堕胎处罚的强度不同，调查母体中想要认定堕胎非法的那部分人可能会更多或更少。此外，有些不愿意对堕胎行为进行法律处罚的学生可能想要对实施堕胎手术的诊所加以严格的医疗条件的限制，而其他学生则不会有此类要求。为了准确判断被调查者在这些事务上的观点，你需要设计附加的具体问题。

调查问卷中的问题数量是一个需要认真考虑的问题。如前所述，第一个总体原则 278
是提出足够多的问题，以便准确弄清楚你到底想知道什么内容。不过，第二个原则与第一个原则有些冲突。这个原则是，总体而言，人们都不大喜欢填写调查问卷，不过在你的政治学课程班中这可能不是一个问题。调查问卷的资料会非常有用，而民意测验者往往出现在街角、机场或通过电话调查。人们更容易完成包含少量问题的简短调查问卷，而不是冗长的调查问卷。为了撰写问卷调查研究方法的论文而设计的问卷通常应当由 10～25 个问题组成。

调查问卷由两类问题组成：封闭式的和开放式的。封闭式问题把被调查者的答案限制在一系列具体的答案中。民意调查问卷中经常使用各种各样的封闭式问题，但这些问题应当分为三类：

- 双选项问题。
- 三选项问题。
- 多选项问题。

双选项问题询问受试者在两个候选人之间的简单偏好，例如，假设今天举行选举，你会选谁：约翰·凯利还是小布什？

以问题为中心的双选项问题给被调查者提供了二选一的选项，通常为"是"和"否"，或者是"同意"和"不同意"，如下所示：

购买手枪的五天强制等待期是否令人满意？

□ 是　　　□ 否

应该通过宪法的平衡预算修正案。

□ 同意　　□ 不同意

双选项问题要求被调查者在两种表述之间进行选择，但也可能没有哪一个选项是他们完全赞同的。为了弄清有多少人在这些事情上态度不明确，通常采用三选项问题，给被调查者第三个选项，通常是“未决定”、“无意见”、“不确信”、“不知道”、“未应用”或“不确定”。

为西班牙裔人做得最多的政党是：

□ 共和党　□ 民主党　□ 不确定

简单的多选项问题有时候被设计来提供更大范围的选择，如下所示：

如果今天举行民主党初选，你会选谁：

□ 希拉里·克林顿　　□ 约翰·爱德华兹

□ 霍华德·迪恩　　□ 约翰·凯利

不过，通常情况下，多选项问题也被设计来更清楚地区分一系列态度中的不同立
279 场。例如，里克特（Likert）量表多选项问题被用来区分对某事务的一系列可能的态度的同意程度。一个里克特量表问题可能会这样表述：

“美国军费开支应当缩减10%用于国内计划。”选择对这一说法的回答：

□ 非常同意　□ 同意　□ 不确定

□ 不同意　□ 非常不同意

古特曼（Guttmann）量表多选项问题则允许设计一系列表述，这些表述越来越难以同意或不同意，并借此从答案中加以鉴别。一位选择了量表问题中某个选项的被调查者也很可能同意量表中高一级的选项。参看以下的例子：

选择你完全同意的答案：

1. 公民对军队武器（如火箭发射装置）的所有权应当被限制。
2. 公民对全自动武器（如机关枪）的所有权应当被限制。
3. 公民对半自动武器的所有权应当被限制。
4. 公民对手枪和夹藏武器的所有权应当被限制。
5. 公民对狩猎步枪的所有权应当被限制。

封闭式问题的优势在于容易量化。每个答案都可以确定一个数值，而不同类型的答案组成了总分数。

相反，开放式问题或者可自由回答的问题就不容易量化。开放式问题没有给被调查者提供一个固定的选项列表，而是需要被调查者回答他们想回答的内容。使用开放式问题的优势在于可能会发现你尚未意识到的观点或态度。例如，假设你问了下面这个问题并留出空间让被调查者写下他们的答案：

对于枪支控制应当做些什么？

你可能会得到下面这样的回答：

> 在居民区，所有火器都应该由执法机构加以限制。特别应当为狩猎者建立私人所有的保管处来贮藏他们用于练习或狩猎季打猎的来复枪。

与封闭式问题相比，开放式问题要求更积极的和深思熟虑的回答。事实上，需要更多时间和努力可能是一个缺点，因为总体而言，一个问卷调查需要的时间和精力越多，得到的回答就越少。即使有这个缺点，当你想扩展潜在的答案范围以查明关于某个问题有多少种不同的观点时，开放式问题仍比封闭式问题更受青睐。为了做开放式问题的练习，你应当在调查问卷中至少列入一个开放式问题。

或许开放式问题最大的困难在于量化结果。研究者必须考查每个答案，然后根据 280
其内容对答案进行分组。例如，对枪支控制明确表示赞同、明确表示反对和态度不明确的这三种情况就需要区分开来。开放式问题对进行长时间持续研究的研究者来说特别有价值。他们得到的答案有助于为下一次调查问卷设计更好的问题。

调查问卷上除了常规的开放式和封闭式问题，你还想要加上标识符，询问被调查者的个人信息，如性别、年龄、党派、宗教信仰、收入水平或其他与调查的具体项目相关的信息。例如，假设问的是关于枪支控制的问题，你或许想要知道男性的回答是否与女性的不同，民主党人的回答是否与共和党人的不同，或者年轻人的回答是否与老年人的不同。

一旦写好了调查问卷，你就需要开展问卷调查了。你得把问卷发给班上的或其他群体的被调查者。一定要详细指导被调查者如何填写问卷。如果学生们是在课堂上完成问卷，你最好大声读出填写指南，并在他们开始填写之前问清他们还有没有其他问题。

数据收集

如果样本只限于一个政治学课程的小班级，你就可以直接把问卷的答案从问卷格式转换为表格式。但是，如果你的样本很大，你可能需要使用数据收集答题卡，如速读皇（Scantron）公司的答题卡。当你在班级里进行多选项测试的时候，你就可能使用这种答题卡（被调查者用 2B 铅笔在答题卡上相应答案处作标记）。速读皇答题卡的优点在于它们可由电脑处理，并把结果表格化，有时还能提供一些统计计量。如果你使用了速读皇的表格，你就需要使电脑能处理调查结果，而你可能需要别人为电脑设定相应程序，以便能提供你所需的具体统计数据。

数据分析

你收集齐完成的问卷表格后，就需要分析它们提供的数据。这时统计程序对完成以下三个任务很有用：

1. 描述数据。

2. 比较数据的成分。

3. 评估数据。

有许多专门为分别完成以上三个任务而设计的统计程序。本章只提供了每个阶段可能用到的一些方法的范例。你可以咨询你的导师或查阅问卷调查研究方法的教材，学习其他类型统计计量的工具。

设计用来描述数据的统计方法可能很简单。我们从两个例题开始讨论，两个例题都采用里克特量表法：

281 **第一题**

“美国军费开支应当缩减10%用于国内计划。”选择对这一说法的回答：

☐ 非常同意　☐ 同意　☐ 不确定

☐ 不同意　☐ 非常不同意

第二题

“国会应当给国防部提供更多用于研究细菌战技术的资金。”选择对这一说法的回答：

☐ 非常同意　☐ 同意　☐ 不确定

☐ 不同意　☐ 非常不同意

我们描述数据的目的是看看我们假设的作为一组的42名学生被调查者样本是如何回答这些问题的。第一步是给每个答案设定分值，如下所示：

答案	分值
非常同意	1
同意	2
不确定	3
不同意	4
非常不同意	5

下一步是计算调查问卷总分值，看看我们假设的样本中有多少被调查者分别选择了各问题的各个答案：

答案	分值	第一题答案	第二题答案
非常同意	1	8	13
同意	2	16	10
不确定	3	12	1
不同意	4	4	12
非常不同意	5	2	6

通过下列步骤对每个问题进行处理，我们现在可以计算答案的平均值（数据平均值）：

1. 把分值乘以答案数量得出各个答案的分数。

2. 把每个答案的分数相加。

3. 用总分数除以被调查者数量（本例中为42）。

要学会如何完成这一程序，请参见下面所分析的第一题答案的图表。注意，表中第一列是提供给被调查者的答案选项；第二列是每个选项的分值；第三列是选择了相应答案的被调查者数量；第四列是各答案的分值乘以答案数量。 282

分值

答案选项	设定的分值	答案数量	分值×答案数量
非常同意	1	8	8
同意	2	16	32
不确定	3	12	36
不同意	4	4	16
非常不同意	5	2	10
合计		42	102
平均值			2.43

我们可以看出，答案总数为 42 和总分数为 102。用总分数（102）除以答案总数（42），我们得到的平均值为 2.43。

如果同样计算问卷中第二题的答案，我们会得出以下结果：

分值

答案选项	设定的分值	答案数量	分值×答案数量
非常同意	1	13	13
同意	2	10	20
不确定	3	1	3
不同意	4	12	48
非常不同意	5	6	30
合计		42	114
平均值			2.71

从以上表格我们可以看出，第二题的答案的平均值是 2.71。比较两个题的平均 283
值，我们发现第一题的平均值（2.43）比第二题的平均值低。由于最低分值（1 分）是分配给答案“非常同意”，而最高分值（5 分）是分配给答案“非常不同意”的，所以我们知道高平均值意味着受调查的样本倾向于不同意问题中的说法。因此可以推断：同意第一题中说法的比第二题中说法的答案要稍微多一些。照此方法比较两个平均值，我们可以轻松地比较受调查人群关于不同问题的同意和不同意的总体情况。

另一个常用的调查方法是标准差，它用一个数字表明一个问题答案的分散程度。换句话说，它告诉你答案在多大程度上集中在中间部分（“同意”、“不确定”、“不同意”）或是分散在极端反应（“非常同意”和“非常不同意”）上。为了计算第一题的标准差，我们要经过以下步骤：

第一步：给出每个答案的分值和频数。

第二步：找出问题的平均值。

第三步：从平均值中减去分值。

第四步：求第三步的结果的平方。

第五步：把第四步的结果乘以每个分值的频数。

第六步：把第五步的结果相加。

第七步：用第六步的数值除以被调查者数量。

第八步：把第七步中的数值开方，就得到标准差了。

因此，我们对第一题标准差的计算如下：

第一步	第二步	第三步	第四步	第五步	第六步	第七步	第八步
分值（V）和频数（F）	平均值	平均值减去分值	第三步结果的平方	第四步结果乘以频数	第五步中的结果相加	第六步结果除以被调查者数量	求第七步结果的平方根：标准差
V=1，F=8	2.43	1.43	2.04	16.32			
V=2，F=16	2.43	0.43	0.18	2.88			
V=3，F=12	2.43	2.57	0.32	3.84			
V=4，F=4	2.43	21.57	2.46	9.84			
V=5，F=2	2.43	22.57	6.6	13.2			
					46.08	1.10	1.05

284 第一题的标准差是1.05。为理解其重要性，我们需要知道民意调查样本通常相当于正态分布。在正态分布中，68.26%的答案会落在平均值减去标准差（2.43－1.05，或1.38，第一题）和平均值加上标准差（2.43＋1.05，或3.48，第一题）的区间内。换句话说，在正态分布中，第一题中大约2/3的被调查者表达的观点的给定分值会介于1.38～3.48之间。另外1/3的被调查者的得分会少于1.38或高于3.48。

为方便起见，我们把答案“非常同意”和“非常不同意”称为极端反应，并把“同意”、“不确定”“不同意”称为适度反应。我们可以看到，1.38分最接近第一个极端“非常同意”；3.48分则意味着“同意”，但“不确定”。我们可以推断，较大部分被调查者（大约1/3）倾向于第一题的极端答案。我们可能还注意到，1.38分（意味着“非常同意”）比3.48分更接近其极端值（1.38与其极端值1.0只相差0.38，而3.48与其极端值5相差1.52）。这意味着答案向“非常同意”的一端稍微更集中一些。我们可以推断，极端的被调查者更倾向第一题答案中的“非常同意”，而不是“非常不同意”。我们现在可以更完整地看到母体中受调查者的极端程度。在问卷问题增加的时候标准差就显得更有用，因为它让我们能迅速便捷地比较答案的极端程度。在统计方法教材中，你会发现标准差之外的其他离散度统计方法。

找到一个问题答案的离散度后，你或许想要看看不同类型的受调查者回答问题的方法是否不同；也就是说，你可能想测量数据间的关系。例如，通过考查被调查者的政党标识符，我们得知被调查者中有15位民主党人、14位共和党人和13位无党派人士。要比较他们的答案，我们需要建构一个相关矩阵来根据标识符进行答案分组：

答案	民主党人的答案	共和党人的答案	无党派人士的答案	总数（频数）
非常同意	4	2	2	8
同意	8	4	4	16
不确定	3	5	4	12
不同意	0	2	2	4
非常不同意	0	1	1	2

矩阵中每个答案的数值都位于一个称作回应单元（response cell）的位置。总数 285
（频数）一列中的数字称为回应总数单元。从这个矩阵可以看出，民主党人比共和党人或无党派人士更倾向于同意第一题中的说法。如果对母体样本而言这是事实，那么受调查者所属党派和对这一事务的观点之间就有联系。

20.3　民意调查报告的要素

民意调查报告由五个必要部分组成：

1. 标题页。
2. 摘要。
3. 正文。
4. 参考文献。
5. 附录。

标题页

标题页要根据第七章中的格式指南来写。民意调查报告的标题应当告诉读者两类信息：调查的主题和接受调查的母体。例如：以课程班级内问卷调查为基础的调查报告标题可以是“南加利福尼亚州大学学生对社会福利改革的观点”，“俄亥俄州卫斯理学院的学生对性骚扰的态度”和“2006 年州长选举和学生投票”。

摘要

民意调查报告的摘要应根据第七章中的格式指南来写。摘要应当用大约 100 个单词概述调查的主题、方法和结果。本章所用范例的摘要可以这样来写：

> 2006 年 10 月，在西部州立大学进行了一次关于大学生对美国军费开支数额的态度的问卷调查。样本由政治学研究方法课程班的 42 名学生组成。调查的目的是弄清学生对最近的军费缩减计划，包括那些直接影响到第七届国会选区（大学所在区域）的计划的知悉程度和关心程度，并弄清学生对相关国防问题（如细菌战）的态度。结果显示，政党派别与对军费开支的态度有较弱的联系，其中民主党人比共和党人更赞同军费缩减计划。

正文

调查报告正文应包括五个部分：

1. 导论。
2. 文献综述。
286 3. 方法论。
4. 结果。
5. 讨论。

导论

导论应说明调查报告的目的，明确研究问题和假设，并描述开展研究的环境。目的陈述通常是一段话，要说明做此研究的理由。你可能想表达如下内容：

> 本文的目的是明确霍华德大学学生对联邦助学金计划的态度。此研究特别着意了解学生如何看待资助资格的标准和申请程序的效率问题。而且，问卷调查期望显示出学生对联邦助学金程序的了解有多少。实施此研究的主要理由在于，研究结果能为确定助学金申请和支付程序中的问题提供事实基础，并促进行政管理官员和学生们展开关于解决所指出问题的讨论。

其次，导论应当说明研究问题和研究假设。上面例子中的研究问题可能是“学生关于联邦助学金计划的了解程度是否与学生对此计划效用的态度有关”。研究假设可能是“学生对联邦助学金计划效用的评价与学生对此计划的了解程度成正向联系”。

文献综述

撰写文献综述是为了证明你对与该调查有关的专业文献很熟悉，也是为读者作文献概述。民意调查报告的文献综述应当说明两类信息：主题和调查方法。

例如，问卷调查的主题可能是某个州的中等教育改革计划。在这个例子中，文献综述主题部分的目的就是简要告知读者：(1) 改革计划的历史、内容和政治意义；(2) 改革计划当前的情况。为了提供这类信息，你需要引用恰当的文献，如提交的立法法案。

文献综述方法论部分的目的是引用能够支持你研究方法的文献。如果你遵循了本书或其他课程教材的指导来撰写调查报告，就简要说明你在研究中采取的步骤和统计计算方法，以及这些方法的信息来源（本书或你的教材）。

方法论

287 调查报告的方法论部分描述你如何实施你的研究。首先要简要描述调查问卷的格式和内容。例如，问卷有多少问题？使用了哪些类型的问题（开放式的、封闭式的、里克特量表式的、古特曼量表式的），为什么选取这些格式的问题？选取了哪些标识符？为什么选用这些标识符？强调了哪些主题内的论点？为什么要强调这些论点？你还要简要说明用于数据分析的统计程序。为什么选择了这些程序？它们能提供什么信息？

结果

调查报告的结果部分应当列出研究的调查结果。在这里，你要报告统计计算的结果。你可能会想设计一个表格，概述调查问卷中每个问题的答案数量。接下来，利用你的统计结果回答研究问题；也就是说，告诉读者你的调查结果是否回答了研究问题，如果回答了，答案是什么。

讨论

在讨论部分，指出你的调查结果的重要性。调查结果的意义是什么？你能得出什么结论？有什么问题还没问到？在这部分的结尾，给读者提出从你的调查结果中衍生出来的进一步研究的建议。

参考文献

参考文献和正文中的资料来源应当按照第八章的指南完整列出。

附录

参见第七章的内容，把附录放在正文的后面。民意调查报告的附录应当包括以下内容：

- 研究中使用的调查问卷表的一个副本。
- 不足以收录在正文中，但有参考价值的问卷调查数据表格。
- 同一主题的全国性民意测验的问卷调查数据概述（如果你能获得这类民意测验数据并在正文中加以讨论的话）。

注：学生和导师们应当注意，本章介绍的平均值方法和标准差方法的应用是有争议的，因为它们适用于序位资料。不过，在实践中此类应用也是常见的。

参考文献

Adorno, T. W. et al. 1950. *The Authoritarian Personality*. New York: W. W. Norton.

Agassiz, Louis. 1958. *A Scientist of Two Worlds: Louis Agassiz*. Ed. Catherine Owens Pearce. Philadelphia: Lippincott.

Allison, Graham. 1971. *Essence of Decision, Explaining the Cuban Missile Crisis*. Boston: Little Brown.

Almond, Gabriel. 1990. *A Discipline Divided, Schools and Sects in Political Science*. Newbury Park, Calif.: Sage Publications.

Barrels, Larry M., and Henry E. Brady. 1993. "The State of Quantitative Political Methodology." In *Political Science: The State of the Discipline II*. Ed. Ada W. Finifter. Washington, DC: American Political Science Association.

Bary, Williarn Theodore de, Wing-tsit Chan, and Burton Wilson, comps. 1966. *Sources of Chinese Tradition*. New York: Columbia University Press.

Brundage, D., R. Keane, and R. Mackneson. 1993. "Application of Learning Theory to the Instruction of Adults." In *The Craft of Teaching Adults*. Ed. Thelma Barer-Stein and James A. Draper, 131–44. Toronto: Culture Concepts.

Buchanan James. 1972a. "Toward Analysis of Closed Behahoral Systems." In *Theory of Public Choice*. Ed. James M. Buchanan and Robert D. Tollison. Ann Arbor: University of Michigan Press.

Buchanan, James. 1972b. "The Inconsistencies of the National Health Service." In *Theory of Public Choice*. Ed. James M. Buchanan and Robert D. Tollison. Ann Arbor: University of Michigan Press.

Charles, Alan F. 1971. *Motion for Leave to File Brief Amici Curiae in Support of Appellants and Briefs Amici Curiae. Roe v. Wade*. U. S. 70-18, 5-7.

Coole, Diana. 1990. "Feminism and Politics." In *New Developments in Political Science: An International Review of Achievements and Prospects*. Ed. Adrian Leftwich. Brookfield, Ver. Edward Elgar Publishing.

Crick, Bernard. 1960. *The American Science of Politics Its Origins and Conditions*. Berkeley: University of California Press.

Dacey, John S. 1989. *Fundamentals of Creative Thinking*. Lexington, Mass.: Lexington Books.

Dahl, Robert A. 1961. "The Behavioral Approach in Political Science: Epitaph for a Monument to a Successful Protest." *American Political Science Review* 55: 763-72.

Deutsch, Karl. 1963. *The Nerves of Government: Models of Human Communication and Control*. New York: Free Press.

Easton David. 1966. "Categories for the Systems Analysis of Politics." In *Varieties of Political Theory*. Ed. David Easton. Englewood Cliffs, NJ: Prentice Hall.

Easton, David 1993. "Political Science in the United States: Past and Present." In *Discipline and History Political Science in the United States: Part* 4. Ed. James Farr and Rayanond Seidelman. Ann Arbor: University of Michigan Press.

Easton, David, John G. Gunnell, and Luigi Graziano, eds. 1991. *The Development of Political Science: A Comparative Survey*. London and New York: Routledge.

Easton, David. 1991. *Political Science in the United States Past and Present*. London and New York: Routledge.

Eliade, Mircea. 1971. *Myth of the Eternal Return or Cosmos and History*. Princeton: Princeton University Press.

Esposito, John L., ed. 1997. *Political Islam: Revolution, Radicalism, or Reform?* Boulder, CO: Lynne Rienner Publishers.

Farr, James, and Raymond Seidehnan. 1993. "Introduction." In *Discipline and History: Political Science in the United States: Part II*. Ed. James Farr and Raymond Seidelman. Ann Arbor: University of Michigan Press.

Foucault, Michel. 1995. *Discipline and Punish: The Birth of the Prison*.

New York: Vintage Books.

Fromm, Erich. 1960. *Escape from Freedom*. New York: Holt, Rinehart, and Winston.

Goodspeed, Edgar J., Trans. 1950. "The Martrydom of Polycarp." In *The Apostolic Fathers: An American Translation*. New York: Harper & Brothers.

Haddow, Anna. 1969. "Early American Political Science." In*Political Science in American Colleges and Universities 1636 – 1900*. Ed. William Anderson. New York: Octagon Books.

Hartwell, Patrick. 1985. "Grammar, Grammars, and the Teaching of Grammar." *College English* 47: 105–27.

Holub, Robert. 1991. *Jurgen Habermas: Critic in the Public Sphere*. London: Routledge.

Kahn, Kim Fridkin. 1994. "Does Gender Make a Difference? An Experimental Examination of Sex Stereotypes and Press Patterns in Statewide Campaigns." *American Journal of Political Science* 38: 162–95

Laitin, David D. 2002. "Comparative Politics: The State of the Subdiscipline." In *Political Science: The State of the Discipline*. Eds. Ira Katznelson and Helen V. Milner. New York: W. W. Nelson.

Kennan, George F. 1967. *Memoirs*. Boston: Little, Brown.

Kennedy, John F. 1963. "John F. Kennedy's Inaugural Address." In *Documents of American History Since* 1898. Vol. 2 of *Documents of American History*. 7th ed. Ed. Henry Steele Commager; 688–89. New York: Appleton-Century-Crofts.

Lieber, Francis. 1881. "An Inaugural Address Delivered on the 17th of February, 1858, on Assuming the Chair of History and Political Science, in Columbia College, New York." In *Miscellaneous Writings*. Vol. 1. Philadelphia: J. B. Lippincott.

Lijphart, Arend. 1997. "Unequal Participation: Democracy's Unresolved Dilemma." *American Political Science Review* 91: 1–14.

Lincoln, Abraham. 1946. *Abraham Lincoln: His Speeches and Writings*. Ed. Roy Basler. Cleveland, OH: World.

Lippincott, Benjamin E. 1993 "The Bias of American Political Science." In *Discipline and History Political Science in the United States*. Ed. James Farr and Raymond Seidelman. Ann Arbor: University of Michigan Press.

Lowi, Theodore J. 1993. *The State in Political Science: How We Become What We Study*. Ann. Arbor: University of Michigan Press.

Lunsfbrd, Andrea, and Robert Connors. 1992. *The St. Martin's Handbook*. 2nd ed. Annotated instructor's ed. New York: St. Martin's.

Machiavelli, Niccolo. 1979. *The Prince*. In *The Portale Machiavelli*. Trans. Peter Bondanella and Mark Musa. New York: Viking Press.

Macridis, Roy C. 1955. *The Study of Comparative Politics*. New York: Random House.

Madison, James, Alexander Hamilton, and John Jay. 1961. *The Federalist Papers*. New York: New American Library/Mentor.

May, Rollo. 1975. *The Courage to Create*. New York: Norton.

Merriam, Charles E. 1993. "Recent Advances in Political Methods." In *Discipline and History: Political Science in the United States: Part* 2, Ed. James Farr and Raymond Seidelman. Ann Arbor: University of Michigan Press.

Ordeshook, Peter C. 1993. "The Development of Contemporary Political Theory." In *Political Economy: Institutions, Competition, and Representation*. Ed. William A. Barnett, Melvin J. Hinich, and Norman J. Schofield. Cambridge: Cambridge University Press.

Park, Andrus. 1994 "Ethnicity and Independence: The Case of Estonia in Comparative Perspective." *Europe-Asia Studies* 46: 69-87.

President's Committee on Administrative Management. 1937. *Administrative Management in the Government of the United States, January* & 1937. Washington, DC: Government Printing Office.

Rawls, John. 1971. *A Theory of Justice*. Belknap Press.

Roosevelt, Franklin D. 1963. "E D. Roosevelt's First Inaugural Address." In *Documents of American History Since* 1898. Vol. 2. 7th ed. Ed. Henry Steele Commager, 239-42. New York: Appleton-Century-Crofts.

Rules of the Supreme Court of the United States. 1990. Washington, DC: Government Printing Office.

Scott, Gregory M. 1998. *Review of Political Islam: Revolution, Radicalism, or Reform*? Ed. John L. Esposito. *Southeastern Political Review* 26 (2): 512-14.

Stone, I. F. 1988. *The Trial of Socrates*. Boston: Little, Brown

Strauss, Leo Strauss. 1959. *What Is Political Philosophy*. New York: Free Press.

The Chicago Manual of Style. 1993. 14th ed. Chicago: Univ. of Chicago Press.

Thucydides. 1986. *History of the Peloponnesian War*. Trans. Rex Warner. Harmondsworth: Penguin.

Tocqueville, Alexis de. 1990. *Democracy in America*. New York: Vintage Books.

Voegelin, Eric. 1952. *The New Science of Politics*. Chicago: University of Chicago Press.

Walzer, Michael. 1985. *Exodus and Revolution*. New York: Basic Books.

Washington, George. 1991. *Washington's Farewell Address to the People of the United States*. 102d Cong. , 1st sess. S. Doc. 3.

Weale, Albert. 1990. "Rational Choice and Political Analysis. " In *New Developmentts in Political Science: An International Review of Achievements and Prospects*. Ed. Adrian Leftwich. Brookfield, VT. : Edward Elgar Publishing.

Willoughby, W. W. 1993. "The American Political Science Association. " In*Discipline and History Political Science in the United States: Part 1*. Ed. James Farr and Raymond Seidelman. Ann Arbor: University of Michigan Press.

索　引

译后记

美国学者格里高里·斯科特和斯蒂芬·加里森撰写的这本《政治学学习手册（第六版）》，是政治学专业本科生重要的学习参考书。它在简要回顾政治思想数千年的演变之后，全面介绍了现代政治学研究的领域、议题，主要研究方法，特别是定量研究方法，如何进行访谈和问卷调查、数据统计；重点介绍了政治学研究论文的写作技巧，如何确定论文题目，收集资料，利用图书馆和网络资源，引文的方法和规范，组织研究的步骤；介绍了如何写作政治学的书评和文章评论，进行批判性思维的训练，进行政治观察和寓言分析写作；介绍了如何写作意见书、民意调查报告，为最高法院撰写法庭之友书状。在政治学常见论文写作的部分，介绍了政府与国际分析论文、比较政治学论文和政策分析论文的写作步骤和技巧。全书实践性和针对性强，提供了大量的研究案例和文章范本，是政治学专业的学生和教师难得的教学参考书与研究手册。

本书的翻译分工如下：顾肃翻译了第一章至第四章，并翻译整理了索引和所有插图；张圆翻译了第五章至第二十章；顾肃在此基础上校对并编辑全书。译者为翻译本书虽然做了认真细致的工作，但错误和缺点在所难免，恳请读者批评指正。

译者谨识

2012 年 5 月

图书在版编目（CIP）数据

政治学学习手册：第6版/（美）斯科特，（美）加里森著；顾肃，张圆译. —北京：中国人民大学出版社，2013.1
国外经典政治学教材
ISBN 978-7-300-16958-3

Ⅰ.①政… Ⅱ.①斯…②加…③顾…④张… Ⅲ.①政治学-教材 Ⅳ.①D0

中国版本图书馆CIP数据核字（2012）第319155号

国外经典政治学教材
政治学学习手册（第六版）
［美］格里高里·斯科特（Gregory M. Scott）
斯蒂芬·加里森（Stephen M. Garrison） 著
顾肃 张圆 译
Zhengzhixue xuexishouce

出版发行	中国人民大学出版社		
社　　址	北京中关村大街31号	**邮政编码**	100080
电　　话	010－62511242（总编室）		010－62511398（质管部）
	010－82501766（邮购部）		010－62514148（门市部）
	010－62515195（发行公司）		010－62515275（盗版举报）
网　　址	http://www.crup.com.cn		
	http://www.ttrnet.com(人大教研网)		
经　　销	新华书店		
印　　刷	涿州市星河印刷有限公司		
规　　格	185 mm×260 mm　16开本	**版　　次**	2013年2月第1版
印　　张	18插页1	**印　　次**	2013年2月第1次印刷
字　　数	382 000	**定　　价**	38.00元

PEARSON ALWAYS LEARNING

为了确保您及时有效地申请培生整体教学资源，请您务必完整填写如下表格，加盖学院的公章后传真给我们，我们将会在2—3个工作日内为您处理。

需要申请的资源（请在您需要的项目后划"√"）：

□ 教师手册、PPT、题库、试卷生成器等常规教辅资源

□ MyLab 学科在线教学作业系统

□ CourseConnect 整体教学方案解决平台

请填写所需教辅的开课信息：

采用教材			□中文版 □英文版 □双语版
作　者		出版社	
版　次		ISBN	
课程时间	始于　年　月　日	学生人数	
	止于　年　月　日	学生年级	□专科 □本科 1/2 年级 □研究生 □本科 3/4 年级

请填写您的个人信息：

学　校			
院系/专业			
姓　名		职　称	□助教 □讲师 □副教授 □教授
通信地址/邮编			
手　机		电　话	
传　真			
official email（必填） （eg：xxx@ruc. edu. cn）		email （eg：xxx@163. com）	
是否愿意接受我们定期的新书讯息通知：	□是	□否	

系/院主任：＿＿＿＿＿（签字）

（系/院办公室章）

＿＿＿年＿＿＿月＿＿＿日

100013 北京市东城区北三环东路 36 号环球贸易中心 D 座 1208 室

电话：(8610) 57355169

传真：(8610) 58257961

Please send this form to：Service. CN@pearson. com

Website：www. pearsonhighered. com/educator